JEREMY BENTHAM
ET LE DROIT CONSTITUTIONNEL

Une approche de l'utilitarisme juridique

Collection **Logiques Politiques**
dirigée par Pierre Muller

Dernières parutions

BERTOSSI Christophe, *Les frontières de la citoyenneté en Europe*, 2001.
BUI-XUAN Olivia, *Les femmes au conseil d'État*, 2001.
RIHOUX Benoît, *Les partis politiques : organisations en changement*, 2001.
Jacques GERSTLÉ (sous la direction de), *Les effets d'information en politique*, 2001.
Jérôme LAFARGUE, *Protestations paysannes dans les Landes*, 2001.
Serge TERRIBILINI, *Fédéralisme, territoires et inégalités sociales*, 2001.
Philippe ZITTOUN, *La politique du logement, 1981-1995*, 2001.
Valérie AMIRAUX, *Acteurs de l'Islam entre Allemagne et Turquie*, 2001.
Josepha LAROCHE, *La loyauté dans les relations internationales*, 2001.
Mario PEDRETTI, *La figure du désobéissant en politique*, 2001.
Michel-Alexis MONTANÉ, *Leadership politique et territoire*, 2001.

Guillaume TUSSEAU

JEREMY BENTHAM ET LE DROIT CONSTITUTIONNEL

Une approche de l'utilitarisme juridique

L'Harmattan
5-7, rue de l'École-Polytechnique
75005 Paris
France

L'Harmattan Hongrie
Hargita u. 3
1026 Budapest
HONGRIE

L'Harmattan Italia
Via Bava, 37
10214 Torino
ITALIE

ISBN : 2-7475-1277-0

A mes parents,
A Marie,
pour le plus grand bonheur

« Continuing in such tranquillity under all these provocations always without a thought of making any change in the government – always loving it, always praising it, always priding themselves on it, is there any the smallest chance that by the removal of any or all of these past causes of discontent their attachment to the government should be lessened, any desire to overthrow it generated ? »

Jeremy Bentham, Manuscripts Collection, University College Library, CXXVI, p. 413.

AVANT-PROPOS

La présente étude constitue une version légèrement remaniée d'un mémoire de D.E.A. de Théorie générale et philosophie du droit soutenu le 6 septembre 1999 à l'Université Paris X – Nanterre, devant un jury composé de Messieurs les Professeurs Michel Troper et Christophe Grzegorczyk.

Il ne m'aurait jamais été possible de réaliser, en y prenant autant de plaisir, cette étude de la pensée de Jeremy Bentham sans le concours de nombreuses personnes. Aussi, sans être en mesure de toutes les nommer, me revient-il de leur adresser, au-delà du caractère conventionnel de l'exercice, mes plus sincères remerciements.

Au premier chef, je tiens à remercier ma famille, dans son étendue la plus large, pour le soutien qu'elle m'a apporté. Les encouragements et les remarques critiques conjuguées des Professeurs Michel Troper, Christophe Grzegorczyk, Jean-Pierre Cléro et Lucien Jaume sont également pour beaucoup dans l'achèvement de l'entreprise. Je ne saurais en outre taire l'aide que m'ont procurée Véronique Champeil-Desplats et Luca Parisoli, qui ont, eux aussi, mis à la fois leur gentillesse et leur compétence au service de la relecture du texte et de la discussion, parfois animée, des thèses qui y étaient avancées.

Que tous trouvent ici le témoignage de ma profonde reconnaissance. Je demeure seul responsable de la lecture de l'œuvre de Bentham proposée dans les pages qui suivent.

Paris, le 6 juin 2001

SOMMAIRE

INTRODUCTION

1. Il est, au London University College, une momie particulière, appelée l'*Auto-Icon*. Préparée en juin 1832, à la demande du défunt, par son ami le docteur Thomas Southwood Smith, cette momie est celle de Jeremy Bentham, qui pensait que l'exposition des grands hommes au regard du public avait une vertu éducative, et serait donc utile, après la mort. Folie d'un mégalomane, apôtre borné d'une pensée de boutiquier, finissant dans l'aigreur une vie ratée de réformateur incompris ? Constance d'une idée et modestie - ou audace - de se considérer lui-même comme le moyen d'atteindre une fin à laquelle il avait dédié toute son existence ?

Bentham est né à Londres le 15 février 1748, au milieu du siècle des Lumières, de l'expansion du capitalisme moderne, des révolutions politiques. D'une intelligence étonnante, il maîtrise dès son plus jeune âge le latin, le grec et le français, et entre à l'université d'Oxford à douze ans. Il étudie le droit et se destine, selon la volonté de son père, à une carrière juridique. Mais il renonce rapidement à la profession d'avocat, refusant de participer à un ordre juridique dont il désapprouve à la fois le contenu, la structure et le fonctionnement. Désireux de procéder à une réforme sociale rationnelle et systématique, il se nourrit d'ouvrages de philosophie, de physique, de médecine. Il recherche sans cesse, dans les événements de son temps, les moyens de mettre en œuvre les multiples projets qu'il élabore tout au long de sa vie. Apparentés au sein d'une doctrine à laquelle il donne le nom d'« utilitarisme » et qu'il promeut pendant plus de cinquante années, ses écrits visent un but unique : le plus grand bonheur du plus grand nombre. Bentham est décédé à Londres, le 6 juin 1832.

Plus connu que l'ensemble de sa réflexion, le nom de Bentham est l'un de ces termes chargés de jugements de valeur implicites qu'il a lui-même analysés. La thèse de philosophie du droit qui lui a été consacrée par Mohamed El Shakankiri le décrit en ces termes : « Jeremy Bentham, [...] ce savant austère et méthodique d'une probité intellectuelle scrupuleuse, a donné à l'humanité [...] la doctrine la plus grossière qui soit dans l'histoire de la philosophie juridique[1] ». Plus proche de la conclusion de son étude, l'auteur ajoute que « si Dante ressuscité pouvait récrire son enfer, nul doute que 'l'affreux Bentham' n'y figurât en bonne place ! [2] » A Bernard Maris, meilleur économiste de France en 1995, Bentham inspire ces réflexions de pamphlétaire : « la niaiserie tranquille [...] Il a le bon sens des publicités d'Edouard Leclerc ou des dialogues de Marcel Dassault au café du commerce [...]. Un bêta. Un incurable

---

[1] Mohamed Abd-El Hadi El Shakankiri, *La philosophie juridique de Jeremy Bentham*, préf. Michel Villey, Paris, L.G.D.J., coll. « Bibliothèque de philosophie du droit », Vol. XI, 1970, p. 39. En voir le compte-rendu, critique, de J.M. Finnis, dans *Archives de philosophie du droit*, t. 17, 1972, pp. 423-427.

[2] *Ibid.*, p. 429 n.

optimiste. Un inconscient qui fonda sa science sur son intime conviction[3] ».

D'autres lecteurs de Bentham sont plus enthousiastes. Ainsi, Charles Warren Everett estime que « Bentham a été un homme de génie de l'ordre d'Aristote, Thomas d'Aquin, ou Newton[4] ». Certains auteurs en font le remarquable et surprenant devancier de la plupart des acquis de la philosophie analytique contemporaine[5]. Il analyse le langage émotif et les définitions persuasives, devance les constructions logiques et les symboles incomplets de Bertrand Russell. A l'instar de Wittgenstein, il estime que l'usage est essentiel à la détermination du sens des phrases. Les unités de la signification sont pour lui non les mots mais les propositions, ainsi que l'affirmeront également Frege et, plus tard, la linguistique structuraliste. Pour Alain Strowel, Bentham annonce la récente théorie économique du droit[6]. Dans son œuvre trouvent leur origine tant la courbe d'indifférence de Pareto, que l'économie du bien-être de Pigou et Arrow, la psychologie des sensations de Fechner ou encore la psychanalyse lacanienne.

---

[3] Bernard Maris, *Des économistes au-dessus de tout soupçon ou la grande mascarade des prédictions*, Paris, Albin Michel, 1990, pp. 74-76.

[4] Charles Warren Everett, « The Constitutional Code of Jeremy Bentham », dans *Jeremy Bentham. Bicentenary Celebration*, London, H.K. Lewis & Co., 1948, repr. dans Bikhu Parekh (ed.), *Jeremy Bentham - Critical Assessments*, Vol. III, London and New York, Routledge, 1993, p. 503.

[5] Herbert Lionel Adolphus Hart, « Bentham », dans *Proceedings of the British Academy*, Vol. 48, 1962.

[6] Alain Strowel, « Utilitarisme et approche économique dans la théorie du droit. Autour de Bentham et Posner », dans *Revue interdisciplinaire d'études juridiques*, Bruxelles, n° 18, 1987, pp. 1-45.

Il n'appartient pas à une étude de théorie et philosophie du droit de trancher *a priori* un tel débat sur la valeur d'ensemble des écrits de Bentham, mais avant tout d'examiner, dans son œuvre, ce qui est source de réflexion et d'enseignement. Toutefois, il peut sembler opportun de se conformer ici à la véritable méthodologie que développe Bentham à travers ses écrits. « Celui qui ne cherche pas à tromper ne saurait trop tôt faire connaître où il a l'intention d'amener ses lecteurs[7] ». C'est pourquoi d'emblée, il importe d'indiquer, plutôt que de comparer sans cesse Bentham et Aristote pour congédier celui-là ainsi que le fait M. El Shakankiri, que la démarche adoptée à l'égard de l'ensemble de la pensée de Bentham repose sur une attitude de sympathie critique. Sans pouvoir prétendre à l'objectivité, il s'agira de l'exposer et de l'analyser dans un esprit de « subjectivité désintéressée[8] ».

2. L'ampleur de l'œuvre de Bentham et l'originalité dont elle est créditée, qu'on la critique ou qu'on l'admire, autorisent une interrogation sur son éventuel apport dans le domaine juridique. Bentham est en effet d'abord un juriste qui, déçu par la pratique du droit, s'est attaché à son étude et à sa réforme. C'est ce qui lui vaut, dans les adaptations de ses œuvres par Etienne Dumont, le titre de « jurisconsulte anglais ».

Le droit constitutionnel est parfois regardé comme un aspect mineur et secondaire de l'œuvre de Bentham, celui-ci

---

[7] Jeremy Bentham, *A ses concitoyens de France sur les chambres de pairs et les sénats*, trad. Charles Lefebvre, Paris, Hector Bossange Libraire, 1831, p. 3.

[8] L'expression est d'Hubert Beuve-Méry, cf. Philippe Labarde, Bernard Maris, *Ah Dieu ! Que la guerre économique est jolie !*, préf. Serge Halimi, Paris, Albin Michel, 1998, p. 47.

ayant davantage porté son attention sur le droit pénal, dans la lignée de Beccaria, et sur le droit civil. De nombreuses études et de nombreux commentaires ont en effet porté sur ces deux aspects[9], Bentham ne s'en étant apparemment détourné au profit du droit constitutionnel que très épisodiquement. Pourtant, si elle peut être regardée comme discontinue, la réflexion constitutionnelle de Bentham peut également être vue comme récurrente. Il n'est pas un moment de sa vie sans que le droit constitutionnel n'ait suscité un pamphlet, un article, un écrit. C'est avec le *Fragment on Government*, où il est essentiellement question de l'organisation du pouvoir législatif, de la souveraineté, de la Constitution britannique, de la formation et des formes de gouvernement que Bentham débute anonymement sa carrière. C'est avec le monumental *Constitutional Code*, qui l'occupe pendant près de dix années, qu'il l'achève. Qu'il s'agisse des Déclarations de droits fondamentaux, de la

---

[9] A la différence de ceux de droit public, la plupart des traités ou manuels de droit pénal ou de pénologie consacrent des développements à l'utilitarisme. Cf. p. ex. Jean-Marie Carbasse, *Introduction historique au droit pénal*, Paris, PUF, coll. « Droit fondamental », 1990 ; Roger Merle, André Vitu, *Traité de droit criminel*, t. 1, 7e éd., Paris, Editions Cujas, 1997 ; Pierrette Poncela, *Droit de la peine*, Paris, PUF, coll. « Thémis Droit privé », 1995 ; Jean Pradel, *Droit pénal général*, t. 1, 9e éd., Paris, Editions Cujas, 1994 ; Jacques-Henri Robert, *Droit pénal général*, 4e éd., Paris, PUF, coll. « Thémis Droit privé », 1999 ; Jean-Claude Soyer, *Droit pénal et procédure pénale*, 14e éd., Paris, L.G.D.J., 1999. Les écrits sur ces aspects sont innombrables, cf. p. ex. Lucette Pressat, *Bentham criminaliste*, Paris, Emile Larose, 1920 ; A. Lazaridis, « La rétribution dans la philosophie pénale anglo-saxonne aujourd'hui », dans *Archives de philosophie du droit*, t. 28, 1983, pp. 91-107. Sur le droit civil, cf. essentiellement Paul J. Kelly, *Utilitarianism and Distributive Justice. Jeremy Bentham and the Civil Law*, Oxford, Clarendon Press, 1990.

distribution des pouvoirs, du droit électoral ou encore de l'organisation des assemblées délibérantes, l'ensemble de ce que recouvre de nos jours le terme « droit constitutionnel » a fait l'objet d'un traitement méthodique.

Pour autant, le discours de Bentham sur le droit constitutionnel, troisième branche du droit qu'il distinguait parfois, et sur laquelle il faisait reposer l'ensemble de l'édifice de sa république idéale, n'a fait l'objet que d'études partielles. Seules ses préoccupations en matière de réforme de l'organisation de la société politique, notamment celles du *Constitutional Code*, ont suscité des écrits se limitant généralement à de simples descriptions de la doctrine benthamienne. En effet, les études de sa politique constitutionnelle qui se sont multipliées se sont largement contentées d'offrir un résumé plus commode d'utilisation que le volumineux *Constitutional Code* lui-même. L'analyse d'une éventuelle théorie du droit constitutionnel, attachée au concept même de constitution et non aux seuls souhaits de réforme de la société politique, n'a porté que sur des aspects partiels. Une présentation plus complète et plus cohérente, qui en souligne tant la profondeur que la valeur explicative, est encore une page manquante à la lecture de Bentham.

3. Puisqu'elle ne se donne pas comme telle dans un ouvrage déterminé, il s'agit dans une certaine mesure de la reconstruire à travers différents écrits dont l'accès est, d'avance, malaisé. Bentham n'a en effet publié qu'une partie seulement de ses écrits de son vivant[10], de nombreux manuscrits demeurant ignorés du public jusqu'à une date récente. La publication et l'établissement du texte ont par

---

[10] J.W. Harris, *Legal Philosophies*, London, Butterworths, 1980, p. 25.

ailleurs rarement été opérés par Bentham lui-même[11]. A titre d'exemple, le *Book of Fallacies* de 1824 est dû à Peregrine Bingham et le *Rationale of Judicial Evidence* de 1827 à John Stuart Mill. C'est sous forme de traductions, notamment d'Etienne Dumont, qu'ont été diffusées initialement certaines œuvres[12]. Les *Works of Jeremy Bentham*, établis sous la direction de John Bowring, sont pour leur part d'une fiabilité limitée, mal organisés et d'un usage incommode. De nombreux manuscrits pourtant fondamentaux et l'ensemble des écrits qui heurtaient le victorianisme de Bowring, tels ceux qui critiquent la religion, ont été laissés de côté. Certains textes n'ont été découverts qu'au XXe siècle, parmi les près de deux cents cartons de manuscrits laissés par Bentham. De fait, peu d'auteurs ont été autant desservis que lui par leurs exécuteurs littéraires[13]. Aussi ne peut-on que

---

11 John Plamenatz, art. « Bentham », dans *Encyclopaedia Britannica*, Vol. 3, London, William Benon Publisher, 1970, p. 486 : « Several of his books were practically rewritten from the mass of rough though orderly memoranda which the master had himself prepared ».

12 Une liste des éditions étrangères et traductions de Bentham, qui demanderait à être mise à jour, est dressée par par Siegwart, « Bentham's Werke und ihre Publikation », dans *Politisches Jahrbuch der Schweizerischen Eidgenossenschaft*, Vol. 24, 1910, pp. 285-403.

13 T.P. Peardon, « Bentham's Ideal Republic », dans *Canadian Journal of Economics and Political Science*, Vol. 17 (2), May 1952, pp. 184-203. Cf., de manière caractéristique, l'histoire de la *Deontology*, retracée par Bernard Guerrien et Francisco Vergara, « Le MAUSS est un non-sens », dans *Revue du M.A.U.S.S.*, Paris, La Découverte / M.A.U.S.S., n°6, 1995, p. 86. Publiée d'abord en 1834 par John Bowring « à partir d'exemples tirés des manuscrits de Jeremy Bentham », elle est présentée la même année dans la traduction française de Benjamin Laroche, *Déontologie ou science de la morale*, 2 vol., Paris, Charpentier, Libraire – Editeur, comme un ouvrage posthume de Bentham lui-même.

saluer le « Bentham project », qui, depuis les années 60, a entrepris une réédition sérieuse des *Collected Works of Jeremy Bentham*.

L'écriture même de Bentham n'est pas sans dérouter. Largement insatisfait de la terminologie de son temps, notamment dans le domaine juridique, il invente des mots, à partir de racines grecques ou latines. Par ailleurs, sa réflexion s'attache à saisir en une seule phrase toute la complexité d'un problème. La clarification du langage, nécessaire à l'exposition de concepts enchevêtrés de *fallacies* et de sophismes, passe pour une grande part dans une refonte totale du vocabulaire. D'où des tournures lourdes, et un « style torturé[14] ». Son ton se fait parfois complice et confident, parfois technique et « ratiocinateur » à l'excès. Il subit ensuite, même dans les textes les plus arides, une involution pamphlétaire marquée, faisant place à un sens de la dérision très dur, qui rappelle que le premier écrit de Bentham est une traduction du *Taureau blanc* de Voltaire. Aussi « l'organisation et le langage de Bentham étaient-ils très personnels, et le ton de ses écrits un curieux mélange de logique et d'ironie[15] ».

A ce titre, les œuvres de Bentham offrent des difficultés non négligeables pour le traducteur. Les traductions présentées ici, sauf indication contraire, sont originales. La ponctuation des textes de Bentham a été modernisée et modifiée afin de les rendre plus intelligibles. Les difficultés particulières auxquelles ont donné lieu

---

De ces infortunes éditoriales suivent des incompréhensions profondes de l'utilitarisme.

[14] Gerald J. Postema, *Bentham and the Common Law Tradition*, Oxford, Clarendon Press, 1986, p. 150.

[15] Nancy L. Rosenblum, *Bentham's Theory of the Modern State*, Cambridge, Mass., London, Harvard University Press, 1978, p. 10.

certains termes ou passages sont précisées dans le corps de l'étude.

L'analyse d'un auteur aussi constamment prolixe que Bentham pose également le problème de la cohérence interne de son œuvre[16]. Celle-ci se compose de divers éléments qui ont été rédigés à différents moments de sa vie et qu'il retravaillait dans cesse. Chez Bentham, l'ensemble des écrits s'avère fidèle à des axiomes fondamentaux - tels le célèbre principe d'utilité et la théorie des fictions - qui se montrent les supports stables et constamment approfondis de sa réflexion. La pensée constitutionnelle de Bentham, comme chacune des ses réflexions, est au confluent des divers développements de sa philosophie, quels que soient les domaines auxquels ils ont trait. Elle est de ce fait largement incompréhensible hors de l'ensemble de son œuvre. Aussi, dans une certaine mesure, est-ce une gageure que de prétendre isoler de sa production foisonnante une pensée proprement et strictement constitutionnelle. Pourtant, la tentative ne semble pas vaine et revêt une certaine cohérence, autour d'une part de l'appréhension de la constitution comme droit et d'autre part de la poursuite du plus grand bonheur du plus grand nombre.

4. Faire porter l'étude sur la conception benthamienne du droit constitutionnel revêt un intérêt particulier, tout d'abord parce qu'une telle démarche est révélatrice, sur le plan de la critique externe, de l'originalité profonde de l'œuvre de Bentham. Il se démarque notamment de la pensée postérieure et dérivée de John Austin, mais encore de l'ensemble des théories impérativistes, qui conçoivent le droit comme l'expression d'une volonté. Ensuite, au plan de

[16] Michel Troper, « La pyramide est toujours debout ! Réponse à Paul Amselek », dans *Revue du droit public*, 1978, p. 1524, note 5.

la critique interne, elle permet de mettre en évidence l'unité de son œuvre et la continuité de vues qui l'anime. Enfin, elle demeure une grille pertinente d'analyse du droit constitutionnel et un instrument de réfutation implacable des doctrines incohérentes ou insuffisamment travaillées. Aussi le propos de la présente étude n'est-il pas la recherche d'une interprétation « authentique » ou « vraie » de Bentham mais l'examen de sa réflexion et la mise en évidence de ses qualités et défauts pour, de nos jours, penser le phénomène juridique.

Ronald Dworkin lui-même, critique actuel le plus en vue d'un positivisme juridique anglo-américain qu'il sait héritier de Bentham, admet que celui-ci fut le dernier à présenter une théorie du droit complète[17], qui inclue à la fois une partie conceptuelle, délimitant l'« objet droit », et une partie normative, comportant une théorie de la production du droit, une théorie de la décision juridictionnelle, et une théorie de l'obéissance. L'objectif est tout d'abord de reconstruire l'ensemble de sa vision du droit constitutionnel. Il importe ensuite d'en estimer tant l'originalité que la cohérence. Enfin il est nécessaire d'en mesurer la pertinence et l'utilité, à plus d'un siècle et demi d'intervalle, pour la théorie moderne du droit.

5. L'étude du droit que conduit Bentham sous le nom de « jurisprudence » revêt, selon sa propre distinction, un aspect d'exposition neutre, non axiologiquement engagé, se proposant de décrire les traits fondamentaux du phénomène juridique, et un aspect évaluatif, qu'il qualifie de « censure », attaché à la critique et la réforme du droit. Ces deux

---

[17] Ronald Dworkin, *Prendre les droits au sérieux*, trad. Marie-Jeanne Rossignol, Frédéric Limare, Françoise Michaut, préf. Pierre Bouretz, Paris, PUF, coll. « Léviathan », 1995, pp. 40-41.

dimensions de la *jurisprudence*, « expository » et « censorial », autorisent une étude attentive de l'œuvre de Bentham afin d'évaluer, d'une part, dans quelle mesure elle préfigure, anticipe et souvent surpasse, des courants fondamentaux de la réflexion sur le droit et, d'autre part, si et comment elle fournit un appareil conceptuel susceptible d'élucider certains problèmes que rencontre la doctrine juridique. L'originalité majeure de l'œuvre de Bentham en ce domaine consiste à penser la pleine juridicité de la constitution. Grâce au concept de droit qu'il élabore, Bentham rend les phénomènes constitutionnels pleinement justiciables d'une lecture juridique. Exposition et censure, théorie du droit et science de la jurislation[18], ont ainsi pour objet un champ juridique unifié.

La finesse de la réflexion de Bentham sur le droit constitutionnel se prolonge dans une volonté de réforme de la société. A ce titre, il semble que la théorie du droit constitutionnel ne soit pas pleinement intelligible hors des prescriptions politiques relatives à l'organisation de l'Etat moderne. Dès lors, ce sont deux axes essentiels qui peuvent permettre une présentation didactique de la pensée de Bentham relativement au droit constitutionnel, tout en assurant la mise en évidence de ses virtualités actuelles tant pour l'analyse du droit positif que pour la réforme du droit.

Les deux dimensions qu'il est possible de dégager de l'œuvre de Bentham, d'une part une théorie du droit qui a l'originalité de s'appliquer également à la constitution, et

---

[18] Le terme de « jurislation » a été préféré à celui de « législation » afin d'éviter certaines confusions. La jurislation est l'activité d'émission du droit, qu'il s'agisse de constitutions, de lois, de règlements ou de toute autre norme. L'extension du concept de jurislation permet de rendre compte de l'activité de création de ce que Bentham nomme « law ». Cf. *infra*, Première partie.

d'autre part, un programme de réforme du droit qui inclut dans sa dynamique le droit constitutionnel, conduisent à structurer l'étude autour de ces deux idées fondamentales. Auparavant cependant, il semble nécessaire d'exposer brièvement certains traits de la pensée de Bentham qui en constituent les axiomes fondateurs, et à partir desquels elle se développe entièrement pour offrir toute sa mesure. La connaissance de ces données est nécessaire afin de comprendre les développements particuliers, toujours raffinés et précis, de la réflexion de Bentham.

Ces éléments, dont résulte la cohérence de l'œuvre, constituent les fondements d'une *jurisprudence* utilitariste (Chapitre préliminaire). Leur présentation permet ensuite d'examiner la construction progressive par Bentham, dans le cadre de son *expository jurisprudence*, d'une théorie du droit constitutionnel originale et riche (Première partie). Puis il sera possible de comprendre le déploiement, au sein de la *censorial jurisprudence*, de la dynamique réformatrice qu'avance en matière de droit constitutionnel la science de la jurislation de Bentham (Seconde partie).

CHAPITRE PRELIMINAIRE – LES FONDEMENTS D'UNE *JURISPRUDENCE* UTILITARISTE

Il importe d'exposer, préalablement à l'étude de la conception benthamienne du droit constitutionnel, les éléments essentiels qui sous-tendent dans son entier toute science du droit utilitariste. Une claire exposition de ces points cardinaux de l'ensemble de l'œuvre de Bentham est un préalable nécessaire à l'intelligence du détail des développements de sa pensée, de leur maturation, de leur évolution, de leur relative cohérence ou incompatibilité.

Chez Bentham, toute réflexion, qu'elle ait trait à l'anthropologie, à l'économie, au droit, à la logique, ou encore à la grammaire, a pour point de départ l'axiome fondateur que constitue le principe d'utilité (Section I). L'ensemble de son œuvre est par ailleurs solidaire d'une théorie des fictions et d'une ontologie particulières qui font de nombre de ses écrits des anticipations surprenantes de la théorie du langage contemporaine (Section II). Avant même de s'intéresser au droit constitutionnel d'une unité politique quelconque, il importe traditionnellement dans la science juridique de s'interroger sur son mode d'apparition. C'est une application stricte et constante du principe d'utilité, qui n'est pas sans rappeler l'utilisation systématique du principe de non-contradiction par Guillaume d'Ockham, qui guide la réponse de Bentham à cette question. Il se situe par là même en nette rupture avec la théorie dominante du contrat social (Section III). En considérant plus avant la doctrine juridique de son temps, Bentham éprouve un vif malaise. Aussi procède-t-il à travers son œuvre à une dénonciation du jusnaturalisme régnant, au point d'être considéré comme le premier auteur positiviste (Section IV). C'est encore à ce titre que l'on peut rapporter sa conception de la *jurisprudence* (Section V).

SECTION I – AU COMMENCEMENT ETAIT LE PRINCIPE D'UTILITE

Le principe d'utilité, sous une reformulation souvent grossière, est ce qui est traditionnellement retenu de la philosophie benthamienne. S'il est vrai qu'il constitue le point nodal du déploiement de sa pensée, il n'est pas une découverte de Bentham (§1). Une exposition claire du critère à l'aune duquel sont évaluées tant les actions, que les institutions et les réflexions, semble indispensable à la compréhension de la science du droit de Bentham (§2). Cette évaluation méthodique, qui prend la forme extrêmement précise et rigoureuse d'un calcul mathématique (§3), a fait l'objet de certaines critiques et controverses qu'il importe de mentionner brièvement (§4).

§ 1. Origines et maturation du principe

L'utilitarisme tel qu'il se construit au XVIIIe siècle est fréquemment présenté comme l'héritier d'une tradition séculaire[1]. Dès l'Antiquité, il est possible d'en découvrir des précurseurs dans certaines philosophies hédonistes et matérialistes, telles celles de Homère (vers 850 av. J.-C.), Protagoras (486-410 av. J.-C.), et surtout Epicure (341-270 av. J.-C.) et son disciple Lucrèce (98-55 av. J.-C.). Nombre de courants se retrouvent dans l'idée que seul le bonheur est désirable. Si la recherche de paternités antiques constitue un exercice un peu vain, largement tributaire du choix des traits saillants que l'on décide de regrouper sous l'appellation doctrinale, elle se double en l'occurrence du risque de méconnaître la dimension proprement moderne de l'utilitarisme[2]. Toutefois, un telle approche permet de souligner, ainsi qu'il l'admet lui-même, que Bentham n'a pas inventé le principe d'utilité. Et, de fait, il n'en revendique pas la paternité. Il retrace dans l'« Article on Utilitarianism »[3] ainsi que dans *Official Aptitude*

---

[1] Luc Marie Nodier, « Définition de l'utilitarisme », dans *Revue du M.A.U.S.S.*, Paris, La Découverte / M.A.U.S.S., n°6, 1995, pp. 15-30.

[2] Jean-Claude Michéa, « Peut-on ramener la société à la raison ? », *ibid.*, p. 147 : « il y a entrée dans la modernité dès lors que les individus ne voient plus dans l'ordre qui les lie un principe sacré et théoriquement immuable, mais le simple produit d'un arrangement humain ».

[3] Dans *Deontology, Together with A Table of the Springs of Action, and the Article on Utilitarianism*, Amnon Goldworth (ed.), Oxford, Clarendon Press, 1983, pp. 283-318 pour la version longue, pp. 319-328 pour la version courte.

Maximized ; Expense Minimized[4], la progression du principe à travers différentes époques et différents auteurs, depuis Horace et Phèdre, jusqu'à sa propre doctrine. Les antécédents immédiats[5] et les réflexions contemporaines de la formulation canonique de l'utilitarisme qu'il avance sont les écrits de Hume[6], Beccaria[7], Hartley[8], Helvétius[9], Priestley[10], Paley[11]. L'expression du « plus grand bonheur du plus grand nombre » a déjà été employée par Hutcheson[12]. Jalonnée par différentes publications[13], la réflexion

---

[4] J. Bentham, *Official Aptitude Maximized ; Expense Minimized : As Shewn in the Several Papers Comprised in this Volume*, Philip Schofield (ed.), Oxford, Clarendon Press, 1993, pp. 349-352.

[5] Pour des extraits des auteurs cités par Bentham, cf. Catherine Audard (dir.), *Anthologie historique et critique de l'utilitarisme*, t. 1 *Bentham et ses précurseurs 1711-1832*, Paris, PUF, coll. « philosophie morale », 1999.

[6] David Hume, *Essays, Moral and Political*, 2 vol., 1741-1742, et *Enquiry Concerning the Principles of Morals*, 1751, incorporé ensuite dans les *Essays*.

[7] Cesare Beccaria, *Dei delitti e delle pene*, F. Venturi (ed.), Turin, Einaudi, 1965.

[8] David Hartley, *Observations on Man, His Frame, His Duty, and His Expectations*, 2 vol., London, 1749.

[9] Claude-Adrien Helvétius, *De l'esprit*, 1758.

[10] Joseph Priestley, *An Essay on the First Principles of Government ; and on the Nature of Political, Civil, and Religious Liberty*, London, 1768.

[11] William Paley, *Principles of Moral and Political Philosophy*, 1785.

[12] Francis Hutcheson, *An Inquiry Concerning the Original of Our Ideas of Virtue or Moral Good*, London, 1725.

[13] *Fragment on Government* (1776), *An Introduction to the Principles of Morals and Legislation* (1789), *Chrestomatia* (1816 et

benthamienne affine de manière continue le principe et dissèque de plus en plus subtilement sa matière première : l'action humaine. Le principe est ainsi passé d'un statut strictement spéculatif à la possibilité d'une mise en œuvre concrète en vue de la poursuite du bonheur. Bentham « n'a pas prétendu avoir découvert le principe, mais seulement avoir essayé de développer en détail la méthode de nomenclature et de classification appropriée qui permettrait de mettre en œuvre le principe avec la minutie nécessaire pour s'assurer que le plus grand bonheur du plus grand nombre en résulte[14] ».

Déjà mentionné dans le *Fragment on Government*[15], le principe d'utilité est regardé comme l'élément cardinal de la philosophie de Jeremy Bentham. C'est dans *An Introduction to the Principles of Morals and Legislation*[16] qu'il expose ce principe essentiel et fondamental, destiné à gouverner les dix volumes suivants des *Elements of Critical Jurisprudence*.

1817), *A Table of the Springs of Action* (1817), *Codification Proposal* (1822).

[14] James Steintrager, *Bentham*, London, George Allen & Unwin Ltd, coll. « Political Thinkers », 1977, p. 36.

[15] J. Bentham, *Fragment sur le gouvernement*, trad. Jean-Pierre Cléro, Paris, L.G.D.J. – Bruylant, coll. « La pensée juridique moderne », 1996, p. 87 : « c'est le plus grand bonheur du plus grand nombre qui est la mesure du juste et de l'injuste ».

[16] J. Bentham, *An Introduction to the Principles of Morals and Legislation*, J.H. Burns, H.L.A. Hart (ed.), University of London, The Althone Press, 1970.

§ 2. Exposition du principe

Le Chapitre Ier de l'*Introduction* s'intitule « Of the principle of utility ». L'humanité y est présentée comme gouvernée par la recherche du plaisir et la fuite de la douleur. D'une part ce principe rend compte des causes efficientes de toutes les actions des hommes et, d'autre part, il fournit un critère pour les évaluer, une action étant approuvée ou non en fonction de sa propension à augmenter ou non le bonheur de la partie dont l'intérêt est en question. D'emblée, le propos réformateur est présent, puisque « le principe d'utilité reconnaît cette sujétion, et l'adopte comme fondation de ce système, dont l'objet est de bâtir l'édifice de la félicité au moyen de la raison et du droit[17] ». En effet, pour Bentham, le phénomène de gouvernement n'est qu'une classe particulière d'actions au sein de l'ensemble des actions humaines. Dès lors, le principe est pertinent à l'égard du pouvoir politique. Il s'avère immédiatement dangereux pour tous les gouvernements que n'anime pas la recherche du plus grand bonheur du plus grand nombre, dont il met implacablement et scientifiquement en évidence le caractère nuisible[18].

Bentham procède à une réfutation méthodique des principes opposés à celui d'utilité[19]. Aussi rejette-t-il le principe d'ascétisme, constamment contraire au principe d'utilité, puisqu'il approuve les actions en fonction de leur propension à diminuer le bien-être. De même critique-t-il le « principe de sympathie et d'antipathie ». Celui-ci, s'il peut occasionnellement coïncider avec le principe d'utilité, n'approuve les actions qu'en fonction de la disposition spontanée de l'individu à les approuver ou non. Aucune

---

[17] *Ibid.*, p. 11.

[18] *Ibid.*, pp. 14-15 n.

[19] *Ibid.*, Chapter II « Of Principles Adverse to that of Utility ».

autre considération externe n'est prise en compte afin de guider ce sentiment interne. Il n'est rien d'autre qu'un principe de caprice.

Seul le principe d'utilité peut être un critère précis non seulement de ce qui a été fait mais encore de ce qui doit l'être. Il procède au moyen d'un calcul, dans la mesure où les sciences morales et politiques doivent se fonder sur des raisonnements et des investigations aussi rigoureux que les mathématiques.

§ 3. L'universalisation du « felicific calculus »

Bentham recense quatorze plaisirs simples et douze peines simples, auxquels correspondent des motifs (*motives*) d'action. La démarche arithmétique qu'il présente permet de mesurer la valeur de chaque plaisir ou peine et de procéder, en vue de choix, à une comparaison. Ce calcul trouve non seulement à s'appliquer au niveau individuel de l'éthique privée, mais encore au niveau collectif de la science de la jurislation. « Les plaisirs, et la fuite des douleurs, sont les fins que le jurislateur a en vue : il lui appartient donc d'en comprendre la valeur. Plaisirs et douleurs sont les instruments avec lesquels il doit travailler : il lui revient donc d'en comprendre la force, ce qui est encore, d'un autre point de vue, leur valeur[20] ».

Pour une même personne, la valeur du plaisir que procure une action dépend des circonstances suivantes : intensité, durée, caractère certain ou incertain, proximité ou éloignement. Lorsqu'on évalue la tendance de l'acte qui produit le plaisir ou la douleur, il convient d'en prendre en

---

[20] *Ibid.*, p. 38.

compte la fécondité (probabilité d'être suivi de sensations de la même espèce) et la pureté (probabilité d'être suivi de sensations de l'espèce opposée). Enfin, lorsque plusieurs personnes sont touchées, il faut mesurer l'extension du plaisir. La combinaison mathématique[21] de ces sept éléments donne la valeur de la sensation et permet de la comparer avec d'autres plaisirs ou peines. Ainsi, le jurislateur est en mesure de promouvoir l'accomplissement des actions produisant, au terme d'un calcul portant sur les diverses combinaisons possibles d'actions dans la société telle qu'elle existe, le maximum de bonheur pour le plus grand nombre. Devenu savant du social, en jouant sur les motifs de l'action humaine, le jurislateur fera en sorte d'orienter les individus vers un comportement qui, coordonné artificiellement avec celui des autres, conduira au but que devrait s'assigner tout gouvernement : le plus grand bonheur du plus grand nombre.

De cet exposé sommaire, uniquement destiné à éclairer les développements subséquents relativement à l'idée de constitution, il ne faudrait pas conclure à la médiocrité et à l'étroitesse de l'arithmétique des plaisirs benthamienne. Celle-ci est au contraire extrêmement fine. Elle prend en compte trente-deux circonstances influençant la sensibilité de chacun. Aussi est-il possible de rendre compte de la variabilité du plaisir procuré par un même acte en fonction par exemple de l'âge, du sexe, de la santé, de l'instruction, ou d'une propension à la sympathie pour autrui. Bentham met en outre en évidence le phénomène de décroissance des utilités marginales. L'utilité procurée par toute unité de bien supplémentaire est fonction des dotations initiales. Aussi, le

---

[21] Sur le calcul utilitaire et son rapport aux mathématiques et aux probabilités, cf. Jean-Pierre Cléro et Christian Laval, Introduction à J. Bentham, *De l'ontologie et autres textes sur les fictions*, Paris, Editions du Seuil, coll. « Points Essais », 1997, pp. 27-58.

surplus de bonheur procuré à une personne qui dispose déjà d'une large dotation d'un bien X est-il inférieur au surplus qu'il aurait apporté à une personne totalement démunie. Il estime par ailleurs que la souffrance est relativement plus pesante que le plaisir. Ainsi, prendre le bien X à un individu A pour le donner à un individu B également doté procure plus de peine au premier que de plaisir au second.

Le gouvernement, qui agit en produisant du droit, c'est-à-dire, selon la théorie benthamienne[22], en créant des obligations et des infractions (*offences*), doit mesurer les poids relatifs des peines, qu'il crée *ipso facto* par son existence et son action, et des bénéfices qui sont susceptibles de résulter de cette organisation de la société pour chacun de ses membres. Dans la jurislation pénale notamment, le mal de la punition ressenti par le condamné ne doit pas excéder le bien susceptible d'en résulter pour la communauté[23]. Pour ce faire, les individus au pouvoir disposent d'une science des passions humaines indiquant les moyens de mesurer les sensations et de les comparer.

Une telle anthropologie et une telle méthode n'ont pas été sans susciter de nombreux débats et controverses, qu'il importe à présent de mentionner.

§ 4. Un principe débattu et controversé

Il n'appartient pas à la présente étude d'exposer l'ensemble des débats auxquels a donné et donne encore lieu

---

[22] Cf. *infra*, pp. 63 et suiv. et pp. 86 et suiv.

[23] *An Introduction to the Principles of Morals and Legislation, op. cit.*, Chapter XIII : « Cases Unmeet for Punishment ».

le principe d'utilité[24]. La doctrine de Bentham, à travers les différents champs sur lesquels elle a porté, a fait l'objet à la fois des interprétations les plus variées, des réfutations mal informées les plus médiocres, et des prolongements les plus subtils. La contestation de l'utilitarisme benthamien s'est essentiellement portée, dans le cadre de la philosophie morale, sur la négligence des aspects moraux et non-calculateurs de l'homme (A), ainsi que sur le statut logique du principe d'utilité (B).

A. L'amoralisme du principe d'utilité

Les réserves classiques de John Stuart Mill[25] à l'égard de la doctrine de Bentham se présentent avant tout comme une mise en cause de la négligence de la spiritualité profonde

---

[24] Il est possible de renvoyer le lecteur à la présentation synthétique qui en est faite par René Sève dans Philippe Raynaud, Stéphane Rials (dir.), *Dictionnaire de philosophie politique*, PUF, 1996, art. « utilitarisme », ainsi qu'à Will Kymlicka, *Contemporary Political Philosophy. An Introduction*, Oxford, Clarendon Press, 1995, pp. 9-49. Une intéressante exposition des arguments en présence est également fournie par John Jamieson Carswell Smart, Bernard Williams, *Utilitarianism : For and Against*, Cambridge, Cambridge University Press, 1985. L'*Anthologie historique et critique de l'utilitarisme, op. cit.*, Vol. I *Bentham et ses précurseurs (1711-1832)*, Vol. II *L'utilitarisme victorien (1832-1903)*, Vol. III *L'utilitarisme contemporain*, dresse un panorama suggestif de cette doctrine et de son évolution.

[25] John Stuart Mill, « Bentham », dans *London and Westminster Review*, Aug. 1838, revised in 1859, repr. dans B. Parekh, *op. cit.*, Vol. I, pp. 142-175 et *L'utilitarisme*, trad. Georges Tanesse, Paris, Champs-Flammarion, 1988.

de l'homme. Certains auteurs, tel A.J. Milne[26], vont jusqu'à estimer que ne mérite intérêt dans l'œuvre de Bentham que ce qui est détachable du principe d'utilité, celui-ci viciant tout le reste. Les critiques éthiques traditionnelles mettent en cause un utilitarisme dit égoïste ou matérialiste[27].

Au niveau de la théorie de la justice, la seule considération de la somme totale de bien être et la négligence corrélative de tout critère distributif interne est une critique majeure de l'utilitarisme benthamien. Elle semble pourtant réfutée par la prise en compte de plusieurs phénomènes. Tout d'abord, la vue des inégalités flagrantes provoquant une jalousie, celles-ci diminuent l'utilité globale. Parvenir au plus grand bonheur du plus grand nombre suppose donc une certaine égalisation relative des richesses. Le phénomène de décroissance des utilités marginales, selon lequel, à la marge, le surplus de richesse excède le surplus de plaisir, commande, pour maximiser le bien-être global, d'effectuer une certaine redistribution. Elle devra toutefois, en prenant aux mieux dotés pour donner aux moins dotés, prendre garde au fait que la peine de la perte est, de façon relative, plus vivement ressentie que le plaisir du gain. Quoi qu'il en soit, si aucun critère distributif interne n'est pris en

---

26 A.J. Milne, « Bentham's Principle of Utility and Legal Philosophy », dans *Northern Ireland Legal Quarterly*, Vol. 24 (3), Autumn 1973, pp. 9-38.

27 Parmi tant d'autres, on peut mentionner ces quelques exemples paradigmatiques : M. El Shakankiri, *op. cit.*, préf. M. Villey ; Alain Caillé, *Critique de la raison utilitaire. Manifeste du M.A.U.S.S.*, Paris, La Découverte, 1989 et « Utilitarisme et anti-utilitarisme », dans Kevin Mulligan, Robert Roth (pub.), *Regards sur Bentham et l'utilitarisme*, Recherches et rencontres, n°4, Publications de la Faculté des lettres de Genève, Genève, Librairie Droz, 1993, pp. 115-125 et B. Maris, *op. cit.*

compte directement, la maximisation de l'utilité générale implique des considérations tenant à l'allocation des biens.

L'un des aspects de sa pensée qui a voué aux gémonies l'œuvre de Bentham est sa proposition d'associer à la méthode du calcul de la félicité une unité de mesure particulière de la valeur des plaisirs et des peines : la monnaie[28]. Pour lui, l'argent n'est pourtant que l'unité de mesure de la grandeur que le calcul d'utilité a forgée. Posée comme équivalent général des sensations, elle se présente comme un instrument commode pour faciliter la communication et la comparaison interpersonnelle des utilités, et c'est faute de tout autre instrument en politique et en morale que Bentham y recourt[29]. Il s'agit avant tout d'être en mesure de comparer des plaisirs et des peines en les exprimant dans une même unité et en pouvant ainsi les intégrer dans une équation qui démontre leur compatibilité. « La politique benthamienne ne consiste pas à dire qu'il y a des plaisirs meilleurs que d'autres et à corriger les plaisirs qui s'écarteraient de cette prétendue norme : elle est de rendre compatibles les plaisirs moyennant quelques douleurs et de n'interdire que les plaisirs radicalement incompatibles avec la coexistence d'autres plaisirs. Le point de vue du législateur est celui d'une maximisation ; il s'agit de constituer un tout cohérent et relativement stable de plaisirs et de douleurs qu'il considère comme des 'instruments'[30] ».

Outre les discussions sans fin que peut susciter la mise en cause de l'utilitarisme benthamien sur le plan éthique, il

---

[28] Ce manuscrit est publié dans son intégralité dans David Baumgardt, *Bentham and the Ethics of Today*, Princeton, New Jersey, Princeton University Press, 1952, pp. 554-566.

[29] *Ibid.*, p. 562.

[30] *De l'ontologie*, *op. cit.*, Introduction, p. 53.

semble que, plus fondamentalement, le statut logique du principe lui-même soit discutable.

B. Le statut logique du principe d'utilité

Une première difficulté tient au fait que le principe d'utilité n'est pas prouvé. Il jouit pour Bentham du statut d'instrument de preuve et d'évaluation universel : utilisé pour tout prouver, il ne peut l'être lui-même. De plus, il affirme clairement son caractère exclusif : « le principe d'utilité une fois adopté comme principe directeur, n'admet aucun rival, n'admet pas même un associé[31] ». Une telle situation n'est quoiqu'il en soit pas propre à l'utilitarisme, et s'avère en définitive inévitable, dès lors que l'on s'attache à questionner les fondements d'une doctrine éthique ou politique, et même d'une théorie scientifique.

Par ailleurs, et alors que Bentham est un grand lecteur de Hume, il semble méconnaître le principe logique connu sous le nom de « loi de Hume »[32], selon lequel d'une prémisse non normative il est impossible d'inférer logiquement une conclusion normative. Le principe d'utilité, en rendant compte de ce qui est et en indiquant ce qui doit être, violerait cette loi logique, et Bentham, au prix d'une inconséquence notoire, serait tombé dans le travers qu'il a tant dénoncé. Pour Elie Halévy, « l'objection porte contre Bentham ; car l'idée maîtresse de Bentham, ce sera précisément d'avoir découvert, dans le principe de l'utilité, un commandement pratique en même temps qu'une loi

---

[31] J. Bentham, *A Comment on the Commentaries and A Fragment on Government*, J.H. Burns, H.L.A. Hart (ed.), London, University of London, The Althone Press, 1977, p. 27.

[32] D. Hume, *Traité de la nature humaine*, Livre III « La morale », trad. Philippe Saltel, Paris, Flammarion, 1993, p. 65.

scientifique, une proposition qui nous enseigne indivisiblement ce qui est et ce qui doit être[33] ».

On peut tenter de contourner cette critique en divisant le principe d'utilité en deux sous-principes. L'un serait descriptif de la psychologie humaine, l'autre prescrirait l'accomplissement des actions maximisant le bien-être des individus concernés. Mais surgit alors un second problème : celui d'une contradiction interne au principe. C'est ainsi que l'on a distingué l'égoïsme psychologique de l'utilitarisme proprement dit. Pour Philippe Van Parijs, « bien loin donc d'impliquer sa vérité, l'utilitarisme comme théorie politique normative présuppose la fausseté de l''utilitarisme' comme théorie explicative du comportement individuel[34] ». Il est possible, pour sortir tant bien que mal de l'aporie, de considérer que c'est leur dévouement à la félicité commune qui maximise d'utilité des individus. On peut également penser que le libre jeu de la poursuite égoïste des intérêts particuliers conduit à la maximisation du bien-être général, selon un processus de main invisible et d'harmonisation spontanée des intérêts. C'est ce qu'estime par exemple David Lyons[35], dans un ouvrage qui tente de renouveler la

---

[33] Elie Halévy, *La formation du radicalisme philosophique*, t. 1 *La jeunesse de Bentham (1776-1789)*, rééd. Monique Canto-Sperber, Paris, PUF, coll. « Philosophie morale », 1995, p. 21.

[34] Philippe Van Parijs, *Qu'est-ce qu'une société juste ? Introduction à la pratique de la philosophie politique*, Paris, Le Seuil, coll. « La couleur des idées », 1991, p. 33.

[35] David Lyons, *In the Interest of the Governed. A Study in Bentham's Philosophy of Utility and Law*, revised ed., Oxford, Clarendon Press, 1991. Il propose une réinterprétation du principe d'utilité non comme principe universaliste mais particulier (*parochial*) et obéissant à un double standard selon qu'il s'agit de gouverner la communauté (*art of legislation*) ou de se gouverner soi-même (*private ethics*). Sa

lecture de Bentham. Or l'interprétation traditionnelle des écrits de Bentham en fait un théoricien de l'harmonisation artificielle des intérêts. Aussi James Steintrager estime-t-il que « le passage de l'égoïsme à l'utilitarisme est un produit de la jurislation interprétée largement de façon à inclure les sanctions pénales et l'éducation de l'opinion publique[36] ». En effet, l'ensemble de la réflexion de Bentham sur le droit semble une recherche d'un moyen d'agir sur les déterminants des comportements humains afin d'organiser leur interaction, de sorte qu'elle promeuve le bonheur du plus grand nombre. Dès lors, il ne semble y avoir aucun passage logique entre les deux aspects du principe d'utilité, « d'un côté le critère du correct et de l'incorrect (*right and wrong*), et de l'autre la chaîne des causes et effets[37] », et par là même aucune violation de la loi de Hume. A aucun moment Bentham ne tient un raisonnement du type « le comportement humain *est* guidé par la maximisation du bonheur *donc* le gouvernement *doit* viser le plus grand bonheur du plus grand nombre ». Il s'agit seulement de partir d'une connaissance scientifique de la réalité pour être en mesure de la réformer selon ses préférences éthiques. L'une

---

présentation apparaît cependant contestable. Bentham entend bien, grâce au calcul, prendre en compte l'intérêt de toutes les personnes concernées et non de la seule communauté politique. Il n'existe aucune limite *a priori* à l'extension du calcul. En toute hypothèse, il inclut toutes les personnes affectées. J.S. Mill maintient d'ailleurs cette perspective dans *L'utilitarisme*, *op. cit.*, Chapitre II « Ce que c'est que l'utilitarisme ». Les développements de D. Lyons sont critiqués à juste titre par J.B. Stearns, « Bentham on Private and Public Ethics », dans *Canadian Journal of Philosophy*, Vol. 5 (4), Dec. 1975, pp. 583-594.

[36] J. Steintrager, *op. cit.*, p. 40.

[37] *An Introduction to the Principles of Morals and Legislation*, *op. cit.*, p. 11.

des fonctions du principe d'utilité est notamment de servir « comme un dépôt (*storehouse*) de moyens à disposition pour atteindre cette fin [le plus grand bonheur][38] ». Dès lors, le raisonnement benthamien revêt la forme suivante : « on constate que le comportement humain est guidé par la recherche du bonheur ; *si* l'on estime souhaitable que le gouvernement vise le plus grand bonheur du plus grand nombre, *alors* on doit agir de telle et telle manière sur les déterminants du comportement humain ». Il ne s'agit là que d'une norme technique, fondée sur une proposition anakastique[39]. En adoptant comme norme de sa théorie politique la prémisse mineure, Bentham parvient par ailleurs à des conclusions normatives, mais là encore, il n'y a aucun passage de l'être au devoir être. Il ne s'agit que d'une inférence pratique, dans laquelle il extrait une prescription d'une norme technique[40].

Une aporie logique à laquelle il semble en revanche difficile d'échapper, et ce en dépit des changements de nom du principe d'utilité[41], demeure. Elle tient à l'impossibilité,

---

[38] « Article on Utilitarianism », short version, *op. cit.*, p. 320.

[39] Une norme technique n'est pas, à proprement parler, une « norme ». Elle est une proposition en forme déontique, exprimant une relation de cause à effet. L'exemple type en est « pour faire bouillir de l'eau, on *doit* la porter à cent degrés ». En l'occurrence, le « devoir » ne constitue que le moyen nécessaire pour atteindre une fin désirée. Cf. *infra*, pp. 194 et suiv.

[40] Georg Henrik von Wright, *Norm and Action. A Logical Enquiry*, London, Routledge and Kegan Paul, 1963, pp. 10-11.

[41] Dès le *Fragment sur le gouvernement, op. cit.*, p. 128, note 78, Bentham donne comme synonymes les expressions « principe d'utilité », « principe du plus grand bonheur », « principe de la plus grande félicité ». Selon lui, la terminologie initiale avait contribué à une mauvaise compréhension de la finalité de ses travaux. Aux pages 349 à

mise en évidence par Leibniz, de maximiser simultanément deux fonctions mathématiques, tels le bonheur et le nombre de ceux qui le ressentent[42]. Cet élément d'apparence technique est révélateur des difficultés de l'utilitarisme en tant que procédure décisionnelle. En effet, la mesure des conséquences, en vue d'aboutir à une maximisation du bien-être dans la société, n'est pas sans receler plusieurs équivoques. C'est à partir de ces difficultés que se sont développées, dès le milieu du XIXe siècle, à la fois des critiques précises de l'utilitarisme, et des formes extrêmement raffinées et complexes de cette doctrine, tentant de répondre, sur les plans théorique et pratique, à leurs objections. L'essentiel du débat contemporain se concentre sur ces questions, dont il est uniquement possible ici de faire mention[43]. Se pose tout d'abord le problème de ce qui, sensations ou préférences, désirs ressentis ou désirs rationnels, doit faire l'objet du calcul utilitaire. Le calcul doit-il permettre de mesurer la contribution au plus grand bonheur attachée à des actes, à des règles gouvernant ces actes[44] et sous lesquelles on peut les subsumer, ou encore à

---

352 de *Official Aptitude Maximized ; Expense Minimized*, *op. cit.*, et dans la note a ajoutée en 1822 à *An Introduction to the Principles of Morals and Legislation*, *op. cit.*, p. 11, il justifie le changement de nom du principe d'utilité. Le mot d'« utilité » est sans conteste celui qui a le plus nui à la réception de la doctrine de Bentham. Et de fait, on peut estimer que la faute majeure de l'« utilitarisme » est cette terminologie, devenue péjorative à l'époque contemporaine. Cf. Jean-Joseph Goux, « L'utilité : équivoque et démoralisation », dans *Revue du M.A.U.S.S.*, Paris, La Découverte / M.A.U.S.S., n°6, 1995, pp. 106-124.

[42] Cette critique est formulée par Jean-Pierre Dupuy, postface à E. Halévy, *op. cit.*, t. 1, p. 352.

[43] Cf. C. Audard (dir.), *op. cit.*, Vol. III.

[44] R.F. Harrod, « Utilitarianism Revised », dans *Mind*, 45, 1936.

des stratégies de vie ? Ensuite, se dresse l'abîme de la comparaison interpersonnelle des utilités. Quelle méthode mettre en œuvre afin de rendre comparables les situations de divers individus ? Faut-il, devant l'absence d'un « hédonomètre » évident, cardinaliser les utilités, ainsi que l'a tenté Bentham, ou se contenter d'une approche ordinale ?

Au-delà des diverses difficultés auxquelles se heurte la praticabilité de l'utilitarisme, on ne manque pas de s'interroger sur le critère même de la bonne décision, c'est-à-dire sur le type de conséquences que l'on doit retenir comme préférables. La démarche strictement conséquentialiste est-elle tenable ou convient-il, à la suite de John Stuart Mill, de renouer avec une certaine hiérarchie objective des plaisirs, privilégiant les plaisirs de l'esprit ou les désirs dits « informés » ? A n'en pas douter, un conséquentialisme *a minima* s'accorderait davantage aux intuitions morales communes. En outre, ainsi que le soulève Henry Sidgwick[45], parvenir au plus grand bonheur du plus grand nombre signifie-t-il obtenir le quantum maximal de bien-être dans la société ou bien parvenir à la moyenne de bien-être maximale pour chaque individu ?

Au regard de ces problématiques complexes, la doctrine de Bentham semble indéniablement appartenir à un âge antérieur de la réflexion. Elle n'en présente pas moins des éléments qui constituent la toile de fond du débat, et s'avère de plus apte à apporter une contribution originale de valeur à la philosophie morale actuelle.

Le principe d'utilité, dans ses dimensions descriptive et normative, est au fondement de la réflexion de Jeremy

---

[45] H. Sidgwick, *The Method of Ethics*, London, Macmillan, 1981, Book IV, Chapter I.

Bentham. Si controversé qu'il soit aux plans éthique ou logique, il est indissociable du déploiement de sa réflexion et de la dynamique multidisciplinaire de celle-ci. A ce titre, il semble également nécessaire d'examiner brièvement, dans la mesure où ils fournissent un éclairage essentiel sur sa théorie du droit, certains aspects de la théorie des fictions de Bentham.

SECTION II - LA THEORIE DES FICTIONS

Les réflexions de Bentham sur la théorie du langage, les fictions, la logique et l'ontologie ont souvent été négligées[46] alors que « loin d'être marginales dans l'œuvre et dans la pensée de Bentham, [elles] sont au cœur de [sa] stratégie critique et réformatrice[47] » et sont solidaires de sa vision du droit. De plus, elles constituent une anticipation

[46] Cf. l'introduction de J.-P. Cléro et C. Laval à J. Bentham, *De l'ontologie*, *op. cit.*

[47] *Ibid.*, Note sur l'édition, p. 69. Cf. également Lucio d'Alessandro, *Utilitarismo morale e scienza della legislazione. Studio su Jeremy Bentham*, Napoli, Guida Editori, 1981, p. 55 : « Questa teoria, praticamente conosciuta di recente, e considerata, da molti, esclusivamente come una filosofia del linguaggio, giustapposta al rimanente pensiero di Bentham e, tutt'al più, suscettible di utilizzazione solo nella interpretazione di certi settori della sua scienza giuridica, costituisce, invece, sopratutto, una teoria d'interesse politico e rappresenta, con la sua elaborazione ed i suoi aggiustamenti, come il filo rosso che attraversa tutta l'opera di Bentham ».

remarquable des travaux de Carnap, Schlick, Vaihinger[48], Wittgenstein et de l'ensemble du Cercle de Vienne[49].

La méthode d'exposition et de réflexion de Bentham, ainsi que le souligne Christian Laval[50], s'inspire d'une volonté de transposer les travaux de Linné dans le domaine naturel afin de parvenir à des classifications exhaustives et précises des différentes entités. Il emprunte pour ce faire la *via dialectica* de Pierre de La Ramée. Il s'agit de diviser selon un critère précis chaque entité dont on entend faire l'exposition en deux branches qui feront à leur tour l'objet d'une bifurcation jusqu'à ce que l'on parvienne aux éléments simples. « Sous [un] *genus generalissimum*, il est possible de poursuivre un système de division qui trouve sa limite dans l'ensemble de tous les corps individuels discernables, en passant par autant d'étapes que l'on trouve souhaitable pour les buts du discours. A chacun de ces stades, à chacun de

---

[48] Hans Vaihinger, *Die Philosophie des Als Ob*, 5e éd., Leipzig, éd. Felix Meiner, 1920. Il n'est pas un hasard que le traducteur de cet ouvrage en anglais soit également l'éditeur de la théorie des fictions de Bentham, Charles Kay Ogden. De cet auteur, cf. « Bentham's Philosophy of As If », dans *Psyche*, Vol. 9, 1928-1929, pp. 4-14 ; « Bentham's Theory of Language », dans W. Terence Gordon (ed.), *C.K. Ogden and Linguistics*, Vol. 2 « From Bentham to Basic English », London, Routledge / Thoemmes Press, 1994, pp. 67-132 ; « Bentham's Theory of Legislation », *ibid.*, pp. 133-185. Selon lui, Bentham dépasserait même Vaihinger. Jerome Franck s'oppose à une telle vision.

[49] Enrique Marí, « Jeremy Bentham : du 'souffle pestilentiel de la fiction' dans le droit à la théorie du droit comme fiction », dans *Revue interdisciplinaire d'études juridiques*, n°15, Bruxelles, 1985, pp. 1-40.

[50] C. Laval, *Jeremy Bentham. Le pouvoir des fictions*, Paris, PUF, coll. « Philosophies », 1994, p. 49.

leur rang, le mode de division peut être bifurqué et exhaustif : autrement dit, il peut tout contenir[51] ».

Parmi des objets qui peuvent, à travers le langage, se présenter aux facultés humaines, la bifurcation fait apparaître au sein des substantifs, d'une part les noms d'entités fictives et d'autre part les noms d'entités réelles. Les entités fictives ne doivent leur existence qu'au langage. « Par ce terme, on entend désigner l'une de ces sortes d'objets dont, en toute langue, pour les buts du discours, on doit parler comme s'ils existaient vraiment [...] mais sans avoir le dessein de produire la persuasion que ces entités possèdent, chacune pour elle-même, une existence séparée, ou, pour parler précisément, une existence réelle[52] ». Bentham distingue entre les entités fictives proprement dites, dont le langage ne saurait se passer, et les entités fabuleuses, la différence tenant au degré de foi accordé à l'existence de l'objet dénoté. Pour leur part, les entités réelles se manifestent à l'homme à travers ses sens.

Chaque type d'entité peut encore être subdivisé en entités perceptibles, directement accessibles aux sens, tel le rocher que l'on heurte et qui se signale par la douleur éprouvée, et entités inférentielles, qui sont le résultat d'un raisonnement, tels l'âme ou Dieu. Dans la lignée de la philosophie empiriste de Locke, Bentham estime que l'entité fictive n'a de sens qu'autant qu'il est possible de concevoir sa relation avec une entité réelle. Selon la proximité de cette relation, c'est-à-dire la nécessité, pour comprendre une entité fictive donnée, d'une seule entité réelle ou d'une entité réelle et d'une ou plusieurs autres entités fictives, Bentham distingue différents « ordres » d'entités fictives.

---

[51] *De l'ontologie*, *op. cit.*, Annexe B, p. 169.

[52] *Ibid.*, p. 87.

Pour connaître la signification d'un mot, on se sert en général d'une méthode d'exposition par genre et par différence[53]. Mais celle-ci n'est pertinente que si l'on peut faire l'expérience sensible d'une différence. Pour relier les entités fictives aux entités réelles, Bentham met au point une méthode de « paraphrase[54] ». Il s'agit de remplacer une proposition comprenant une entité fictive par une autre où, le sens étant conservé, l'entité fictive a disparu et une entité réelle est présente. Dans son *Essay on Logic*[55], Bentham prend l'exemple de l'entité fictive « obligation ». Il place tout d'abord l'entité fictive en position de sujet dans la phrase : c'est la *phraséoplérose*. Il obtient ainsi la proposition fictive « une obligation est imposée à un homme ». Ensuite, il remplace cette phrase par une autre dont une entité réelle, qui constitue la source réelle ou l'archétype matériel de l'entité fictive, est le sujet : c'est l'*archétypation*. Ici, l'image emblématique ou archétypale de l'obligation est celle d'une personne oppressée par un poids ou liée par une corde. La source de l'explication de l'entité fictive « obligation » fournie par la paraphrase est donc l'idée d'une sensation de douleur éventuelle. Il s'agit fondamentalement de remonter aux entités réelles[56] que sont

---

[53] *A Comment on the Commentaries*, *op. cit.*, Chapter I « Of the Nature of Laws in General ».

[54] Bentham anticipe ici la théorie russellienne de la définition contextuelle.

[55] J. Bentham, *Essay on Logic*, dans *The Works of Jeremy Bentham*, John Bowring (ed.), Vol. VIII, Edinburgh, William Tait, 1838-1843, pp. 247-248.

[56] C.W. Everett, Introduction à Jeremy Bentham, *The Limits of Jurisprudence Defined, Being Part Two of 'An Introduction to the Principles of Morals and Legislation'*, New York, Columbia University Press, 1945, p. 34 : « Bentham's method is to resolve the words

les sensations de plaisir et de douleur, dans la mesure où « chaque mot qui a un sens immatériel possède, ou au moins possédait, un sens matériel. [...] Nos idées provenant toutes de nos sens, de quelle autre source peuvent provenir leurs signes, de quelle autre source peut provenir notre langue ?[57] »

C'est déjà un procédé semblable qui est employé dans le *Fragment on Government* à propos des droits et obligations[58], et que Bentham juge seul applicable aux entités fictives juridiques dans *An Introduction to the Principles of Morals and Legislation*[59]. Dans *Of Laws in General*, Bentham estime plus généralement que « pouvoir, droit, prohibition, devoir, obligation, charge, immunité, exemption, privilège, propriété, sécurité, liberté – tous ceux-ci avec une multitude d'autres qui pourraient être mentionnés, sont autant d'entités fictives que le droit, [...] dans le discours commun, est supposé créer ou dont il est supposé disposer. [...] Tout ceci à l'évidence n'est que le produit de l'imagination (*fancy*), une sorte d'allégorie : une énigme dont la solution ne peut apparaître autrement qu'en retraçant l'histoire des opérations que réalise le droit dans ce cas au regard de certaines entités réelles[60] » : les personnes et objets

commonly used into those representing real entities or ideas copied immediately from the impressions made by real entities ».

[57] *Essay on Language*, dans *The Works of Jeremy Bentham*, *op. cit.*, Vol. VIII, p. 329, trad. J.-P. Cléro et C. Laval dans *De l'ontologie*, *op. cit.*, p. 219.

[58] *Fragment sur le gouvernement*, *op. cit.*, pp. 165-166 note 142.

[59] *An Introduction to the Principles of Morals and Legislation*, *op. cit.*, pp. 205-207 note e2.

[60] J. Bentham, *Of Laws in General*, H.L.A. Hart (ed.), London, University of London, The Althone Press, 1970, p. 251.

concernés. Aussi le droit fournit-il un domaine d'application privilégié de la méthode de paraphrase[61].

Il est donc possible d'affirmer que la théorie des fictions forme dans une certaine mesure la trame où se déploie, tout au long de sa vie, l'ensemble de la réflexion de Bentham, et notamment sa réflexion sur le droit. Elle annonce dans son ensemble la perspective qui, héritée de la philosophie de l'école d'Uppsala, sera celle du réalisme scandinave[62].

Parti de Hume, chez qui « le renvoi sceptique aux fictions sur le plan théorique se doublait fréquemment d'une réhabilitation pratique ou pragmatique[63] », Bentham distingue nettement entre des fictions utiles, dont le langage

---

[61] *Ibid.*, pp. 294-295 : « If it be true that our ideas are derived all of them from our senses and that the only way of rendering any of our ideas clear and determinate is to trace it up to the sensible objects in which it originates, the only method that can be taken for explaining them to the purpose is the method I have just been taking here. This method is that of defining these and other names of fictitious entities not *per genus et differentiam*, nor by any other of the methods which are applicable to real entities, but by a method which I have ventured to style that of paraphrasis : a method new in itself and which therefore if mentioned at all must be mentioned by a new name ».

[62] Cf., pour une présentation générale, Stig Strömholm, H.-H. Vogel, *Le « réalisme scandinave » dans la philosophie du droit*, préf. M. Villey, Paris, L.G.D.J., coll. « Bibliothèque de philosophie du droit », 1975. La controverse sur la nature des définitions des concepts juridiques entre H.L.A Hart, « Definition and Theory in Jurisprudence », dans *The Law Quarterly Review*, 70, 1954, pp. 37-60, U. Scarpelli, « La définition en droit », trad. M. Malgaud, dans *Logique et analyse*, Nouvelle série, 1e année, n. 3-4, août 1958, pp. 127-138 et A. Ross, « Definition in Legal Language », *ibid.*, pp. 139-149 en est une illustration manifeste.

[63] *De l'ontologie*, *op. cit.*, Introduction, p. 24.

ne saurait se passer, et des fictions nuisibles, qui révèlent un emploi mystificateur des mots. Visant à désarmer toute critique, à « réprimer tout exercice de la faculté de raisonner[64] », elles ont pour fonction de tromper l'interlocuteur. Bentham n'aura pas de mots assez sévères pour les dénoncer dans la « guerre des mots[65] » qu'il a engagée et qu'il mène tout au long de sa vie. Dans sa dénonciation des « fallacies », qui prend notamment la forme d'un *Book of Fallacies*[66], il montre comment le langage est une ressource essentielle du pouvoir afin de se maintenir en place et de différer les réformes commandées par le plus grand bonheur du plus grand nombre. Il n'est pas impossible d'estimer que le catalogue des sophismes dressé par Bentham n'est autre que celui dont il a fait les frais lors de la proposition de son panoptique[67]. En outre, il met en évidence les termes « eulogistiques » et « dyslogistiques ». Ceux-ci comportent des jugements implicites respectivement laudatifs et dépréciatifs[68]. Les termes « la Couronne » ou « le

---

[64] J. Bentham, *Manuel de sophismes politiques*, trad. J.-P. Cléro, Paris, L.G.D.J. – Bruylant, coll. « La pensée juridique moderne », 1996, p. 193.

[65] J. Bentham, *A Table of the Springs of Action*, dans *The Works of Jeremy Bentham*, *op. cit.*, Vol. I, p. 210, *Official Aptitude Maximized ; Expense Minimized*, dans *The Works of Jeremy Bentham*, *op. cit.*, Vol. V, p. 282, *Fragment sur le gouvernement*, *op. cit.*, p. 169.

[66] *Book of Fallacies*, dans *The Works of Jeremy Bentham*, *op. cit.*, Vol. II, pp. 375-487 ; *Manuel de sophismes politiques*, *op. cit.*

[67] Cf. les atermoiements des différentes institutions publiques anglaises de l'époque dans Janet Semple, *Bentham's Prison. A Study of the Panopticon Penitentiary*, Oxford, Clarendon Press, 1993.

[68] C. Laval, *op. cit.*, donne l'exemple suivant, p. 77 : le terme neutre est « la faim », le terme eulogistique est « l'amour de la bonne chère » et le terme dyslogistique est « la gloutonnerie ».

Souverain » permettent par exemple, sous couvert de neutralité du discours, de manipuler les esprits et de brouiller le calcul d'utilité individuel. Ils masquent l'intérêt véritable du peuple et donnent l'illusion que les gouvernants, qui ne visent en réalité que leur plaisir, cherchent à satisfaire celui des gouvernés. En 1822, Bentham écrit : « On peut définir une fiction du droit comme une fausseté volontaire qui a pour objet de confisquer le pouvoir [...] par et au profit de ceux qui ne pourraient pas ou n'oseraient pas le revendiquer ouvertement, et qui ne pourraient pas l'exercer, sinon par le subterfuge qu'elle produit ainsi[69] ».

« Mais la catégorie de la mauvaise fiction s'étend encore à toutes les formes mythiques par lesquelles la société politique suppose ses origines : état de nature, droits innés, contrat originaire[70] ». Nanti des enseignements et des virtualités du principe d'utilité et de sa théorie des fictions, Bentham va, en les appliquant à ces questions, rompre de manière spectaculaire avec la doctrine juridique de son temps. Avant même l'apparition des phénomènes juridiques, il est en mesure de rendre compte de la formation de la société politique sur des bases radicalement originales.

SECTION III – LE FONDEMENT DE LA SOCIETE POLITIQUE

L'étude du droit constitutionnel d'une unité politique donnée s'opère traditionnellement après avoir envisagé les

---

[69] *Fragment sur le gouvernement*, *op. cit.*, p. 172.

[70] *De l'ontologie*, *op. cit.*, Glossaire, art. « Fiction juridique », p. 202.

conditions d'apparition de cette unité et le fondement de l'autorité qui la gouverne[71]. Il semble donc nécessaire d'examiner au préalable les fondements de la société politique selon Bentham, dans la mesure où, loin d'être anodins, ils constituent des points cardinaux de sa théorie du droit et en déterminent largement les développements particuliers. Promoteur d'une *jurisprudence* utilitariste, Bentham critique nombre des fictions employées par la doctrine traditionnelle. Ainsi, au fondement de la société politique et du phénomène de l'obéissance au pouvoir, Bentham refuse d'admettre un contrat social (§1). Il propose un fondement réaliste et empiriste du pouvoir, basé sur un calcul utilitaire (§2).

§ 1. Le refus de la fiction du contrat social

La première publication de Bentham dans le domaine du droit date de 1776. Il s'agit du *Fragment on Government*, écrit en six semaines à la fin de l'année 1775, qui devait être inclus dans un plus large *Comment on the Commentaries*[72]. Il tentait alors de mettre en évidence les défauts des conceptions dominantes de son temps, à travers une critique acerbe de Sir William Blackstone. Ayant reçu les enseignements de cette figure maîtresse du XVIIIe siècle, Bentham a avoué sa déception. Il entreprend donc dès 1770 une réfutation de la doctrine institutionnelle consignée dans

---

[71] Sur les différentes théories relatives au fondement de l'autorité de l'Etat, cf. Leslie Green, *The Authority of the State*, Oxford, Clarendon Press, 1988.

[72] *Op. cit.*

les fameux *Commentaries on the Laws of England*[73], et notamment de son explication contractualiste du fondement du pouvoir politique.

Bentham reprend pour partie des arguments développés par Hume[74] dès 1739 contre le pacte de Hobbes et la tradition *whig* issue de Locke. Il conteste notamment l'idée d'un individu abstrait qui aurait pu, dans un état de nature, s'engager vis-à-vis du souverain ou vis-à-vis des autres. La succession des générations atteste le caractère historiquement controuvé du contrat social. Il semble en outre absurde de justifier le devoir d'obéissance par la promesse de nos ancêtres immémoriaux[75].

Bentham ne se contente pas de réfuter la réalité historique du contrat social. Cette critique serait d'ailleurs pour partie infondée, dans la mesure où rares sont les théories du contrat social qui le considèrent autrement que comme une simple fiction ou ne peuvent être interprétées ainsi. Bentham avance plus fondamentalement l'inutilité de cette fiction depuis l'avènement du principe d'utilité. Dans le *Fragment*, alors que sa théorie des fictions n'a pas encore connu ses développements essentiels et qu'il rejette en bloc les entités fictives, il affirme que « la saison des fictions est

---

[73] Sir William Blackstone, *Commentaries on the Laws of England*, 4 Vol., 3rd ed., Oxford, Clarendon Press, 1768-1769.

[74] D. Hume, *A Treatise of Human Nature*, L.A. Selby-Bigge (ed.), Oxford, Clarendon Press, 1967, Book III, Part II, Section VII « Of the Origin of the Government », Section VIII « Of The Source of Allegiance » ; « Of the Original Contract », dans *The Philosophical Works*, Thomas Hill Green, Thomas Hodge Grose (ed.), Vol. 3, Aalen, Scientia Verlag, 1992, pp. 443-460.

[75] Dans son *Manuel de sophismes politiques*, Bentham critique abondamment ce type d'arguments.

désormais terminée[76] ». Cette argumentation sera réitérée dans des ouvrages plus tardifs tel *Official Aptitude Maximized ; Expense Minimized*[77].

Etat de nature et état social sont respectivement pour Bentham une idée négative et une idée positive. Ce sont deux asymptotes, on pourrait presque dire deux idéaux-types, qui ne sont jamais présents dans la réalité. Pour Grotius, Pufendorf et Hobbes, le droit lie car il résulte du contrat social, qui lui-même lie en raison de la loi naturelle issue de la volonté divine. Les seules preuves invoquées à l'appui du contrat social sont la loi naturelle, la droite raison, c'est-à-dire autant de fictions, alors que, pour Bentham, la seule preuve que requiert la vérité est la vérité[78].

Jean-Pierre Cléro[79] montre clairement l'opposition de Bentham tant au contrat lockéen qu'à celui de Hobbes, chez

---

[76] *Fragment sur le gouvernement*, *op. cit.*, p. 124.

[77] *Official Aptitude Maximized ; Expense Minimized : as Shewn in the Several Papers Comprised in this Volume*, P. Schofield (ed.), *op. cit.*, pp. 346-347 : « The period during which the imaginary original contract was by liberalists in general resorted to as affording the sole reason why what was regarded as good government should be instituted or maintained, may be considered as constituting a special period in the history of the progress of society in civilization – in the art of life.

« Since the bringing to view the greatest happiness principle, wether under this its name or under that of the principle of utility, that period may be considered as having terminated, and this other as having succeeded it.

« The time is now come when the utter inaptitude of the original contract principle in the character of a ground and source of practice in the constitution of government has been placed and stands in a light too clear and strong to be resistible ».

[78] *Fragment sur le gouvernement*, *op. cit.*, p. 123.

[79] J.-P. Cléro, préface au *Fragment sur le gouvernement*, *op. cit.*

lesquels le passage fictif entre les deux états est un calcul d'espérance, ou encore de Rousseau, chez qui cette idée est moins marquée. Le contrat a pu être par le passé une explication utile pour justifier l'obéissance et limiter le gouvernement, mais à présent, « sans jamais agripper quoi que ce soit du réel, le contrat oscille entre la contestation et la justification[80] » du régime établi. Si Hume se préoccupe essentiellement du premier aspect, Bentham s'intéresse surtout au second.

Pour lui, l'histoire n'offre aucune preuve d'une association volontaire dont résulterait la société politique. « Tous les gouvernements [...] ont commencé par la force et se sont établis graduellement par l'habitude[81] ». Si l'inutilité de la fiction du contrat est patente, c'est qu'à présent le calcul utilitaire rend compte de manière réaliste à la fois de la fondation de la société politique, de l'obéissance des gouvernés et de l'exercice du pouvoir par les gouvernants.

§ 2. Une explication réaliste du fondement de la société politique

Apparu par la force, le gouvernement des hommes s'est maintenu et a été obéi non sur le fondement du respect

---

[80] J.-P. Cléro, « La justice, les passions et les fictions. La théorie de la justice selon Hume, Bentham et Rawls », dans *Dioti* 3, « Penser la justice », coll. « Savoir et faire », Mafpen de Toulouse et CRDP de Midi-Pyrénées, 1998, p. 97.

[81] J. Bentham, *Sophismes anarchiques. Examen critique de diverses déclarations des droits de l'homme et du citoyen*, dans *Œuvres de Jeremy Bentham*, Etienne Dumont (éd.), Vol. I, Louis Hauman et Cie, 1829-1830, p. 555.

d'une promesse donnée lors d'un pacte social, mais en raison du résultat d'un calcul utilitaire. Pour Bentham, le contrat social a le défaut majeur, comme toute fiction, d'écarter le regard et l'intelligence des entités réelles. Il obscurcit le jeu simple du calcul utilitaire. Si le pouvoir n'était respecté qu'en raison de l'engagement contractuel, il faudrait encore s'interroger sur le fondement de l'obéissance à ce contrat. Or, tout contrat n'est respecté qu'autant qu'il favorise l'intérêt des parties, qu'autant qu'il contribue à augmenter leur plaisir. Dès lors, le détour intellectuel par la fiction du contrat est superflu : seul le calcul d'utilité peut rendre compte de l'obéissance au pouvoir. Dans la situation de chaque individu, « il est de son *devoir* d'obéir aussi longtemps que c'est son *intérêt* et pas davantage. [...] La considération de l'*utilité*, et nulle autre, a secrètement, mais inévitablement, guidé son jugement sur l'ensemble de ces questions[82] ». L'utilité manifeste ici son caractère de critère absolument autosuffisant. Elle est seule cause de l'obligation. « Les seules conditions dans lesquelles nous pouvons dire qu'il est permis à un homme, s'il ne lui est pas obligatoire, aussi bien par *devoir* que par *intérêt*, de prendre des mesures de résistance, lorsque, selon le meilleur calcul qu'il est capable de faire, *les inconvénients qui résultent probablement de la résistance* (quand on parle de la communauté en général) *lui apparaissent moindres que les méfaits qui résultent probablement de la soumission.* Telle est alors pour lui et pour chaque homme en particulier, la *conjoncture pour résister*[83] ».

Bentham fournit donc une explication purement laïque, empiriste et sociologique de la naissance de la société politique. L'existence passée du pouvoir résulte d'une

---

[82] *Fragment sur le gouvernement*, *op. cit.*, p. 127.

[83] *Ibid.*, p. 157.

habitude - c'est-à-dire un ensemble d'actes - à obéir et son existence future résulte d'une disposition à obéir, chacune étant le résultat indiqué *hic et nunc* par le calcul utilitaire des individus. Les gouvernants ou le souverain savent pour leur part dans quelle mesure leur calcul indique aux gouvernés de leur obéir. Aussi le principe d'utilité fixe-t-il l'étendue du pouvoir dont les citoyens admettent l'exercice[84].

Il est alors possible à Bentham de conclure que « du point de vue du fait, [...] l'ultime cause efficiente de tout pouvoir de commandement (*imperation*) sur des personnes est une disposition à obéir de la part de ces personnes[85] ». Le pouvoir du gouvernant n'est jamais que le produit de l'obéissance des gouvernés.

Sur la question du fondement de la société politique et de la constitution du souverain, le principe d'utilité a eu raison de la fiction du contrat social. Mais celui-ci ne représente que l'un des éléments essentiels de la doctrine dominante. Plus fondamentalement, Bentham va lutter contre les fictions du jusnaturalisme dans leur ensemble.

SECTION IV – LE COMBAT CONTRE LE JUSNATURALISME

Le « positivisme » de Bentham prend tout d'abord corps par son rejet du jusnaturalisme du XVIIIe siècle. Il adopte dans cette controverse un ton polémique et parfois d'une violence crue, qui l'amène par exemple à écrire, à propos des professeurs de son temps, « J'affirme que je les

---

[84] Cf. *infra*, pp. 149 et suiv.

[85] *Of Laws in General*, *op. cit.*, p. 18, note b.

abhorre, aussi cordialement qu'un homme a besoin de le faire, pour le pouvoir qu'ils ont : mais, susceptibles de l'augmenter, je n'en suis pas moins effrayé. [...] Je ne serais pas désolé, dois-je confesser, si je pouvais en ce moment même voir ce puits du Vésuve les consumer[86] ». Ainsi que le note Annamaria Loche[87], l'argumentation de Bentham revêt une double dimension. Bentham attaque tant la commodité que l'incohérence de la référence rhétorique au droit naturel dans la doctrine de Blackstone (§1). S'il estime fondées et s'il apprécie les dynamiques respectives des révolutions américaine et française, il en dénonce clairement la justification en termes de droits individuels naturels et inaliénables (§2).

§ 1. Le droit naturel comme procédé rhétorique fallacieux

A travers une critique qui a encore toute sa portée, Bentham dénonce, dans une anticipation surprenante de la théorie du langage émotif de C.L. Stevenson[88], le procédé rhétorique consistant à recourir au droit naturel ou à la loi de nature. Il rentre dans la catégorie des sophismes qu'il a si

---

[86] *A Comment on the Commentaries*, *op. cit.*, p. 271-273.

[87] Annamaria Loche, *Jeremy Bentham e la ricerca del buongoverno*, Milano, Franco Angeli, « Collana di filosofia », 1991, p. 59 : « la critica alla scuola del diritto naturale ha in Bentham un duplice significato : da un lato, è analisi dello spessore teorico-giuridico della *legge* di natura ; dall'altro, è polemica contro il diritto di natura e l'uso 'politico' che di esso era stato fatto sopratutto durante la rivoluzione francese ».

[88] Charles Leslie Stevenson, *Ethics and Language*, New Haven, Connec., Yale University Press, 1944.

vivement dénoncés[89]. Dans sa sévère et méthodique réfutation de « everything-is-as-it-should-be-Blackstone », qui n'est pas sans évoquer le personnage de Pangloss qui « enseignait la métaphysico-théologo-cosmolonigologie[90] » et qu'en lecteur et traducteur de Voltaire il ne peut ignorer, Bentham confesse la difficulté de contredire son ancien maître, notamment du fait de la difficulté de trouver un sens à ses propos.

L'expression « loi naturelle » semble en elle-même une *contradictio in terminis*. En effet, l'état de nature est précisément un horizon où aucune loi n'existe. Seul y a place le « droit » comme adjectif, indiquant ce qui procure du plaisir, mais en aucun cas un « droit » comme substantif, qui serait antérieur à tout gouvernement. La seule loi naturelle qui puisse avoir un sens désignerait les déterminants psychologiques de l'action de l'homme, tels qu'identifiés par le principe d'utilité. Mais alors, loin de devoir la « respecter », le droit positif la prend en compte pour en orienter le mouvement vers la maximisation du bien-être.

Le droit naturel, présenté comme éternel, néglige la variabilité des circonstances. Bentham pour sa part, et ce en dépit de certaines critiques, ne tombe pas sous le coup de ce reproche. L'historicisme du principe d'utilité a déjà été évoqué : le droit doit évoluer en fonction de ce que requiert la maximisation du bonheur du plus grand nombre. Aussi a-t-il rédigé un ouvrage intitulé *De l'influence des temps et des lieux en matière de législation*[91]. Le droit naturel qui

---

[89] *Manuel de sophismes politiques*, *op. cit.*

[90] Voltaire, « Candide ou l'optimisme », dans *Romans*, Paris, Le Livre de Poche, 1961, p. 144.

[91] *De l'influence des temps et des lieux en matière de législation*, dans *Œuvres de Jeremy Bentham*, *op. cit.*, Vol. I, pp. 283-301 et *Essay*

prétendrait s'imposer pour toujours s'avère l'instrument d'une doctrine tyrannique. Le jusnaturalisme n'est qu'un usage répété des sophismes des lois irrévocables et de la sagesse de nos ancêtres[92]. De plus, de nombreuses théories du droit naturel en ont proposé des formulations qui, bien que toutes vouées à l'intemporalité et se réclamant de l'évidence, étaient incompatibles. Dès lors pour Bentham, le droit naturel n'est que « l'effusion d'un cœur de pierre opérant dans un esprit embrumé[93] ». Il n'admet pas la possibilité d'une connaissance innée par la raison de cette loi naturelle, révélée par Dieu et placée en chaque homme, et dénonce fermement ce « galimatias théologique, dans lequel les termes principaux [...] n'ayant aucun sens, communiquent au reste cette même qualité[94] ».

Les maximes d'Ulpien - *honeste vivere, alterum non laedere, suum cuique tribuere* - supposent toutes une définition positive de ce que peuvent être « vivre honnêtement », « nuire à autrui » et « le tien et le mien ». Et seules ces définitions seront prises en compte dans le commerce juridique comme critères de l'opportunité des actions, en pesant par exemple les peines qui y seront juridiquement attachées. Ces principes sont pourtant présentés comme évidents. La promulgation de tels dogmes revient à demander : « Accordez-nous que nous sommes infaillibles et nous vous prouverons ensuite que nous ne nous sommes pas trompés ». Ils sont un instrument pour soustraire les gouvernants à la critique rationnelle du peuple, alors que

---

on the Influence of Time and Place in Matters of Legislation, dans *The Works of Jeremy Bentham, op. cit.*, Vol. I, pp. 169-194.

[92] *Manuel de sophismes politiques, op. cit.*, Chapitres II et III.

[93] J. Bentham, *Economic Writings*, W. Stark (ed.), Vol. I, London, George Allen & Unwin, 1952, p. 335.

[94] *A Comment on the Commentaries, op. cit.*, p. 22.

selon Bentham, si la devise du citoyen comporte « obéir scrupuleusement », elle implique aussi « censurer librement[95] ». Avec Herbert Hart, on peut légitimement estimer que « l'accusation d'indétermination ou d'absence de critère que Bentham a adressée à la notion de droits moraux fondamentaux attend toujours une réponse satisfaisante de la part de ces auteurs modernes qui ont avancé diverses formes de théories politiques basées sur ces droits[96] ». Il lui semble impossible d'identifier un droit hors de la loi positive. Celle-ci est constituée de signes, qui rendent son contenu connaissable par tous et permettent l'organisation de la société par le souverain. Au contraire, la loi naturelle est à la fois partout et nulle part, « dans les choses ». Elle laisse au caprice de chacun la définition du bien et du mal. La loi positive fournit pour sa part un standard public et commun d'interaction sociale. Le jeu de l'invocation des droits naturels invisibles, à la différence des droits exprimés par des signes indiquant la volonté du souverain, n'est autre que celui du principe de sympathie et d'antipathie.

Le recours à l'argument de la loi naturelle peut aussi bien s'avérer conservateur - tout me plaît et tout est donc comme il doit l'être selon un droit naturel majestueux - qu'anarchiste - telle chose ne me plaît pas, et donc n'existe pas, étant réputée contraire au droit naturel. Lorsque Blackstone explique[97] que l'on est tenu de désobéir à loi qui contredit la loi naturelle ou la loi divine, Bentham répond qu'« il n'est guère de loi qu'on ne puisse, dès lors qu'on ne

---

[95] *Fragment sur le gouvernement, op. cit.*, p. 92.

[96] H.L.A. Hart, *Essays on Bentham. Studies in Jurisprudence and Political Theory*, Oxford, Clarendon Press, 1982, pp. 16-17.

[97] Sir W. Blackstone, *Commentaries on the Laws of England, op. cit.*, Vol. I, p. 43.

l'apprécie pas, trouver en contradiction, pour une raison ou pour une autre, avec un texte de l'Ecriture[98] » et ainsi prétendre invalide ou inexistante. Plus que le fondement d'une argumentation rationnelle, le jusnaturalisme n'est que le ferment de l'appel aux passions irréfléchies. Plutôt que d'appeler à l'insurrection ou au respect inconditionnel du droit, Bentham prône l'application, au cas par cas, du calcul utilitaire. Ainsi, il est possible de mesurer rationnellement les avantages et inconvénients de telle ou telle règle, et d'en proposer soit la conservation soit l'abrogation[99].

La critique de la rhétorique du droit naturel, menant au conservatisme ou à l'anarchisme selon le caprice du locuteur marque la consubstantialité, dans l'œuvre de Bentham, de sa théorie du langage et de sa théorie du droit. Lorsque le droit positif a prétendu, outre-Atlantique comme en Europe, consacrer des droits subjectifs naturels, inaliénables et éternels, Bentham a immédiatement exprimé sa désapprobation.

§ 2. Les droits naturels : une première approche du positivisme benthamien

La lecture éminemment critique que fait Bentham des Déclarations de droits (A) autorise d'une part une première approche de son concept de droit (B) et permet d'autre part de prendre la mesure de son appréhension des prérogatives de l'individu (C).

---

[98] *Fragment sur le gouvernement, op. cit.*, p. 156.

[99] *Sophismes anarchiques, op. cit.*, p. 554.

A. Une critique des Déclarations de droits

La critique des Déclarations de droits telles qu'elles ont été rédigées au XVIIIe siècle se dessine dès la note de conclusion ajoutée lors de la publication en 1789 de *An Introduction to the Principles of Morals and Legislation.* Elle se poursuit avec les *Sophismes anarchiques*[100], probablement rédigés dès 1795 et publiés seulement en 1816, dans une traduction édulcorée d'Etienne Dumont. Leur titre initial était « Pestilential Nonsense Unmasked or A Anatomy of the First Declaration of Rights and of all Other Declarations, Actual and Possible, of Pretended Natural Rights in Opposition to Legal Ones ». Bentham y dresse, sur un ton polémique et pamphlétaire, un réquisitoire impitoyable contre les droits naturels. Sa réfutation, qui est liée à sa théorie du droit et à sa théorie du langage et des fictions, est précise, méthodique, implacable et, d'une certaine manière, jubilatoire. Elle prend la forme d'un exercice d'expression et de logique. Bentham fait suivre d'un commentaire chaque article de la Déclaration. En procédant article par article, mot à mot, et en cherchant à en dégager le sens, Bentham pose fondamentalement la question de la référence des concepts employés. Ainsi, dans la Déclaration des Droits de l'Homme et du Citoyen de 1789, de celui d'« homme ». S'agit-il des hommes qui, puisqu'ils sont distingués des citoyens, vivent dans l'état de nature ? Sont-ils nés ou morts ? Que désigne la « société » de l'article 15 ?

Bentham relève méthodiquement les contradictions, par exemple, dès l'article premier, entre l'idée d'égalité et celle de distinction sociale, ou encore à l'article 4, entre le

---

[100] *Sophismes anarchiques, op. cit.*, pp. 547-576. Le manuscrit original est celui des *Anarchial Fallacies*, dans *The Works of Jeremy Bentham, op. cit.*, Vol. II, pp. 489-529.

caractère limité des droits naturels et leur description comme absolus. Si propriété et égalité vont de pair, quel peut être le sens de l'exigence de proportionnalité de l'impôt ?[101] Lorsque ses dispositions comportent des exceptions, la Déclaration de droits ne peut pas limiter le pouvoir, exécutif ou législatif. Lorsqu'elles n'en comportent pas, il est impossible de les observer, sauf à ne jamais légiférer : toute loi positive violerait par définition ces droits absolus.

L'une des critiques majeures que Bentham adresse aux rédacteurs est leur confusion entre l'être et le devoir être[102]. « D'après la manière dont cet article [le douzième] est rédigé, il paraît que dans l'assemblée nationale on ne connaissait point de différence entre déclarer *ce qui est* et déclarer *ce qui doit être* [...]. Doit-on se donner pour les précepteurs des nations, quand on ne sait même pas exprimer sans ambiguïté, sans absurdité, les idées les plus triviales ? [...] Cette manière d'instituer le gouvernement serait plutôt celle de le dissoudre. [...] Il est étonnant qu'une assemblée qui prétendait fixer les mots, fixer les idées, fixer les lois et tout fixer pour toujours, se servît dans une occasion essentielle, d'un terme équivoque et impropre, comme si la langue française était réduite à ce bégaiement inepte[103] ». Ainsi les hommes ne naissent pas égaux mais doivent l'être. De même les droits ne sont-ils pas les mêmes pour tous : n'y a-t-il aucune différence entre un maître et son apprenti, entre

---

[101] Cet argument est détaillé par Bertrand Binoche, *Critiques des droits de l'homme*, Paris, PUF, coll. « Philosophies », pp. 31-32 et « Bentham contre les droits de l'homme », dans Bernard Bourgeois, Jacques d'Hondt (dir.), *La philosophie et la révolution française*, Paris, Librairie philosophique J. Vrin, 1993, pp. 83-84.

[102] L'importance de cette distinction est déjà soulignée dans le *Fragment sur le gouvernement*, *op. cit.*, p. 168.

[103] *Sophismes anarchiques*, *op. cit.*, p. 563.

un aliéné et son gardien ? Globalement, les Déclarations « étaient rédigées en termes imprécis (*loosely worded*), basées sur de pures pétitions de principe, frappées de contradiction interne, vagues quant à leur étendue, et appelaient des questions cruciales à propos des exceptions et des priorités[104] ».

Bentham entrevoit quatre fonctions possibles d'une Déclaration. Elle peut tout d'abord viser une limitation du pouvoir exécutif. Mais plus que d'une Déclaration séparée de la constitution, ceci est l'objet d'un Code constitutionnel. Elle peut ensuite se proposer de limiter le pouvoir législatif. Mais étant donné que le droit en provient entièrement, ce n'est pas par le droit que cet objectif peut être atteint mais seulement par un contrôle populaire. La Déclaration peut encore présenter des lignes directrices qui guideront l'activité normatrice de l'assemblée. Mais pour Bentham, au plan logique, les propositions générales ne peuvent qu'être induites des propositions particulières : elles ne peuvent donc les précéder[105]. Enfin, pour satisfaire la population, une Déclaration semble bien précaire.

---

[104] William Twining, « The Contemporary Significance of Bentham's Anarchial Fallacies », dans *Archiv für Rechts-und Sozialphilosophie*, Vol. 61 (3), 1975, repr. dans B. Parekh, *op. cit.*, Vol. IV, p. 714.

[105] On serait peut-être susceptible à ce point de la réflexion, comme souvent le sont les « Bentham scholars », de jouer Bentham contre Bentham, et de l'accuser de ne pas suivre ses propres prescriptions. En effet, il commence par poser le principe d'utilité avant d'envisager la rédaction d'un code de lois. Mais sa position semble bien cohérente dans la mesure où le principe d'utilité est pour ainsi dire « vide » : ce que requiert le plus grand bonheur du plus grand nombre est fonction de circonstances *hic et nunc*, qui détermineront le contenu de ses exigences. Ce que conteste Bentham, c'est l'idée d'imposer *a priori*

Pour Bentham, en toute hypothèse, « ces droits naturels, inaliénables et sacrés, n'ont jamais eu d'existence ; [...] ces droits, qui doivent servir à diriger le pouvoir exécutif et législatif, ne tendraient qu'à les égarer ; [...] ils sont incompatibles avec le maintien d'une constitution, et [...] les citoyens, en les réclamant, ne réclameraient que l'anarchie[106] ». A de telles « non-entités »[107], il convient d'opposer un autre concept de droit.

B. Une première approche du concept de droit de Bentham[108]

Pour Bentham, droit et devoir, service et obligation ne sont qu'une seule et même chose vue sous des angles différents. « Droits et obligations, quoique distincts et opposés quant à leur nature, sont simultanés quant à leur origine, et inséparables quant à leur existence[109] ». En effet, il ne s'agit là que de différents modes d'expression de ce qu'une seule et même règle de droit fait en une opération unique. « Droits, obligations, et infractions proviennent tous d'une seule et même règle de droit (*law*)[110]. Aucun droit ne

---

un certain contenu au droit qui sera promulgué. Les grands axes gouvernant le droit promulgué ne se dégageront qu'*a posteriori*.

[106] *Sophismes anarchiques*, *op. cit.*, p. 551.

[107] *De l'ontologie*, *op. cit.*, pp. 82-84.

[108] Pour des développements plus complets, cf. *infra*, pp. 86 et suiv.

[109] J. Bentham, *Theory of Fictions*, C.K. Ogden (ed.), London, Kegan Paul, 1932, p. 93.

[110] L'une des difficultés majeures de traduction des écrits de Bentham tient au terme « law ». Etant donné le sens que Bentham lui assigne après avoir rejeté une large partie du vocabulaire juridique, trouver un équivalent français est ardu. « Loi » est un mot tout à fait inadéquat, puisqu'il ne s'agit que de l'une des références possibles de

peut être créé par une règle sans qu'une obligation et une infraction n'apparaissent avec lui. [...] La règle donne à Titius le *droit* à [ce champ]. Comment ? En imposant aux autres hommes l'*obligation* (*duty*) de ne pas interférer avec, et en instituant une *infraction* de leur part s'ils le font. C'est-à-dire en fixant une punition pour ceux qui le font. Car c'est là tout ce que la règle de droit elle-même fait. L'idée qu'elle ait *prescrit une obligation*, et *créé* une *infraction* est seulement le langage que l'on emploie en parlant de ce qu'elle a fait[111] ».

Dans la mesure où l'ensemble de ces fictions n'est que le fruit de la volonté du législateur relativement à un acte, il est absurde pour une Déclaration de droits de prétendre reconnaître des droits contre le souverain qui les crée. De même, il est impossible de refuser à la Législature le droit de faire quoi que ce soit, ainsi que le fait l'article 5 de la Déclaration de 1789. « Rien n'est illégal (*unlawful*) de ce qui est la claire intention de la Législature [...]. La Législature ne peut pas faire ce qui est illégal (puisque ce n'est pas illégal si elle le fait). Mais elle peut faire ce qui rendra inopportun de lui obéir[112] ». Il n'existe aucun droit naturel que le jurislateur n'aurait pas légalement le droit de

---

« law » et non la seule. Employer le vocable « norme » est périlleux, puisque la terminologie semblerait alors préfigurer une thèse de fond de rapprochement entre Bentham et Kelsen. Il a donc paru opportun de recourir à la locution « règle de droit », qui semble correspondre globalement à ce qu'entend Bentham par « law ». Couplée au terme « droit » dans le sens d'ordre juridique dans son ensemble, il est ainsi possible de rendre correctement le jeu de Bentham le nominaliste entre « a law », « laws » et « law ». Sur le concept de « law », cf. *infra*, pp. 86 et suiv.

[111] *A Comment on the Commentaries*, *op. cit.*, p. 88.

[112] *Ibid.*, p. 56.

méconnaître. Il est absolument stérile de dire « je pense que la législature n'a pas ce droit ». Mieux vaut exposer, preuves utilitaires à l'appui, les inconvénients de la proposition que l'on entend promouvoir et les avantages de l'ancienne loi. « Dire que la loi *ne peut* pas, au lieu de dire que la loi *ne doit pas*, c'est préparer l'insurrection et la justifier d'avance[113] ». Une Déclaration telle que celle du 26 août 1789 ne peut aucunement contribuer à la mise en place d'une constitution stable, puisqu'elle représente un fondement perpétuel de revendication. Avec une sévérité qui n'est pas sans trouver un certain écho dans les *Reflections*[114] de Burke, pour qui la Déclaration de 1789 constituait le « Digeste de l'anarchie[115] », Bentham estime que « la Révolution qui avait jeté le gouvernement dans les mains des auteurs de cette déclaration, ayant été le résultat d'une insurrection, leur premier objet, en la rédigeant, fut de justifier les insurrections en général[116] ».

Bentham, qui soutient par ailleurs les révolutions de son temps, ne peut « s'empêcher de regretter qu'une cause si rationnelle se fonde sur des arguments beaucoup plus appropriés à susciter des objections qu'à les écarter[117] ». Et de fait, il va tenter de répondre aux critiques qu'il adresse aux Déclarations de droits.

---

[113] *Sophismes anarchiques, op. cit.*, p. 554.

[114] Edmund Burke, *Reflections on the Revolution in France*, London, J. Dodsley, 1790.

[115] Cité par E. Halévy, *op. cit.*, t. 2, p. 29.

[116] *Sophismes anarchiques, op. cit.*, p. 565.

[117] *An Introduction to the Principles of Morals and Legislation*, *op. cit.*, p. 311, note c.

C. La théorie des prérogatives de l'individu

Suivant ce que Jean-Pierre Cléro décrit comme un équivalent du rasoir d'Ockham, Bentham déconstruit toutes les entités fictives du droit jusqu'à parvenir à un complexe de plaisirs et de peines. Plutôt que de droits et d'obligations, Bentham préfère parler respectivement d'attentes (*expectations*) et de probabilité de souffrance en cas de non-respect[118]. Plutôt que de « droit contre le gouvernement », il préfère employer l'expression de « sécurité contre le mauvais gouvernement » (*security against misrule*).

Lorsqu'il s'essaie, dans ses écrits constitutionnels pour Tripoli, à élaborer une manière de Déclaration des droits du citoyen, Bentham l'intitule « Constitutional Securities for the Tripolitan Nation[119] ». Il prend par ailleurs garde à ne pas tomber dans les travers qu'il a dénoncés. Chaque sécurité, qu'elle soit concédée à la Nation ou aux individus, ne peut pas être une prérogative absolue. Elle s'accompagne donc d'une « contre-sécurité » qui en limite les effets en vue de son exercice harmonieux et de son bénéfice maximal pour la population. C'est pourquoi, par exemple, les sécurités contre les vexations religieuses ont chacune pour corollaire une contre-sécurité imposant de ne pas troubler la vie des autres individus par l'exercice du culte. De même, la sécurité contre le « bâillonnement national » (*national gagging*), qui assure une liberté d'expression, est tempérée par une contre-sécurité interdisant la calomnie. Ainsi sont consacrés et

---

[118] *A Comment on the Commentaries*, *op. cit.*, p. 189 : « to be bound to do a thing is to be liable to punishment for not doing it ».

[119] « Constitutional Securities for the Tripolitan Nation : or Securities, Given by the Sovereign, to the People of Tripoli and Fezzan, Against Abuse of Power, now and For Ever », dans *Securities Against Misrule and Other Constitutional Writings for Tripoli and Greece*, P. Schofield (ed.), Oxford, Clarendon Press, 1990, pp. 74-102.

détaillés, entre autres, des sécurités contre l'opacité du gouvernement, un véritable *habeas corpus* contre l'oppression officielle largement entendue. Toutes s'appuient sur des sanctions de type pénal.

Bentham reste néanmoins conscient de la relativité de ces garanties. « Ni pour la vie ni pour la liberté, pour aucune de ces possessions, contre le ressentiment, la peur, la concupiscence ou l'erreur dans le cœur du Souverain, il n'est possible à aucun individu de la communauté d'avoir une sécurité permanente dans l'état actuel du gouvernement[120] ». Une méconnaissance de ses engagements de la part du souverain pourra seulement tendre à réduire la disposition à obéir des sujets, jusqu'à finalement le faire choir. Aussi va-t-il de son intérêt bien calculé de respecter ces concessions[121].

Dès lors, il peut sembler réducteur d'établir l'équation « Jeremy Bentham : critique des droits de l'homme »[122] et des révolutions. Tout d'abord, Bentham a participé à la Révolution française[123]. Il a, au cours de cette période noué de nombreuses relations avec les grands noms de l'époque, tels Mirabeau, Brissot, Talleyrand, Morellet, l'Abbé

---

[120] *Ibid.*, p. 108.

[121] *Ibid.*, pp. 110-111 ; *Of Laws in General*, *op. cit.*, p. 70, note p.

[122] M. El Shakankiri, « Jeremy Bentham : critique des droits de l'homme », dans *Archives de philosophie du droit*, t. 9, 1964, pp. 129-152.

[123] Sur les rapports entre Bentham et la Révolution française, cf. J.H. Burns, « Bentham and the French Revolution », dans *Transactions for the Royal Historical Society*, 5th Series, Vol. 16, 1966, pp. 95-114 ; M. James, « Bentham's Democratic Theory at the Time of the French Revolution », dans *The Bentham Newsletter*, June 1986, pp. 5-16, et Janko Zagar, *Bentham et la France*, Thèse pour le doctorat d'Université, Paris, Faculté de Lettres, 1958.

Grégoire, et son traducteur et éditeur Etienne Dumont. S'ils n'ont eu que peu d'incidence pratique, ses écrits sur la procédure juridictionnelle, sur l'organisation des assemblées délibérantes ou sur l'émancipation des colonies resteront des éléments majeurs de ses réflexions ultérieures. Il lui valurent de se voir accorder la nationalité française en 1792. En outre, la problématique de l'utilité est largement présente dans les dynamiques révolutionnaires américaine et française[124]. Elle semble cependant résulter davantage de l'influence des auteurs que Bentham a lus, qui formaient un courant philosophique majeur au XVIIIe siècle, que de la sienne propre. D'autre part, et surtout, ainsi que le montre Lea Campos Boralevi[125], Bentham s'est préoccupé des droits des minorités et des défavorisés, qu'il s'agisse des femmes[126], des homosexuels, des juifs, des indigents[127], des populations

---

[124] Pierre Delvaux, « L'utile et le juste dans les droits de l'homme révolutionnaires », dans *Archives de philosophie du droit*, t. 26, 1981, pp. 223-252. L'auteur procède à une intéressante recension des champs sémantiques des deux notions. Cf. également Jean Belin, *La logique d'une idée-force. L'idée d'utilité sociale pendant la Révolution française (1789-1792)*, Hermann & Cie, Paris, 1939.

[125] Lea Campos Boralevi, *Bentham and the Oppressed*, New York, Walter de Gruyter, 1984.

[126] Sur ce point, Bentham est en contradiction frontale avec l'esprit de son époque. Cf. Mary P. Mack, *Jeremy Bentham. An Odyssey of Ideas (1748-1792)*, London, Heinemann, 1962, p. 323.

[127] Charles F. Bahmueller, *The National Charity Company. Jeremy Bentham's Silent Revolution*, Berkeley, University of California Press, 1981 ; M.I. Zagday, « Bentham and the Poor Law », dans George W. Keeton, Georg Schwarzenberger (ed.), *Jeremy Bentham and the Law. A Symposium*, London, Stevens and Sons Limited, 1948, pp. 58-67.

coloniales, des esclaves et même des animaux[128]. Il a critiqué les discriminations de tous ordres, entre Turcs et Grecs en Grèce, entre catholiques et protestants en Irlande et en France, entre noirs et blancs aux Etats-Unis[129]. Enfin, le reproche, devenu lieu commun de la philosophie politique, que « le principe d'utilité, pris comme impératif éthique, risque [...] de déboucher sur une logique sacrificielle[130] » qui autoriserait, si un plus grand bonheur collectif était susceptible d'en résulter, le sacrifice d'un innocent[131], ainsi que l'idée que « l'utilitariste est incapable de fournir une base satisfaisante pour distinguer entre infliger une peine à un innocent et infliger une peine au coupable[132] »

---

[128] Cf. la surprenante note b de *An Introduction to the Principles of Morals and Legislation*, *op. cit.*, pp. 282-283. Cf. aussi Silvana Castignone, « I diritti degli animali : la prospettiva utilitarista », dans *Materiali per una storia della cultura giuridica*, XIII, n. 2, dicembre 1983, pp. 397-421.

[129] Frederick Rosen, *Bentham, Byron and Greece. Constitutionalism, Nationalism, and Early Liberal Political Thought*, Oxford, Clarendon Press, 1992, Chapter 5, Section 3.

[130] J.-P. Dupuy, postface à E. Halévy, *op. cit.*, t. 1, p. 339.

[131] Cf. p. ex. Robert Nozick, *Anarchie, Etat, utopie*, trad. Evelyne d'Auzac de Lamartine et Pierre-Emmanuel Dauzat, Paris, PUF, coll. « Libre échange », 1988, p. 62 : « La théorie utilitariste est gênée par la possibilité de monstres d'utilité qui, dans le domaine de l'utilité, retirent du sacrifice des autres des bénéfices plus importants que les pertes de ces derniers ». Cf. également John Rawls, *A Theory of Justice*, Oxford, Clarendon Press, 1972, pp. 26-28.

[132] W. Twining, « The Contemporary Significance of Bentham's Anarchial Fallacies », *op. cit.*, p. 718 : « The utilitarian is unable to provide a satisfactory basis for distinguishing between inflicting pain on the innocent and inflicting pain on the guilty ». On peut également lire la réplique de M.T. Dalgarno, « The contemporary Significance of

méconnaissent une large part de la doctrine de Bentham. En effet, il convient, plutôt que d'affirmer la négligence du principe de dignité de la personne humaine par l'utilitarisme, de noter que le calcul d'utilité peut faire obstacle à un tel sacrifice. Il prend en effet en compte les maux secondaires (*secondary mischiefs*)[133], c'est-à-dire la peur et l'insécurité qui résulteront pour chacun de l'idée de pouvoir à son tour être sacrifié[134]. En outre, l'atteinte au « nécessaire physique » de l'individu revêt un poids tel qu'elle empêche le calcul des plaisirs et des peines : pour Bentham, la valeur de soi est incomparable à celle des biens. D'où, à la différence de John Stuart Mill[135], son hostilité à la peine de mort.

Bentham se refuse pourtant à élaborer une théorie des droits directement utilitariste, c'est-à-dire à affirmer des droits non positifs fondés sur le principe d'utilité[136]. En effet,

---

Bentham's Anarchial Fallacies : A Reply to William Twining », dans *Archiv für Rechts-und Sozialphilosophie*, Vol. 61 (3), 1975, pp. 357-366.

133 *An Introduction to the Principles of Morals and Legislation*, *op. cit.*, Chapter XII « Of the Consequences of a Mischievous Act ».

134 Par exemple, J.-P. Cléro fait cette remarque dans « La justice, les passions et les fictions. La théorie de la justice selon Hume, Bentham et Rawls », *op. cit.*, pp. 89-115.

135 J.S. Mill, « Speech in Favor of Capital Punishment (1868) », dans Joel Feinberg, Hyman Gross (ed.), *Philosophy of Law*, Belmont, California, Wadsworth Publishing Company, 1975, pp. 619-622.

136 Benigno Pendas Garcia, *Jeremy Bentham : Política y Derecho en los orígenes del Estado Constitucional*, Madrid, Centro de estudios constitucionales, col. « El Derecho y la justicia », 1988, p. 181 : « Las exigencias directas del principio de utilidad no son en sí mismas constitutivas de obligaciones, puesto que la obligación se vincula (en Bentham como en John Stuart Mill) a la sanción coercitiva, sin prejuicio de que la tarea del legislador consista en establecer obligaciones justificadas racionalmente por el principio de utilidad ».

leur contenu serait très variable selon les indications circonstanciées du principe et ne pourrait guider l'action. Le principe est un étalon pour juger de ce qui devrait (*ought to*) exister en termes d'obligations et donc de droits, mais non une source contraignante génératrice d'obligations. Il n'y a pas de concept de l'utile : chacun peut estimer ce qui lui procure le plus de plaisir, sans qu'aucun droit naturel ne le lui impose. Ainsi que le note Jean-Pierre Cléro, « l'utilité est de nature plus réfléchissante que déterminante[137] » : le standard éthique de Bentham suppose la discussion ouverte et publique sur l'utilité des propositions normatives. Loin de faire appel aux fictions eulogistiques tels le « bien commun » ou l'« intérêt général », la proposition est testée selon un critère partagé par tous les individus concernés. Il s'agit d'une rupture claire par rapport au solipsisme ou, dans la terminologie benthamienne, à l'« ipse dixitisme » du principe de sympathie et antipathie.

Au fondement de la science du droit de Bentham se trouvent donc, appuyés sur le principe d'utilité et sur la théorie des fictions, un rejet de la fiction du contrat social pour rendre compte de la formation de la société politique et une vive critique du et des droits naturels. A partir de ces éléments, Bentham est en mesure de préciser le regard qu'il compte porter sur les phénomènes juridiques.

---

[137] Préface au *Fragment sur le gouvernement*, *op. cit.*, p. 16. D'où, parfois, le reproche d'un caractère tautologique du principe d'utilité, p. ex. Martin Angel, « Le modèle de la maximisation de l'utilité est-il tautologique ? », dans *Revue du M.A.U.S.S.*, Paris, La Découverte / M.A.U.S.S., n°6, 1995, pp. 177-189.

SECTION V – DE LA *JURISPRUDENCE*

Le chapitre XVII de l'*Introduction* publiée par Bentham en 1789 a trait aux limites respectives de la branche pénale et de la branche civile de l'étude du droit ou « jurisprudence ». Ce thème est pleinement traité dans une série de manuscrits qui lui font suite et qu'elle annonce. Ceux-ci ne seront pourtant publiés qu'au milieu du XXe siècle sous le nom de *The Limits of Jurisprudence Defined* puis de *Of Laws in General*[138].

L'*Introduction* permet néanmoins à Bentham de poser certains éléments clés de la théorie des disciplines juridiques. Selon lui, « un livre de jurisprudence peut avoir l'un ou l'autre de deux objets : 1. S'assurer de ce qu'est le *droit* ; 2. S'assurer de ce qu'il devrait être. Dans le premier cas il peut être appelé un livre d'expository jurisprudence ; dans le second, un livre de censorial jurisprudence [...]. Un livre d'expository jurisprudence fait ou non autorité (*authoritative or unauthoritative*). Il fait autorité, lorsqu'il est composé par celui qui, en représentant l'état du droit comme étant tel et tel, l'a causé être ainsi : c'est-à-dire, le jurislateur lui-même. Il ne fait pas autorité lorsqu'il s'agit de l'ouvrage de toute autre personne[139] ». Bentham attribue à Beccaria, qu'il admire et dont il partage nombre de conceptions en droit pénal, la distinction entre « expositor » et « censor » qu'il détaille dans le *Fragment on Government*. Alors que le

---

[138] *The Limits of Jurisprudence Defined, Being Part Two of 'An Introduction to the Principles of Morals and Legislation'*, *op. cit.*, et *Of Laws in General*, *op. cit.* Pour « l'épopée » détaillée de ce manuscrit, cf. *infra*, pp. 85 et suiv.

[139] *An Introduction to the Principles of Morals and Legislation*, *op. cit.*, p. 294.

premier décrit ce qu'est le droit, le second en discute les raisons et indique ce qu'il doit être.

A partir de cette double bifurcation fondamentale, Bentham est en mesure de fournir la première définition de la théorie générale du droit. Un ouvrage peut tout d'abord porter sur les règles en vigueur dans certains Etats particuliers, et se rapporter ainsi à la « jurisprudence locale ». Il peut également faire référence aux règles de tous les Etats quels qu'ils soient, et se rapporter ainsi à la « jurisprudence universelle ». Bentham remarque en effet que certains concepts juridiques, tels les pouvoirs, les droits, les obligations, les devoirs, la liberté, se retrouvent dans toutes les langues et correspondent les uns aux autres. « Il s'ensuit que s'il existe des livres qui peuvent, à proprement parler, être appelés livres de jurisprudence universelle, ils doivent être recherchés dans des limites très étroites. [...] Pour être susceptible d'une application universelle, tout ce dont un livre d'exposition peut avoir à traiter, est la signification (*import*) des mots. Pour être, strictement parlant, universel, il doit se confiner à la terminologie[140] ».

Suivent des distinctions, selon la qualité politique des personnes dont la conduite est l'objet du droit, entre « internal » et « international jurisprudence » ; selon le temps, entre « ancient » et « present jurisprudence » ; selon l'expression, entre « statute » et « customary law » ; et enfin entre branche civile et branche pénale du droit.

Cette citation, jointe à la critique du jusnaturalisme, est capitale dans l'histoire des disciplines juridiques. Il s'agit moins, bien entendu, de l'invention du terme « international »[141] que de deux intuitions remarquables de

[140] *Ibid.*, pp. 295.

[141] Cf. les propres remarques de Bentham, *ibid.*, p. 296, note x. Sur les néologismes de Bentham, si peu satisfait de sa langue maternelle

Bentham. Tout d'abord, il procède à la première définition de la théorie générale du droit comme ensemble de propositions susceptible de décrire les propriétés que partagent les règles de droit appartenant à différents ordres juridiques positifs. Il se fonde pour cela sur une discrimination entre le contenu des règles, qui est variable, et leur forme, qui est commune à tous les ordres juridiques[142]. En outre, il délimite une claire séparation entre droit et science du droit. Il constitue le droit positif comme objet d'une science spécifique[143], dotée d'une méthode et notamment une logique[144] propres.

Bien entendu, chez Bentham les deux dimensions de l'exposition et de la censure sont cependant fonctionnellement liées, la théorie du droit pouvant déboucher sur une technique. En cela, il ne diffère pas fondamentalement de la vision actuelle de la théorie du droit, telle que la définissent par exemple Hans Kelsen[145] ou Alf

---

et en dépit des emprunts qu'il pouvait et savait faire tant au français, qu'à l'espagnol, au grec ou encore au latin, on peut consulter l'excellente édition bilingue de *De l'ontologie*, *op. cit.*, p. 256.

142 M. Troper, préface à *Pour une théorie juridique de l'Etat*, Paris, PUF, coll. « Léviathan », 1994, p. 19.

143 Guido Fassò, *Histoire de la philosophie du droit. XIXe et XXe siècles*, trad. Catherine Rouffet, Paris, L.G.D.J., coll. « Bibliothèque de philosophie du droit », Vol. XX, 1976, Chapitre II « Les utilitaristes anglais ».

144 Sur l'étonnante anticipation de la logique des normes par Bentham, qui a été totalement éludée dans sa thèse par M. El Shakankiri, cf. *infra*, pp. 103 et suiv.

145 Hans Kelsen, préface à Charles Eisenmann, *La justice constitutionnelle et la Haute Cour constitutionnelle d'Autriche*, Paris, Economica, coll. « droit public positif », 1986, pp. iii-xi.

Ross[146]. Pour Bentham, « la théorie du droit [est] une science qui détient la clé du bonheur des nations[147] » et s'il s'est attaché à la description de la nature de toute règle de droit, c'est avant tout afin de s'assurer la maîtrise du plus formidable instrument de réforme de la société et de direction de la conduite des hommes.

Dès lors, dans le domaine du droit constitutionnel comme dans celui du droit pénal et du droit civil, que Bentham a étudiés lors de l'élaboration de son « corps complet du droit », autrement dénommé « pandikaion » et plus tardivement « pannomion », l'*expository jurisprudence* fournit à la *censorial jurisprudence* son espace de pertinence intellectuelle, délimite son objet et développe l'appareil conceptuel nécessaire à la refonte de ce droit selon un canevas utilitariste. C'est pourquoi, dans le cadre d'une étude de la conception benthamienne de la constitution, il convient de s'attacher d'abord au statut de la branche constitutionnelle du droit dans l'*expository jurisprudence* (Première partie), puis d'étudier ensuite, dans le cadre de la *censorial jurisprudence*, les propositions de Bentham en matière de réforme constitutionnelle (Seconde partie).

---

[146] A. Ross, *On Law and Justice*, London, Stevens & Sons Limited, 1958, Chapter 14 « Science and Politics », Chapter 15 « The Province and Task of Legal Politics ».

[147] *Fragment sur le gouvernement*, *op. cit.*, p. 107, note 43.

PREMIERE PARTIE – LE STATUT DE LA BRANCHE CONSTITUTIONNELLE DU DROIT DANS L'*EXPOSITORY JURISPRUDENCE*

L'*expository jurisprudence* consiste à décrire le droit en vigueur en s'abstenant de porter un jugement sur son opportunité. Plus que l'étude de tel ou tel droit national ou du droit international, c'est à son étude des concepts propres à décrire tout droit positif qu'il convient de s'attacher afin de comprendre la vision du droit constitutionnel de Bentham. Aussi sera-t-il essentiellement question d'« universal expository jurisprudence ».

Le premier ouvrage de théorie générale du droit moderne, qui se fixe pour objectif la recherche de la structure de toute règle juridique, se compose d'une série de manuscrits rédigés entre 1780 et 1782. Conçus comme un prolongement de l'*Introduction to the Principles of Morals and Legislation*, Bentham n'a pourtant jamais publié ces feuillets portant la mention « Of Laws in General ». On en doit l'édition à C.W. Everett, en 1945, sous le titre de *The Limits of Jurisprudence Defined*[1]. L'allusion à John Austin et à *The Province of Jurisprudence Determined*[2] est transparente et laisse entendre la forte emprise qu'a pu avoir Bentham sur son disciple. Toutefois, celle-ci ne saurait faire négliger la plus grande finesse de l'analyse du maître, qui fait de l'excroissance de l'*Introduction* le premier monument de la théorie analytique du droit, un livre qui du « point de vue de la profondeur et de l'extension de l'analyse, [...] n'a de pair que dans la *Théorie pure du droit* de Kelsen[3] ».

A la différence de nombreux auteurs, dont John Austin, Bentham considère la constitution comme l'une des références de son « concept de droit ». Aussi est-il essentiel d'examiner, préalablement à son appréhension de la constitution proprement dite, l'idée que se fait Bentham de toute règle de droit. Si une telle présentation ne semble pas relever *a priori* de l'analyse du droit constitutionnel, elle

---

[1] *The Limits of Jurisprudence Defined, Being Part Two of 'An Introduction to the Principles of Morals and Legislation'*, *op. cit.*

[2] John Austin, *The Province of Jurisprudence Determined*, Wilfrid E. Rumble (ed.), Cambridge, Cambridge University Press, 1995.

[3] José de Sousa E Brito, « Relire Bentham. A propos de l'édition de 'Of Laws in General' par Hart », dans *Archives de philosophie du droit*, t. 17, 1972, pp. 451-472. Une appréciation semblable est émise par H.L.A. Hart dans un article intitulé « Bentham's 'Of Laws in General' », dans *Essays on Bentham. Studies in Jurisprudence and Political Theory*, *op. cit.*, p. 108 : « Its originality and power certainly make it the greatest of Bentham's contributions to analytical jurisprudence, and I think it is clear that, had it been published in his lifetime, it, rather than John Austin's later and obviously derivative work, would have dominated English jurisprudence, and that analytical jurisprudence, not only in England, would have advanced far more rapidly and branched out in more fertile ways than it has since Bentham's days ».

s'inscrit en fait parfaitement dans cette perspective puisque pour Bentham la constitution est une règle de droit à part entière. Comprendre la nature des règles de droit en général est donc une exigence initiale fondamentale (Chapitre I). C'est alors seulement, qu'il sera possible de prendre la mesure de l'un des traits majeurs de la réflexion de Bentham sur le droit : la juridicité de la constitution (Chapitre II).

CHAPITRE I – DES REGLES DE DROIT EN GENERAL

L'*Introduction* a été entreprise par Bentham dans le souci de répondre au concours lancé par la société économique de Berne en 1777 relativement à la rédaction d'un code pénal. Avant de l'écrire, Bentham a jugé nécessaire de s'interroger sur les actes qui pouvaient appeler une sanction et sur la relation entre ces actes et la sanction. Dans *Of Laws in General*, il s'attache au problème qu'il formule au Chapitre XVII et dernier de l'*Introduction* : la délimitation de la branche pénale de la jurisprudence et, notamment, sa spécificité par rapport à la branche civile[1]. Répondre à ces questions implique de mettre en évidence les éléments constitutifs d'*une* règle de droit, c'est-à-dire de « parvenir aux *monades* dont le vaste univers de la

---

[1] *An Introduction to the Principles of Morals and Legislation*, *op. cit.*, p. 299 : « Is it that there are two sorts of laws, the one penal the other civil […] ? Or is it, that in every law there is some matter which is of a penal nature, and which therefore belongs to the penal code and at the same time other matter which is of a civil nature, and which therefore belongs to the civil code ? »

jurisprudence est composé[2] ». En dépit de la prolifération des ouvrages de droit, jamais un tel effort de définition n'a été entrepris. Bentham destine trois sections supplémentaires du Chapitre XVII à ce travail, qui peu à peu, vu l'ampleur de la problématique, deviennent un ouvrage à part entière, annoncé dans les dernières pages de l'*Introduction*[3]. De ces deux ouvrages, Bentham ne publie en 1789 que le premier. L'anatomie du droit qu'il propose révèle un impérativisme nuancé (Section I). En cherchant, en vue du travail jurislatif concret, une méthode rigoureuse et propre à conduire au plus grand bonheur du plus grand nombre, Bentham est conduit à donner une formulation de sa « logic of imperation ». Celle-ci, quoique plus large, trouve avec le droit conçu comme expression de la volonté, un champ d'application privilégié. Dès le dernier quart du XVIIIe siècle, Bentham est donc en mesure d'avancer le premier système de logique des normes (Section II).

SECTION I – LE CONCEPT DE DROIT DE BENTHAM

Lorsqu'il avance sa définition du droit, Bentham tente de viser intellectuellement un objet particulier. Il entend formuler les critères permettant d'identifier abstraitement

---

[2] *Of Laws in General*, *op. cit.*, p. 172. Chez Leibniz, les monades sont des substances simples, actives, invisibles, en nombre infini, et dont tous les êtres sont composés.

[3] H.L.A. Hart, dans son Introduction à *Of Laws in General* retrace l'évolution de la conception que Bentham se faisait de ce travail. Cf. également Douglas G. Long, *Bentham on Liberty. Jeremy Bentham's Idea of Liberty in Relation to his Utilitarianism*, Toronto, University of Toronto Press, 1977, pp. 121-122.

une règle de droit, indépendamment du contenu particulier de telle ou telle loi ou de tel ou tel contrat. Dès lors, sa démarche est solidaire de l'approche de la théorie générale du droit moderne (§1). La référence du concept qu'il propose ainsi diffère en grande partie de celle impliquée par les concepts de droit précédents. C'est ce que met en évidence l'anatomie d'une règle de droit (§2).

§ 1. La problématique de la théorie générale du droit et la définition du droit

Dans la note de conclusion ajoutée pour la publication de *An Introduction to the Principles of Morals and Legislation*, Bentham formule clairement la problématique de la théorie générale du droit. La question fondamentale devient : « Qu'est une règle de droit ? Que sont les parties d'une règle de droit ? Il convient d'observer que le sujet de ces questions est l'entité logique, idéale, intellectuelle, et non l'entité physique : la règle de droit et non le texte de loi (*statute*)[4] ». Bentham esquisse alors plusieurs distinctions, qui anticipent dans une certaine mesure sur *Of Laws in General*, tel qu'il le conçoit lui-même, un livre dont le projet est universel[5], et dont le contenu « peut être dit de tout système juridique jamais apparu jusqu'alors, ou jamais susceptible d'apparaître[6] ».

La définition par Bentham d'une règle de droit est l'un des passages fameux de la littérature juridique. Elle figure à la première page de *Of Laws in General*. « Une règle de droit

---

[4] *An Introduction to the Principles of Morals and Legislation, op. cit.*, p. 301.

[5] *Of Laws in General, op. cit.*, p.17.

[6] *Ibid.*, p. 106.

peut être définie comme un assemblage de signes déclaratifs d'une volition conçue ou adoptée par le souverain dans un Etat, concernant la conduite à observer en un certain cas par une certaine personne ou classe de personnes, qui dans le cas en question sont [effectivement] ou sont supposées être [les] sujets de ce pouvoir : une telle volition reposant pour son accomplissement sur l'attente de certains événements dont on entend qu'une telle déclaration devrait, le moment venu, constituer un moyen de [les] provoquer, et de la perspective desquels on entend qu'elle devrait agir comme un motif sur ceux dont la conduite est en question[7] ».

Une telle délimitation conceptuelle n'est pas sans impliquer, de la part de l'auteur lui-même, quelques remarques terminologiques. Bentham énumère, en indiquant les raisons de son choix, les termes auxquels celui de « law » a été préféré : « command », « order », « injunction », « ordinance », « constitution », « statute »... Ce choix répond aux nécessités propres de la nomination du concept qu'avance Bentham : la volonté du souverain peut être telle par conception, ou par adoption, que ce souverain soit un corps ou un individu, que la règle soit exprimée sous forme de droit coutumier (*customary law*) ou de droit écrit (*statute law*). Ainsi que le souligne Bentham, le terme « law » reçoit donc une acception plus large que celle qui lui semble donnée en général. Sous ce terme, il convient d'inclure aussi bien une loi qu'un ordre juridictionnel, un ordre exécutif ou militaire, voire même le plus trivial et temporaire ordre domestique, tel celui adressé par un parent à ses enfants, ou

[7] *Ibid.*, p. 1. La lourdeur de cette traduction est évidente. Elle a pourtant semblé s'imposer, d'une part car elle rend convenablement le « style » benthamien, et d'autre part car elle constitue, à un point fondamental de sa réflexion, une illustration de sa manière de saisir les problèmes par les mots, et donc de sa démarche intellectuelle.

un maître à son valet[8]. Tous ces éléments sont en effet des règles de droit, puisqu'« on peut tous les rapporter *en dernière analyse* (*ultimately*) à une source commune ; ils ont tous de la même manière leurs sujets et leurs objets, leur étendue spatiale et leur durée [...] ils sont tous susceptibles des mêmes variations par rapport aux *parties* qu'ils peuvent affecter, et aux *aspects* qu'ils peuvent présenter envers les actes qui sont leurs objets ; ils requièrent tous la même *force* pour leur donner effet, et les mêmes *signes* pour leur émission[9] ». Leur critère discriminant est de reposer en dernier lieu sur le souverain pour leur mise en œuvre[10].

Bentham rompt donc d'emblée avec la vision qui sera celle de John Austin. Une règle de droit peut ne pas être générale, peut annuler une autre règle, peut expliquer le droit préexistant, sans être disqualifiée comme « law improperly so called[11] ».

A la suite de cette définition Bentham est en mesure d'avancer huit rapports sous lesquels on peut considérer la règle de droit : sa source (les personnes dont elle exprime la volonté), ses sujets (les personnes auxquelles elle s'applique), ses objets (les actes, caractérisés par des circonstances, auxquels elle s'applique), son extension (l'amplitude d'application), ses aspects (les manières avec lesquelles la volonté s'applique à ses objets), sa force (les motifs sur lesquels elle repose pour produire l'effet désiré et les moyens pour agir sur ces motifs), son expression (les

---

[8] *Ibid.*, p. 3.

[9] *Ibid.*, p. 9.

[10] *Ibid.*, p. 23 : « If anyone should find any difficulty in conceiving this, he has only to suppose the several mandates in question to meet with resistance : in one case as well as in another the business of enforcing them must rest ultimately with the sovereign ».

[11] J. Austin, *op. cit.*, Lecture I.

signes par lesquels la volonté se fait connaître), ses appendices réparateurs (*remedial appendages*) éventuels (les autres règles connectées afin de remédier aux dommages liés aux infractions créées par le droit).

Certains éléments, plus que d'autres, sont essentiels à la compréhension de la théorie de Bentham. Il importe donc de s'y attacher de manière plus spécifique.

§ 2. Anatomie d'une règle de droit

La richesse des développements de *Of Laws in General* rend impossible toute tentative de résumé. Aussi ne s'agit-il ici que d'insister sur les éléments de l'anatomie d'une règle de droit qui sont utiles à la compréhension de l'idée de constitution de Bentham. Au premier rang de ceux-ci, il convient de mentionner l'auteur de la règle (A). De manière intuitive, cette première analyse conduit à celle du destinataire de la règle (B). Il est alors possible d'isoler les éléments constitutifs d'une *law* complète (C), donnant par là même sa consistance à la distinction entre droit civil et droit pénal, qui était l'objet des investigations conduites dans les dernières pages de l'*Introduction*, et de *Of Laws* dans son ensemble (D).

A. L'auteur

La « source » de toute règle de droit est le souverain. « Par un souverain j'entends une personne ou un assemblage de personnes à la volonté de laquelle ou desquelles une communauté politique entière est (peu importe sur quel fondement) supposée disposée à obéir et ce, de préférence à la volonté de toute autre personne[12] ». Celui-ci peut élaborer lui-même la règle, c'est-à-dire concevoir lui-même la volonté dont elle est l'expression (*conception*) ou bien adopter la volonté conçue par un autre, qui, dès lors, est investi du pouvoir de commandement (*power of imperation*). Lorsque la règle préexiste à son adoption, on parle de « susception », sinon, il s'agit de « pre-adoption ». Dans la seconde hypothèse, le souverain émet des règles incomplètes que les sujets complètent. Le souverain peut adopter des règles du souverain précédent, ce qui va de soi pour le maintien de l'Etat, ou de ses propres subordonnés, qu'il s'agisse des fonctionnaires ou des individus qui concluent des contrats[13]. Si cette adoption n'est pas expressément déclarée, c'est qu'elle est évidente et pleinement connue, dans la pratique juridique, par l'efficacité et l'application (*enforcement*) de ces règles.

Si une règle peut être reconduite au souverain, elle est juridique, sinon elle est illégale. Une règle juridique peut être d'une part privée ou domestique et d'autre part civile ou publique. Dans cette dernière hypothèse, elle peut être soit une règle du souverain lui-même, soit celle d'un subordonné.

Les signes susceptibles d'exprimer une règle de droit sont tous les signes aptes à véhiculer une volonté. Bentham exprime une préférence pour les signes conventionnels du discours, en raison de leur commodité[14]. Les règles coutumières ne font qu'infliger des punitions sans que l'infraction soit définie à l'avance. Elles ne peuvent servir à

---

[12] *Of Laws in General*, *op. cit.*, p. 18.

[13] *Ibid.*, pp. 23-26 : « It is in this way that conveyances and covenants acquire all the validity they can possess, all the connection they have with the System of the laws : adopted by the sovereign, they are converted into mandates ».

[14] *Ibid.*, Chapter XIII « Signs of a Law ».

diriger utilement les conduites et ne constituent pas des règles complètes[15]. Si le langage et ses propriétés s'imposent au jurislateur et s'il doit s'en méfier[16], il constitue également une ressource. Bentham souligne la relative indépendance de la règle, objet intellectuel auquel réduire les *statutes*, par rapport à la structure linguistique qui peut en être le support[17]. Le caractère de commandement ou de proposition logique d'un énoncé ne dépend pas de sa forme grammaticale mais repose de manière essentielle sur le contexte pragmatique et relationnel de l'énonciation[18], qui permet de comprendre la volonté du souverain. Il est donc parfois possible et même avantageux d'utiliser le futur de l'indicatif pour signifier une règle de droit. « Quelque puissante que soit la phrase 'Ne vole pas' (*'steal not'*) ; 'tu ne voleras pas' (*'Thou shalt not steal'*), est plus puissante encore. Par le premier ensemble de mots, tout ce que je fais est faire connaître ma volonté ; dans le second je ne fais pas seulement connaître ma volonté aussi clairement (*perspicuously*) que dans le cas précédent, mais je vais plus loin : je donne à comprendre à la partie [visée] que le motif sur lequel je me fonde pour produire l'effet que j'escompte est d'une force telle qu'il m'autorise à prédire à la personne à laquelle je commande, qu'en dépit de sa liberté d'action, mon commandement sera suivi de son obéissance. 'Tu ne voleras pas' (*Thou* shalt *not steal*) revient à dire

---

[15] *Ibid.*, Chapter XV « No customary Law Complete ».

[16] *Ibid.*, p. 167 : « The instability of language is a source of doubt and controversy against which the legislator can not be too much upon his guard ».

[17] *Ibid.*, p. 143, p. 153.

[18] D. Lysaght, « Bentham on the Aspects of a Law », dans *Northern Ireland Legal Quarterly*, Vol. 24 (3), Autumn 1973, pp. 117-132.

effectivement [comme un jugement de fait] 'tu ne voleras pas' (*thou* wilt *not steal*) ; mais avec ceci de plus que c'est l'intimation que je te donne de ma volonté, et le motif qui fait ton intérêt d'y obéir, qui seront la cause de ton abstention[19] ».

La force du droit ne peut venir du contrat social fondé sur la loi naturelle issue de Dieu[20]. Elle repose sur les attentes (*expectations*) de peine et de plaisir que suscitent les règles de droit. Il existe quatre sources de sanction, définies dans l'*Introduction*[21], et qui sont également les quatre sources de

---

[19] *Of Laws in General, op. cit.*, p. 105.

[20] Cf. *supra*, pp. 52 et suiv., pp. 58 et suiv.

[21] *An Introduction to the Principles of Morals and Legislation, op. cit.*, Chapter III « Of the Four Sanctions or Sources of Pain and Pleasure ». Dans le *Fragment sur le gouvernement, op. cit.*, note 143, pp. 166-167, Bentham avait déjà distingué trois types de devoirs correspondant à trois types de sanctions : le devoir politique résultant d'un châtiment imposé par les supérieurs politiques, le devoir religieux créé par le châtiment dont dispose un être suprême, le devoir moral, obtenu non par un véritable châtiment mais par diverses mortifications issues de la communauté en général, c'est-à-dire de personnes plus ou moins indéterminées et variables. Dans *A Comment on the Commentaries, op. cit.*, p. 83, il écrit que « Reward or Punishment is Pain or Pleasure annexed as a consequence to a mode of conduct. Reward or Punishment at the hands of men, liquidated by Law, forms the Political Sanction. Reward or Punishment at the hands of men, unliquidated by law, forms the Moral Sanction. Reward or Punishment, at the hands of God, forms the Religious Sanction ». Il est donc possible de noter la remarquable continuité des travaux de Bentham, puisque ces sanctions, décrites dans sa première publication, seront l'un des instruments fondamentaux de son dernier ouvrage, le *Constitutional Code*. Dans *Nomography*, dans *The Works of Jeremy Bentham, op. cit.*, Vol. III,

peine et de plaisir. La sanction « physique » est celle de la vie présente, inscrite dans le cours naturel des choses. La sanction « politique » est celle qui provient d'une personne spécialement investie. Elle inclut donc la sanction juridique (*legal*). La sanction « morale », également dénommée « populaire », est celle qui émane de manière informelle de la disposition spontanée des membres de la communauté. Enfin, la sanction « religieuse » provient d'un être supérieur qui peut frapper l'homme dans la vie présente ou dans l'au-delà. Seules les trois premières sont sous l'influence d'agents doués d'intelligence et de volonté, et seule la seconde est aux mains du souverain. « Le jurislateur peut donc, pour donner efficacité à ses règles, emprunter l'une de deux voies : il peut se fier à la force auxiliaire des deux sanctions étrangères, ou recourir aux motifs tirés de ce fonds qui est sa propre création[22] ».

L'émission de la règle de droit par le souverain se fait à l'aide de signes destinés à être reçus comme commandements par un destinataire.

B. Le destinataire

Les portées spatiale et temporelle de la règle de droit sont des notions traditionnelles de la science du droit. Elles peuvent, pour Bentham, être réduites aux développements relatifs aux objets et sujets du droit. Durée et espace ne sont en effet que des délimitations des actes et personnes dont l'ordre juridique traite[23].

---

pp. 290-292, il ajoute une cinquième sanction, dite « de sympathie ». Son rôle importe essentiellement en éthique.

[22] *Of Laws in General*, *op. cit.*, p. 133.

[23] Cf. respectivement *Of Laws in General*, *op. cit.*, Chapter VII « Of the Local extent which a Law May Have » et Chapter VIII « Of the

Les parties affectées par le droit peuvent l'être de différentes manières. Tout d'abord, une personne peut être liée (*bound*) ou contrainte (*coerced*). Un tel phénomène est une condition nécessaire de l'existence du droit : la règle lie toujours quelqu'un. Ensuite, une personne peut être exposée à souffrir par le droit. C'est au moins le cas de la partie liée, et le cas échéant d'autres individus, si bien que toute règle commence par produire de la peine, par limiter la liberté[24]. Enfin, l'intention du jurislateur peut être de favoriser certaines personnes, qu'il s'agisse d'un individu, d'une partie de la population ou de la population dans son ensemble. Supposer le contraire serait estimer que le jurislateur agit sans motif. « De la circonstance qu'il existe une partie qu'elle lie, une règle dépend quant à son essence ; de la circonstance qu'il existe au moins une partie qu'elle se propose de favoriser, elle dépend quant à sa cause ; des deux réunies elle dépend quant à la somme totale de son efficacité : sans la dernière elle n'existe pas ; sans la première, elle ne peut même pas être conçue[25] ».

Chacune de ces circonstances définit une condition juridique spécifique pour les individus[26]. Une personne favorisée par une règle de droit est dans une condition avantageuse, et se trouve investie d'un droit, parfois appelé « pouvoir », en vertu duquel les autres individus lui doivent des « services ». A une personne liée par une règle incombe

---

Duration of a Law ». Une réduction du même ordre sera opérée par C. Eisenmann, « Sur la théorie kelsénienne du domaine de validité des normes juridiques », dans Salo Engel, Rudolf A. Metall (ed.), *Law, State, and International Legal Order. Essays in Honor of Hans Kelsen*, Knoxville, The University of Tennessee Press, 1964, pp. 59-69.

[24] *Of laws in General*, *op. cit.*, p. 54. Cf. *supra*, pp. 63 et suiv.

[25] *Ibid.*, p. 63.

[26] *Ibid.*, p. 84.

une obligation : elle doit des services aux autres. La personne exposée à souffrir par le droit est soumise à des sensations désagréables que d'autres individus ou le droit ou le devoir de lui faire endurer. Pour Bentham, quel que soit le domaine en question, le droit se réduit à une seule opération : la création d'obligations. Elles sont d'abord définies, puis une sanction est précisée en cas de violation[27].

Anticipant la distinction des permissions « faibles » et « fortes » établie par G.H. von Wright[28], Bentham estime que le droit (*right*) peut résulter soit d'une règle permissive qui implique l'absence d'obligation juridique de faire ou ne pas faire, soit d'une règle coercitive (*coercive*) qui impose l'obligation juridique correspondante aux autres individus, c'est-à-dire un service. Toutes les obligations comportent des droits corrélatifs à l'exception de celles qui sont imposées dans le propre intérêt du sujet obligé (*self regarding obligations*) et des mauvaises règles édictées sans bénéfice social.

Bentham, dans sa distinction des procédures civile et pénale, établit deux types de droits (*right*). Dans un procès pénal, le droit et sa violation précèdent le jugement. Dans le cadre d'un procès civil, le droit résulte justement de la décision du juge. Sa violation ne pourra être que postérieure. Il y a donc des droits « unliquidated, liquidable » et des droits « consumable, liquid ». Les premiers sont des droits à être investi des seconds. Ils ne peuvent être violés que par la personne qui dispose du pouvoir d'en investir, c'est-à-dire le juge. Le procès pénal prend place après la violation d'un droit « liquid ». Le procès civil est l'allégation d'un droit

---

[27] *Ibid.*, Appendix A, p. 249.

[28] G.H. von Wright, *Norm and Action. A Logical Enquiry*, *op. cit.*, 1963, Chapter V, §13.

« liquid » à la « liquidation » d'un droit par le juge, habilité à rendre ce service.

Les pouvoirs (*powers*) sont une espèce de droits. Dans leur forme la plus simple, ils consistent dans l'autorisation d'interférer physiquement avec les choses et les hommes. Ce sont des pouvoirs de « contrectation », tels celui de marcher sur le terrain dont on est propriétaire. Les pouvoirs investitifs et divestitifs (*investitive and divestitive powers*) consistent pour leur part en une capacité d'affecter ou désaffecter certaines personnes, qu'il s'agisse de soi-même, par exemple par contrat, ou d'autrui, à des conditions juridiques définies. Ces actes sont permis et reconnus par le droit qui leur confère leur validité. Ils reposent en dernière analyse sur les pouvoirs de « contrectation », c'est-à-dire sur la contrainte physique. Ces pouvoirs, en fonction de leur champ d'exercice, peuvent être publics ou privés, Selon Bentham, qui élabore ici l'une des distinctions fondamentales de la théorie juridique, le « pouvoir » est susceptible de trois degrés de perfection, selon qu'il est ou non corroboré par des devoirs imposés aux autres individus. Au niveau inférieur, personne n'a pour devoir de s'opposer au pouvoir que l'individu détient. Au niveau immédiatement supérieur, tous ont le devoir de ne pas gêner l'exercice de ce pouvoir. Au niveau ultime, tous ont pour devoir de fournir une assistance à l'exercice du pouvoir.

Les deux pôles de la règle de droit conçue comme expression d'une volonté relativement au comportement de certaines personnes étant identifiés, il est à présent nécessaire de s'intéresser aux éléments constitutifs de la volition qui est ainsi véhiculée.

C. L'« individuation » d'une règle de droit

L'individuation d'une règle de droit consiste à identifier les éléments nécessaires et suffisants pour la constituer. Il convient donc d'étudier tout d'abord les parties dont est formée toute règle (1), puis d'examiner ensuite les critères de sa complétude et de son unité (2).

1. Les parties d'une règle de droit

Toute règle de droit s'analyse pour Bentham en deux parties, « l'une servant à vous faire connaître l'intention du jurislateur, l'autre servant à vous faire connaître quel motif le jurislateur vous fournit pour vous conformer à cette inclination : l'une adressée plus particulièrement à votre intelligence (*understanding*), l'autre, à votre volonté. La première de ces parties peut être appelée la *directive*, l'autre, la *sanctional* ou *incitative*[29] ».

Concernant la seconde partie, lorsque le motif est la punition, cette partie de règle est dite « comminative ». Lorsqu'il s'agit d'une récompense, elle est « invitative ». Sur le plan de la politique juridique, la punition est plus efficace, et peut suffire à l'ensemble du travail gouvernemental. En effet, il est plus aisé d'administrer la douleur que le plaisir. Procurer du plaisir suppose une connaissance concrète, difficile à acquérir, de la psychologie et des préférences de l'individu en question. Il s'agit en outre de prendre le bien de quelqu'un et de le donner à un autre. Or, « la peine produite par la *soustraction* est en moyenne toujours plus qu'équivalente au plaisir produit par le *don*[30] ». Dès lors, si l'on se soucie de maximiser le bien-être collectif, la peine semble un moyen plus économique de gouverner les conduites.

---

[29] *Of Laws in General*, p. 134.

[30] *Ibid.*, p. 135 note e, et *supra*, p. 35.

La partie incitative constitue une prédiction[31]. La vérification de sa réalisation suppose une deuxième règle, dite subsidiaire (*subsidiary*), qui tend à réaliser la prédiction. Celle-ci, qui lie en définitive le Ministre de la justice, est en général adressée au juge. A ses assistants sont adressées d'autres règles subsidiaires, le nombre définitif étant fonction des étapes de la procédure nécessaires au constat d'une infraction. Si A commet une infraction, B doit le punir. Si B ne le punit pas, il commet une infraction et il doit être puni par C, etc... Si l'on peut s'attendre, à un niveau au moins, à l'obéissance, la condition suffisante pour que chacun fasse son devoir est remplie. Toute règle, même subsidiaire, a ses propres règles subsidiaires. Seules les règles principales ne sont subsidiaires d'aucune ou sont les deux à la fois.

Certaines règles subsidiaires peuvent le cas échéant être attachées à une règle afin de parer au mal que veut éviter la principale. Ce sont des « remedial laws », contenues dans des « satisfactive clauses ». Elles peuvent tendre à compenser le mal passé, à mettre un terme au mal présent ou à prévenir le mal futur.

Les parties constitutives des règles de droit étant identifiées, il est possible d'examiner ce qui fait d'individualité d'une règle de droit.

---

[31] Dès *A Comment on the Commentaries*, *op. cit.*, Bentham était en mesure d'écrire, p. 72 : « In the directory parts it [a law] bids, in the sanctional part it profecies. In the remedial part [...] it bids other men than him whom it bode and profecied before, to fulfill such prophecy upon the first man in case of his disobedience ».

2. Complétude et unité d'une règle de droit

Pour Bentham, l'individualité d'une règle de droit résulte d'une part de son intégralité ou complétude et d'autre part de son unité. La première permet de constater qu'un certain contenant juridique ne comporte pas moins que le contenu d'*une* règle, tandis que la seconde permet de voir qu'il n'excède pas cette quantité[32]. L'idée de complétude varie selon celui des quatre modèles de règle que l'on adopte.

Le premier modèle ne comporte qu'une partie directive sans partie incitative, et repose donc pour son efficacité sur les sanctions auxiliaires. C'est le cas, par exemple, de la loi constitutionnelle. Une telle règle doit être complète du point de vue de son expression, c'est-à-dire comporter une disposition (*provision*) impérative. Il convient de remarquer que des dispositions d'exposition (*expository*) ou de qualification (*qualificative*) ne peuvent constituer des règles de droit complètes. Du point de vue interne, une règle peut être formée de différents éléments, rattachés par exemple à différents textes, dont la connexion doit être mise en évidence, soit par juxtaposition dans un même document, soit au moyen de références. Pour Bentham en effet, une règle de droit est relativement indépendante de la manière dont elle est exprimée[33]. Enfin, concernant son objectif, une règle du premier modèle doit correspondre à une identification adéquate, ni trop large ni trop restreinte, du mal qu'elle entend combattre.

Le deuxième modèle de règle comporte une partie incitative, qu'elle soit comminative ou invitative, et une partie directive. Sa complétude est fonction pour Bentham de

---

[32] *Of Laws in General*, p. 156.

[33] *Ibid.*, p. 153.

son reflet fidèle de la volonté du souverain et de l'état futur des choses.

Le troisième et le quatrième modèles comportent respectivement des clauses aggravantes ou atténuantes de punition, et des clauses satisfactives. Ces règles ne peuvent être complètes que si ces éléments sont exposés. José de Sousa E Brito[34] estime à juste titre que le troisième modèle relève de la partie directive, dans la mesure où il s'agit essentiellement d'une spécification de circonstances. Le quatrième modèle relève pour sa part de la partie incitative. En conséquence, ils seraient tous deux réductibles au deuxième modèle, mettant en évidence l'idée que l'élément essentiel demeure le commandement.

L'unité de la règle vient de celle de la classe d'actes visés, c'est-à-dire de l'infraction (*offence*) créée. Suivi en cela par Joseph Raz[35], Bentham lie le principe d'individuation d'une règle à une mise en évidence des actes qu'elle est destinée à régir.

La difficulté à laquelle est conduit Bentham à la fin de l'*Introduction*, et à laquelle entend répondre *Of Laws in General* est celle de la distinction entre droit civil et droit pénal. Son analyse de la structure constitutive de toute règle de droit complète vise à montrer soit la démarcation claire de ces deux branches du droit, soit leur confusion, soit encore leur présence simultanée au sein de chaque règle.

---

[34] J. de Sousa E Brito, « Relire Bentham. A propos de l'édition de 'Of Laws in General' par Hart », *op. cit.*

[35] Joseph Raz, *The Concept of A Legal System. An Introduction to the Theory of Legal System*, 2nd ed., Oxford, Clarendon Press, 1980, Chapter VI, Section 3.

D. La distinction du droit civil et du droit pénal

Au terme d'une réflexion extrêmement complexe, Bentham est en mesure de distinguer conceptuellement droit civil et droit pénal, tous deux présents en toute règle de droit[36], et « inextricablement entremêlés[37] ». Dans un code complet de droit, la matière commune à la création de deux infractions peut former un 3e titre, auquel, pour chacune, on renvoie. C'est la matière « qualificative et expositive » (*qualificative and expository matter*). Elle peut remplir cinq fonctions : décrire l'acte incriminé, décrire les circonstances qui l'élargissent ou le restreignent, décrire la punition, décrire les circonstances qui élargissent ou restreignent celle-ci, établir le lien entre l'acte et la punition. Ces clauses « circumstantiative » forment le droit civil. Les autres rubriques comportent des clauses « imperative » et « comminative », et forment la branche pénale. « Dans toute règle de droit (pour le moins dans toute règle d'importance) il existe une partie qui est de nature pénale, et au même moment une autre qui est de nature civile[38] ». Les seules exceptions à ce principe sont les règles reposant sur des sanctions auxiliaires ou sur une récompense.

Dès la note de conclusion de l'*Introduction*, Bentham estime que règle interdisant un comportement et règle ordonnant une punition en cas de violation sont distinctes. La première est « imperative », et la seconde, « punitory ». Par implication nécessaire, celle-ci inclut celle-là. Mais la matière expositive ne saurait être économisée pour autant et le droit se réduire au seul code pénal. Elle s'avère nécessaire notamment à la définition des termes. Si on collecte les infractions et toutes les règles, on obtient un code pénal. Si

---

36 *Of Laws in General*, *op. cit.*, Chapter XVI, §1.

37 *Ibid.*, Appendix A, p. 247.

38 *Ibid.*, p. 196.

l'on collecte les droits, obligations et circonstances, on a un code civil. Collecter les infractions revient pour Bentham à collecter les règles. Les exposer avec la matière expositive est dresser un « pannomion », un « complete body of law ».

Pour Bentham cependant, les deux champs sont indissociables, et la distinction est largement fonction de ce qui est traité de manière dominante dans l'ouvrage de *jurisprudence*. Elle semble donc davantage présente dans la science du droit que dans le droit lui-même. Pour autant, isoler trop strictement ces deux aspects ne pourrait conduire qu'à rendre le droit incompréhensible, ou pire, inefficace.

L'idée générale d'une règle de droit selon Bentham revêt globalement le caractère d'un commandement du souverain. Elle n'en diffère pas moins substantiellement de l'œuvre de John Austin, en raison de l'extension particulière du concept. C'est dans l'étude de ce qu'il appelle les « aspects » d'une règle que Bentham administre encore la preuve de la profondeur et de la subtilité de ses réflexions, notamment à travers une anticipation surprenante et, d'une certaine manière, fascinante, de la logique des normes.

SECTION II – LES « ASPECTS » D'UNE REGLE DE DROIT

L'étude des « aspects » des règles de droit est celle de l'état de la volonté du souverain que révèle la règle relativement à une certaine classe d'actes, « les aspects ou phases que la volonté du jurislateur peut présenter envers ces objets en vertu des différentes volitions, inclinations, ou vœux qu'il peut former à leur propos[39] ». En examinant les relations possibles entre les différentes teneurs de la volonté du souverain, Bentham est amené, au-delà du strict champ juridique, à révolutionner la logique. Il concevait la théorie du droit comme la branche principale de la « Logic of Will », élaborée en rupture avec la logique propositionnelle classique d'Aristote. Annoncés dès l'*Introduction*[40], les développements du chapitre X de *Of Laws in General* constituent l'une des toutes premières - sinon la première - formulations de logique des normes. Il convient tout d'abord d'en faire une présentation synthétique (§1). Il sera alors possible d'en examiner la portée, à travers les différentes interprétations dont elle a fait l'objet (§2).

§ 1. La logique de la volonté de Bentham

La problématique d'une logique de la volonté est très tôt présente chez Bentham et c'est en innovateur conscient qu'il poursuit cette réflexion (A). Elle a trouvé, dans la définition du droit comme expression d'une volonté et dans l'étude des modifications de cette volonté, un champ d'application privilégié (B).

A. Pour une logique de la volonté

Bentham perçoit clairement le caractère novateur de ses réflexions. Dès les dernières pages de l'*Introduction*, il estime que la logique aristotélicienne s'est limitée à l'étude

---

[39] *Ibid.*, p. 93.

[40] Dans la préface de *An Introduction to the Principles of Morals and Legislation*, *op. cit.*, pp. 8-9, Bentham écrit : « Of this logic of the will, the science of law, considered in respect of its form, is the most considerable branch, - the most important application ».

des diverses formes d'argumentation. Il se propose au contraire d'exposer les formes d'« impération », c'est-à-dire la logique des phrases expressives d'une volition.

Tout discours consiste pour Bentham à affirmer quelque chose. Il exprime l'état de l'esprit du locuteur, c'est-à-dire la condition de son intellect ou de sa volonté. « Dans le premier cas la phrase qui l'exprime a été appelée de manière exclusive une *phrase d'assertion*, dans l'autre, une *phrase de volition*, dont la *phrase d'interrogation* est une espèce particulière. [...] C'est aux phrases de l'espèce assertive que la logique des écoles s'est confinée : elle a laissé de côté celles qui concernent la volition. Les domaines de la branche logique de la science apparaissent donc plus étendus que ce qui a été communément entrevu [...]. C'est la branche en question ici qui est plus particulièrement applicable au travail du gouvernement, cette subdivision qui concerne les formes d'impération en général, avec un intérêt particulier pour la jurislation, celle qui concerne les formes de l'interrogation pour la tâche moins estimée mais non moins nécessaire de la collecte des informations verbales, un processus utile tant au département législatif qu'aux départements exécutifs[41] ». D'emblée cette logique a pour visée pratique de guider l'émission et la rédaction du droit en vue du plus grand bonheur du plus grand nombre. Il s'agit d'éclairer l'action des volontés les unes sur les autres, et en particulier celle du souverain sur celle des individus. Aussi est-ce à juste titre que Jean-Pierre Cléro et Christian Laval peuvent la comparer à une « pragmatique du pouvoir[42] ». Il peut également sembler approprié de dresser un parallèle entre cette lecture possible de la logique de la volonté de Bentham et la perspective dans laquelle se situe la logique

[41] *Ibid.*, pp. 299-300, note b2.

[42] Glossaire de *De l'ontologie*, *op. cit.*, p. 227.

mathématique de George Boole[43]. Celui-ci entend mettre en évidence, au sein d'une science des opérations de l'entendement qui prenne la forme d'un calcul algébrique, les lois gouvernant le fonctionnement de l'intellect. Les lois de la logique renseignent alors sur les rapports existant entre les différentes facultés de l'intellect. L'importance qu'il accorde à la structure dualiste des raisonnements trouve également un certain écho dans les bifurcations benthamiennes, qui traduisent selon ce dernier une méthode « naturelle » d'exposition.

Chaïm Perelman estimait que « dans les ouvrages actuels consacrés à la logique juridique, on se pose rarement la question 'qu'est-ce que le droit ?'[44] » Ce n'est manifestement pas le cas de Bentham, qui administre la preuve que toute idée d'une logique des normes est solidaire d'une certaine ontologie du droit.

Indissociable de la théorie du langage de Bentham, sa réflexion sur la logique l'est par là même de sa théorie du droit et de sa volonté de le réformer dans un sens utilitariste. C'est par l'examen de certaines relations entre les règles de droit que Bentham est conduit à proposer le premier système de logique des normes.

B. Les relations entre règles de droit

Sommairement esquissée à la fin de l'*Introduction*[45], la logique de la volonté de Bentham ne prend une forme

---

[43] G. Boole, *Les lois de la pensée*, trad. Souleymane Bachir Diagne, Paris, Librairie philosophique J. Vrin, coll. « Mathesis », 1992.

[44] C. Perelman, *Logique juridique. Nouvelle Rhétorique*, 2e éd., Paris, Dalloz, coll. « Méthodes du droit », 1979, p. 5.

[45] *An Introduction to the Principles of Morals and Legislation*, *op. cit.*, Chapter XVI, §25, note e2.

élaborée que dans *Of Laws in General*. Les modalités normatives de la nouvelle logique de Bentham correspondent aux « aspects » de la volonté du souverain (1). Celles-ci sont susceptibles de conversion et mettent en évidence des relations particulières entre règles de droit (2), ainsi qu'entre les règles de droit et leurs limitations ou exceptions (3). Une exposition de la théorie du droit de Bentham est alors possible (4).

1. Les modalités normatives

Il importe tout d'abord d'établir les différentes entités dont les relations sont examinées par Bentham. Deux éléments sont nécessaires et suffisants à l'existence de la règle de droit : d'une part un acte objet de volition et d'autre part une volition dont cet acte est l'objet. Lorsque la règle s'applique uniquement à des actes, l'aspect de la volonté par rapport à ceux-ci est « primordial »[46]. Il est cependant possible qu'une règle de droit elle-même soit l'objet d'une règle de droit, lorsqu'elle concerne un domaine précédemment régi. Dans cette hypothèse, elle est dite « superventitious » ou « supervening ».

Lorsqu'un jurislateur désire influencer un comportement, il est « décidé ». La règle juridique qu'il émet et qui reflète cet aspect est dite « décisive » (*decisive*). Sa volonté décidée peut alors être qu'un comportement soit réalisé. Au contraire, elle peut également viser la non-réalisation de ce comportement. Dans le premier cas, on parle de « commandement » (*command*), et dans le second,

[46] Le parti a été pris de conserver, dans les pages qui suivent, une grande partie de la terminologie originale de Bentham. Les multiples distinctions qu'il opère appellent de sa part un vocabulaire particulier, qu'une traduction, les ressources de la langue étant limitées, ne pourrait que déformer, au risque de trahir sa pensée.

de « prohibition ». Symétriquement, il est possible d'affirmer que si la volonté n'est pas décidée, la règle émise est soit un « non-commandement » (*non-command*) soit une « non-prohibition » ou « permission ». Le silence est un moyen commode d'exprimer ces derniers.

Commandement et permission sont « affirmatifs », tandis que prohibition et non-commandement sont « négatifs ». Pour Bentham, un aspect négatif relativement à un acte positif est équipollent à un aspect affirmatif relativement à l'acte négatif correspondant. Dès lors, au plan du travail de la jurislation, le commandement peut avoir la forme de la prohibition et réciproquement : des conversions sont possibles entre les aspects affirmatifs et les aspects négatifs. Pour toute infraction, une règle « mandative » ou « imperative » est nécessaire[47]. « Lorsqu'un acte est pris pour objet de la volonté du jurislateur, et que cette volonté est déclarée, l'acte opposé [...] est par là même converti en infraction[48] ». S'il s'agit d'un commandement, la non-réalisation (*non-performance*) du comportement constitue l'infraction, s'il s'agit d'une prohibition, c'est au contraire sa réalisation. « Le nom de l'infraction reflète l'acte qui est l'objet de la règle de droit [...] cet objet, lorsque représenté par le nom de l'infraction, est représenté juste comme les objets naturels dans certains miroirs, dans une position inversée, l'infraction étant alors l'acte de troubler [la jouissance d'un droit], l'acte qui est l'objet de la règle, l'acte commandé, est l'acte négatif de ne pas interférer avec[49] ».

---

[47] *Of Laws in General*, *op. cit.*, p.176.

[48] *Ibid.*, pp. 120-121.

[49] *Ibid.*, p. 177.

Les entités élémentaires de la logique de Bentham étant identifiées, il est possible d'étudier les rapports qu'elles entretiennent.

2. Les conversions entre modalités normatives

Des quatre mandats qui peuvent être émis relativement à un acte, certains ont entre eux des relations d'exclusivité et d'autres des relations de concomitance. Les aspects s'avèrent aller par paire, ce que révèle l'examen de la condition de tout acte objet d'une règle[50].

(1) L'acte commandé est laissé non-prohibé, n'est pas prohibé et n'est pas laissé non-commandé.

(2) L'acte prohibé est laissé non-commandé, n'est pas commandé, n'est pas permis (c'est-à-dire laissé non-interdit).

(3) L'acte laissé non-commandé n'est pas commandé et peut être soit prohibé soit permis. Il est à noter que cette alternative est exclusive.

(4) L'acte permis n'est pas prohibé et peut être soit commandé soit laissé non-commandé. Ici encore, l'alternative est exclusive.

Pour Bentham, le commandement inclut la permission, exclut la prohibition et le non-commandement. La prohibition inclut le non-commandement, exclut le commandement et la permission. Le non-commandement n'inclut pas nécessairement de lui-même une prohibition ou une permission, mais il exclut le commandement. Il peut simplement être accompagné d'une prohibition ou d'une permission. Ces dernières s'excluent mutuellement puisque contradictoires (*contradictory*).

La « repugnancy »[51] entre règles, c'est-à-dire l'impossibilité d'avoir effet ensemble, est rare. Entre règle

---

[50] *Ibid.*, p. 97.

[51] *Ibid.*, pp. 131-132.

primordial et règle *superventitious* émanant d'une même source, elle est synonyme d'« altération ». Elle ne peut concerner que des règles ayant les mêmes sujets et objets. Aussi est-elle exclue entre différents droits nationaux. De même, la *repugnancy* est exclue entre différentes règles contradictoires ou contraires portant sur les mêmes sujets et objets. On emploie ce terme en cas de délégation de pouvoir avec ordre de ne rien faire en sens opposé. Mais alors, selon Bentham, la délégation est annihilée puisque toute nouveauté viole le droit préexistant, sauf à se contenter de le répéter. Il faut donc interpréter le dispositif comme établissant le pouvoir de l'autorité délégataire d'établir dans la province toutes les règles de droit que peut établir la législature délégante dans la métropole. A cette règle il est deux exceptions, dont la violation est constitutive d'une « repugnancy ». Les seules hypothèses sont donc celles d'une règle provinciale qui violerait les réserves de supériorité que comporte la charte de concession du pouvoir, et celle de règles contraires à celles émises par la métropole dans l'intention qu'elles s'appliquent également à la province. C'est en cela que le concept de « repugnancy » diffère de l'altération.

Un mandat (*mandate*) qui s'applique aux mêmes actes qu'un précédent (*primordial*) et exprime le même aspect est dit « réitératif » (*reiterative*). Il peut l'être *in genere* ou *in specie*. De telles règles permettent soit de confirmer une règle douteuse, soit de prolonger l'application d'une règle temporaire, soit encore de produire une admonestation (*admonition*) visant à faire appliquer réellement une règle dont on craint qu'elle soit ignorée, soit enfin de fournir une explication lorsque la règle précédente manque de *perspicuity*, n'est pas suffisamment explicite ou manque de précision[52].

Lorsque l'aspect *superventitious* est différent du *primordial*, Bentham parle de mandat « altératif » (*alterative*). Les deux mandats peuvent être en situation de contradiction (*simply contradictive or revocative*) ou de contrariété (*contrariant or reversive*). C'est alors qu'en prenant en compte les différents aspects des règles, il est possible d'examiner les relations entre les règles relatives à des règles et les règles sur lesquelles elles portent.

Si l'aspect *primordial* est actif et affirmatif, l'aspect « contradictive » révèle un contre-commandement (*countermand*) : l'acte autrefois obligatoire n'est plus commandé et est rendu libre. Si l'aspect *primordial* est négatif et constitue donc une prohibition, le *contradictive* est actif et constitue une permission. On aboutit dans ces deux cas à des « de-obligative provisions », c'est-à-dire des « countermandates ».

Si l'aspect *primordial* est inactif, le *superventitious* est soit un commandement soit une prohibition. Le *superventitious* ne peut être opposé au *primordial* inactif que par la contradiction et non par la contrariété.

Le *superventitious* peut être doublement altératif ou réversif (*doubly alterative or reversive*) du *primordial*. Si le *primordial* est actif, le *superventitious* est actif mais de côté opposé, c'est-à-dire affirmatif ou négatif. Ce processus révèle deux étapes : par la première, l'obligation préexistante est détruite, par la seconde, une autre, de nature opposée, est imposée. Ainsi, il est possible de passer d'un commandement ou d'une prohibition à l'inactivité puis, respectivement, de l'inactivité à une prohibition ou un

---

[52] Les lacunes en « perspicuity », « expliciteness » ou en « precision » correspondent aux trois déficiences possibles du discours.

commandement. Le droit de propriété s'analyse de cette manière en deux éléments, un mandat *primordial* prohibitif qui interdit l'interférence avec un objet, et un mandat *superventitious* permissif, révocatif *pro tanto* du premier, qui autorise cette interférence au profit de l'individu qui est fait propriétaire.

Dès lors chez Bentham sont présentes des règles de droit dont la fonction n'est pas de commander, mais également de permettre des comportements. Aussi, des « uncoercive mandates » peuvent-ils résulter du fait que le jurislateur n'a pas pris en considération l'acte en question, du fait que, l'ayant pris en compte, il n'a pas pris de décision à son propos, ou encore du fait que l'ayant pris en compte, il a délibérément choisi de laisser le choix de leur conduite aux individus.

Les relations entre règles de droit complètes fournissent donc un éclairage sur les relations qui peuvent exister entre les règles et leurs limitations et exceptions.

3. Limitations et exceptions

Les règles peuvent être conditionnelles ou inconditionnelles. En émettant une circonstance limitative du champ de la règle, on en excepte des sujets et objets. Une règle limitée est de forme : « il est interdit de s'emparer du bien d'autrui *sans son consentement* ». Une règle à laquelle est apportée une exception est de forme : « il est interdit de s'emparer du bien d'autrui *sauf s'il l'autorise* ». Pour Bentham, les limitations sont des exceptions indirectes et réciproquement, les deux étant des qualifications. Elles sont nécessaires pour rendre la règle explicite et fournissent, relativement à l'infraction à laquelle elles se rattachent, des circonstances justificatives et exonératoires (*justificative and exculpative*). Une disposition conditionnelle peut être convertie en deux dispositions, l'une générale et inconditionnelle, l'autre particulière et comportant l'exception. Dès lors, une permission avec exception est équipollente à une prohibition avec limitation. Exceptions et limitations peuvent elles-mêmes subir des exceptions et limitations[53].

De toutes dispositions formant une law, l'une est « leading » ou « principal ». Elle exprime l'acte qui fait l'objet de la règle et l'aspect de la volonté du jurislateur. Une règle *superventitious* « extensive » est dirigée vers des actes non inclus dans la primordiale. Elle permet d'éviter la répétition de nombreuses lois semblables. Toutes les qualifications ajoutées à la suite de l'ordre initial sont extensives soit de la disposition principale, soit des limitations et exceptions de premier ordre qui lui ont été adjointes. Ces différentes dispositions peuvent être émises *uno flatu* ou *diverso flatu*. L'émission à des époques distinctes n'est nécessaire que dans l'hypothèse de règles « repugnant » *in toto*. Dans le cas contraire, en effet, la volonté du jurislateur aurait, au même moment, exigé qu'un acte soit accompli et qu'il ne le soit pas.

Les dispositions ne commandant pas et étant originellement permissives (*non commanding and originally permissive*) n'ont aucune utilité. Elles sont inopérantes et « nugatory ». Elles ne font qu'introduire des limitations ou des exceptions à des règles impératives préexistantes. Bentham peut alors présenter une image de l'ordre juridique dans son ensemble. « Toute règle de droit efficace quelle qu'elle soit, peut être considérée comme une limitation ou

---

[53] J. Raz, *The Concept of A Legal System. An Introduction to the Theory of Legal System*, *op. cit.*, pp. 55-57, propose une formalisation de l'ensemble des relations et conversions possibles, en incluant les limitations et exceptions.

une exception, entée sur une règle universelle préétablie de liberté. Ainsi, une sorte de moyen de connexion peut être établi dans l'esprit, auquel l'idée de toute règle concevable peut être confrontée, et rendue commensurable à celle de toute autre. [...] Les phases non-commandante et permissive du droit placées côte à côte et tournées vers le système universel des actions humaines sont exprimées par la loi universelle de liberté mentionnée ci-dessus : une étendue sans limites dans laquelle les différentes règles efficaces apparaissent comme autant de points, tels les îles et les continents émergeant de l'océan ou comme les corps matériels dispersés dans l'immensité de l'espace[54] ».

Il est à présent possible de présenter, à travers plusieurs bifurcations caractéristiques de sa méthode, un bilan de la théorie du droit de Bentham[55].

4. Bilan analytique de la théorie du droit de Bentham

Si l'on considère tout d'abord les aspects qu'une disposition envisagée isolément peut exprimer, elle peut avoir du sens en elle-même ou ne pas en avoir. Dans ce dernier cas, elle est « extensive », « expositive », « dé-obligative », « limitative » ou « exceptive ». Dans le premier cas, elle est soit « unobligative », soit « obligative ». Elle peut être isolée, et constituer une règle de droit complète à elle seule. Elle peut également ne constituer qu'une fraction de règle.

---

[54] *Of Laws in General*, *op. cit.*, pp. 119-120. Dans le *Constitutional Code*, dans *The Works of Jeremy Bentham*, *op. cit.*, Vol. IX, p. 436, quarante ans plus tard, Bentham maintient l'idée que toute loi limite le principe selon lequel tout ce qui n'est pas interdit est permis.

[55] *Of Laws in General*, *op. cit.*, pp. 128-129.

Si l'on considère ensuite une disposition en relation avec d'autres dispositions, elle est soit « primordial », soit « superventitious ». Une disposition « primordial » est soit « obligative », c'est-à-dire un commandement original ou une prohibition originale, soit « unobligative », c'est-à-dire un « non-commandement » ou une permission originale. Une disposition « superventitious » est soit « non-altérative » soit « altérative » vis-à-vis de la disposition « primordial ». Dans le premier cas, elle est soit « réitérative » (*in toto*), soit « expositive » (« réitérative » *pro tanto*). Dans le second, elle peut en premier lieu être « extensive ». Elle peut en second lieu être «non-extensive ». Elle est alors soit « destructive » (*in toto*) soit « qualificative » (« destructive » *pro tanto*). Une disposition « qualificative » peut être soit « limitative » soit « exceptive ». Une disposition « destructive » est soit « révocative » soit « réversive ». Dans le premier cas elle est nécessairement « dé-obligative » ou « obligative », et constitue donc respectivement soit un « contre-commandement » ou une « re-permission », soit un commandement ou une prohibition. Si elle est « réversive », la disposition est soit une prohibition soit un commandement, selon qu'elle remplace un commandement ou une prohibition.

A l'instar d'une large part de ses réflexions pourtant les plus innovantes, l'œuvre de Bentham est demeurée ignorée des logiciens. Elle n'en revêt pas moins une portée exceptionnelle pour leur discipline. Les préoccupations propres de Bentham consistaient avant tout à rechercher des moyens de réformer la société. En conséquence notamment de son concept de droit, sa logique présente des caractéristiques propres qui en rendent nécessaire le commentaire.

§ 2. L'interprétation de la logique benthamienne

Elément essentiel de l'entreprise réformatrice de l'utilitarisme benthamien, la logique de la volonté est en elle-même une innovation intellectuelle majeure. Deux interprétations de la logique de Bentham méritent l'attention et appellent une discussion. Il s'agit de celle avancée par David Lyons (A) et de celle d'Herbert Hart (B). Il sera alors possible de mesurer l'importance de la logique benthamienne pour les études logiques du XXe siècle (C).

A. L'interprétation de David Lyons

D. Lyons semble estimer parfait le parallèle que Bentham trace entre la logique traditionnelle et sa propre *logic of imperation*. Les commandements (« P is to do A »), prohibitions (« P is not to do A »), non-commandements (« P need not do A »), non-prohibitions (« P may do A ») entretiennent des relations parallèles à celles des propositions catégoriques classiques de type SaP, SeP, SiP, et SoP. Une relation d'*imperational contradiction* s'apparente à une opposition des valeurs de vérité : une proposition ne peut être vraie que si l'autre est fausse. De même la relation de contrariété est envisageable en droit : deux propositions ne peuvent être vraies simultanément mais peuvent être fausses.

Pour Lyons, le commandement d'un acte n'est autre que la prohibition de l'abstention de cet acte. Une équivalence semblable peut être établie entre les aspects non-décidés de la volonté du souverain, de sorte qu'il est en mesure de réduire à deux les différentes espèces de règles : des restrictives (commandement et prohibition) et des permissives (non-commandement et permission). Lyons se fait très allusif sur le second point et, de fait, au regard de la théorie de Bentham, on ne comprend pas comment une telle relation d'équivalence est envisageable entre les deux aspects non-décidés. En effet, pour Bentham, l'acte non-commandé peut être *soit* prohibé *soit* permis. Un acte permis, pour sa part, peut être *soit* commandé *soit* laissé non-commandé. Dès lors, aucune relation nécessaire semblable à la précédente n'existe.

La contradiction trouve son pendant dans la relation existant entre les aspects décidés et les aspects non-décidés de la volonté. Ainsi selon des relations réciproques, le commandement est le négatif du non-commandement et la prohibition le négatif de la non-prohibition. Il est impossible de concevoir un ordre juridique cohérent qui comporterait les deux à la fois, mais il doit en comporter au moins un. La contrariété s'apparente pour sa part aux relations entre les aspects décidés : les deux propositions ne peuvent être vraies simultanément mais peuvent être fausses l'une comme l'autre. Si une personne devait adopter un comportement *et* ne pas adopter ce comportement, il n'y aurait pas contradiction mais seulement, selon Lyons, une incompatibilité. Un système consistant (*consistent*) ne peut comporter les deux mandats, mais peut n'en comporter aucun. Dans la logique traditionnelle, de plus, SaP implique SiP et SeP implique SoP, selon une relation de subalternation. Parallèlement, un commandement inclut une permission puisqu'il exclut la prohibition. Analytiquement il inclut la négation de celle-ci : c'est-à-dire la permission. La prohibition inclut le non-commandement ou la permission d'omission. Enfin, la subcontrariété entre SiP et SoP - les deux propositions et en toute hypothèse l'une au moins pouvant être vraie - se retrouve dans l'idée qu'un acte ou sa non-abstention doivent être permis (peut-être les deux, mais l'un des membres de l'alternative au moins).

Lyons peut alors conclure qu'« un acte peut-être correctement appréhendé, dans un système d'impérations cohérent, de l'une et l'une seulement de ces trois manières : (1) il peut être commandé, (2) il peut être prohibé, ou (3) il peut être laissé entièrement libre, ni commandé ni prohibé. Il n'existe pas d'autre possibilité, et ces trois cas déterminent de manière exhaustive la condition impérationnelle d'un acte et de sa non-réalisation[56] ».

Comme pour toutes les tentatives de construction d'une logique relative non aux propositions, susceptibles de vérité ou de fausseté, mais aux prescriptions, insusceptibles de telles propriétés, la réflexion de Bentham soulève le problème de la valeur de vérité. Dans la lecture traditionnelle de Bentham, que Lyons tente de remettre en cause, les prescriptions sont des « statements » descriptifs de la volonté du souverain[57]. L'*imperational contrariety* correspondrait à une impossibilité de satisfaire simultanément plusieurs impératifs et à la nécessité de violer au moins l'un d'eux. Une règle « permissive », selon la terminologie de Lyons, c'est-à-dire non-décidée, ne peut être violée car elle ne fait aucune requête qui puisse contredire les exigences d'une règle décidée. L'incompatibilité des règles viendrait de ce qu'elles aboutissent à un état de choses contradictoire[58]. Le conflit serait dans l'opposition de concepts comme permis, requis, interdit, que la logique ne concerne pas. Bien au contraire, il apparaît que la logique de Bentham, et la logique des normes en général, s'occupent de ces conversions. Si l'impossibilité de violation d'une règle non-décidée concerne la personne à qui elle est adressée, alors la démonstration de Lyons est tautologique : il est évident qu'une norme qui n'impose ni ne prohibe aucun comportement laisse le

[56] *Ibid.*, p. 120.

[57] *An Introduction to the Principles of Morals and Legislation, op. cit.*, §17, 29 note b2, pp. 299-300.

[58] Cette terminologie est celle de D. Lyons.

destinataire « libre », au sens où, quelle que soit l'action choisie, l'ordre juridique la considère comme légale. En revanche, de la part d'une personne autre que le destinataire et non légalement habilitée par celui-ci, la violation d'une règle permissive serait-elle davantage possible ? Il n'en est rien dans la mesure où justement, il n'est pas destinataire. La seule règle qu'il puisse violer est celle qui lui impose de ne pas interférer avec la permission du destinataire. Mais Lyons ne semble pas accepter une telle conclusion.

Plus fondamentalement, il entend soulever un problème dans la théorie de Bentham. Les lois permissives ne limiteraient pas la liberté, ce qui contredirait le concept même de droit de Bentham. En général, la réponse à une telle remarque serait qu'une règle permissive limite la liberté des autres individus. Mais Lyons refuse cette argumentaire en estimant que ce sont des prohibitions ajoutées *ex post* qui limiteront la latitude d'action des autres et non la permission elle-même. C'est peut-être là l'aporie de la logique de Bentham : les conversions et l'ensemble des relations dont elle traite ne sont valables que du point de vue du même acteur. Mais c'est ainsi qu'elles peuvent guider la volonté du souverain. Puisque dans sa théorie du droit, Bentham montre clairement que service, droit, obligation, devoir ne sont que des points de vue différents sur une même règle[59], c'est-à-dire ses différents effets relativement aux différents acteurs, Lyons voit les fondements de sa discussion ruinés. Ce ne sont pas des prohibitions ultérieures qui limiteront les pouvoirs des autres individus. Comme le montre son analyse de la propriété et des lois non impératives en général,

---

[59] Cf. *supra*, pp. 63 et suiv. ; *Of Laws in General*, *op. cit.*, p. 58 : « Every primordial law that is efficient is a command : every legal command by imposing a duty on one party, if the duty be not only of the self-regarding kind, confers a right to services upon another ».

Bentham ne conçoit pas de lois originellement permissives. Celles-ci ne peuvent que limiter ou faire exception à une restriction qui leur préexiste. Dès lors, si l'on peut admettre que la permission ne crée pas d'elle-même la restriction pour les autres, cette dernière ne saurait être postérieure à la permission.

Au terme de sa discussion, Lyons se rapproche des textes de Bentham et note que toute règle de droit serait une exception entée sur une loi de liberté universelle, située à l'arrière-plan. Ainsi les permissions confèreraient moins des libertés qu'elles ne les restaureraient en révoquant une règle décidée. Cette lecture est assurément plus conforme aux idées de Bentham. Elle ne répond cependant pas aux critiques auxquelles s'expose Lyons. C'est pourquoi il semble utile de se tourner à présent vers les travaux d'H.L.A. Hart.

B. L'interprétation d'Herbert Hart

H.L.A. Hart[60] offre une lecture quelque peu différente de la logique benthamienne. Il lui semble possible de formaliser les relations entre les différents aspects dans un carré d'opposition de la même structure que celui utilisé pour décrire les relations entre les propositions générales de la logique aristotélicienne. Si Bentham ne présente pas lui-même ce diagramme, il en décrit cependant toutes les relations constitutives.

---

[60] H.L.A., Hart « Bentham's 'Of Laws in General' », *op. cit.*, pp. 105-126.

L'interprétation qu'H.L.A. Hart donne de la logique de Bentham semble avoir évolué. En référence à la théorie du langage de ce dernier, il estime que Bentham conçoit la règle de droit comme l'assertion de l'existence d'un certain état de la volonté. Toute expression de discours est pour Bentham l'affirmation d'un « belief ». Les formes impératives sont elliptiques et si elles sont complètes, ce sont des assertions sur la volonté du locuteur. Bentham donne donc un « compte-rendu propositionnel du commandement[61] ». La logique ordinaire suffit car les commandements sont des « first-person descriptive statements » faisant état de la volonté du souverain.

Dans un autre article cependant[62], Hart estime que la logique traditionnelle est insuffisante à rendre compte de toutes les relations mentionnées par Bentham. Ainsi, rien dans la logique aristotélicienne n'indique que commandement et prohibition, interprétés descriptivement, ne peuvent être en même temps vrais, comme elle l'exige pour les contraires. Ils sont traités comme contraires car précédés de « I wish », et non en se référant à la logique traditionnelle. Sur ce point, Hart rompt avec D. Lyons. Seule la relation de contradiction entre les règles interprétées descriptivement, est traditionnelle, les contradictoires étant exclusifs et exhaustifs. Le reste est une innovation de Bentham.

La logique de la volonté de Bentham demeure un élément d'une profonde originalité. C'est en la comparant succinctement aux développements de la logique des normes

---

[61] H.L.A. Hart, « Commands and Authoritative Legal Reasons », dans *Essays on Bentham. Studies in Jurisprudence and Philosophy*, *op. cit.*, p. 250.

[62] « Bentham's 'Of Laws in General' », *op. cit.*, pp. 105-126.

au XXe siècle qu'il est possible d'en estimer plus précisément la portée.

C. Logique de la volonté, logique des normes et logique déontique au XXe siècle

La logique de la volonté que propose Bentham s'inscrit difficilement dans l'opposition entre logique déontique et logique de normes[63]. G.H. von Wright a en effet remarqué une ambiguïté caractéristique des phrases comportant des termes tels « obligation », « devoir », « permission »[64]. Il est tout d'abord possible d'en faire une interprétation descriptive. La phrase exprime alors une proposition, susceptible d'être vraie ou fausse, selon laquelle une norme existe. On peut ensuite en faire une interprétation prescriptive, en conséquence de laquelle la phrase formule une norme, insusceptible d'être vraie ou fausse. De cette dualité des éléments à traiter résulte la nécessité de deux logiques, la logique déontique *stricto sensu* et la logique des normes. Alors que la première est une logique des relations qui existent entre les propositions décrivant les normes, la seconde est une logique des normes elles-mêmes.

Si elle semble faire état des relations qui existent au sein du droit lui-même, la logique de Bentham se rapproche, notamment par la conservation des types de relation de la logique aristotélicienne, d'une logique des propositions relatives aux normes existantes. J.J. Moreso, notamment,

---

[63] Georges Kalinowski, *La logique des normes*, Paris, PUF, coll. « Sup », Section « Le philosophe », 1972, pp. 86-87, 197, 204.

[64] G.H. von Wright, *op. cit.*, pp. viii, 169 ; G.H. von Wright, « Norms, Truth, and Logic », dans Antonio Anselmo Martino, (ed.), *Deontic Logic, Computational Linguistics and Legal Information Systems*, Vol. II, Amsterdam, North Holland Publishing Company, 1982, p. 4.

estime que Bentham fait de sa propre logique une interprétation déontique, et la conçoit comme une logique des énoncés indicatifs portant sur les énoncés prescriptifs.

Pour autant, il semble que ce soit bien à une logique des normes elles-mêmes, et moins des énoncés susceptibles de les décrire, et d'être ainsi influencés par leurs relations, que Bentham accorde son attention.

Sans qu'il soit question de dresser une comparaison exhaustive de leur pensée logique, ainsi que des calculs qu'ils bâtissent ou que l'on peut bâtir à partir de leurs œuvres[65], il est possible de noter une certaine proximité des perspectives de Bentham et du principal logicien du XXe siècle, G.H. von Wright. Celle-ci se manifeste tout d'abord dans le lien nécessaire qui leur semble relier logique des normes et logique de l'action. La logique des normes représente pour l'un comme pour l'autre une étude d'instruments destinés à influencer le comportement humain. Une claire intelligence de celui-ci, voire sa formalisation, ne peuvent qu'être un préalable indispensable à la formalisation des normes destinées à l'orienter. Pour von Wright, à qui est attribuée la découverte de la logique des normes, « une logique de l'action s'est avérée une condition nécessaire d'une logique des normes ou d'une logique déontique[66] ».

---

[65] Si von Wright développe évidemment lui-même ces calculs, le Chapitre X d'*Of Laws in General* permet de dégager des axiomes et d'en faire découler des théorèmes, offrant ainsi la possibilité d'un véritable calcul, que ne manque pas de développer Lars Lindhal[65], *Position and Change. A Study in Law and Logic*, Dordrecht, Boston, D. Reidel Publishing Company, coll. « Synthese Library », Vol. 112, 1977, Chapter I, Section II, suivi par José Juan Moreso, *La teoría del derecho de Bentham*, Barcelona, PPU, col. « Manuales », vol. 7, 1992, pp. 145-161.

[66] G.H. von Wright, *op. cit.*, p. vii.

La perspective de base de leurs théories respectives les réunit encore autour d'une conception générale du droit comme expression de la volonté d'un supérieur relativement au comportement de sujets. A ce titre, von Wright admet clairement qu'une telle vision du droit est substantiellement correcte, sans pour autant qu'elle emporte l'adhésion à une conception anthropomorphique de l'Etat, qui en ferait un être doué de volonté[67].

La construction des systèmes logiques n'est pas sans révéler cependant une optique différente. Alors que Bentham garde à l'esprit la logique propositionnelle classique et les modalités épistémiques, von Wright se situe dans le courant de Leibniz, et développe sa réflexion sur la logique des normes à partir d'une analogie avec les modalités aléthiques.

Dans le détail de leurs constructions, il est possible de noter la similitude de certaines conclusions, faisant de Bentham l'orfèvre de plusieurs concepts de base de la théorie du droit. La distinction qu'il établit entre deux types de droits (*rights*) n'est pas sans faire écho à certaines pages célèbres de *Norm and Action*. En distinguant entre des droits résultant de l'absence d'obligation juridique et des droits résultant de l'existence d'obligations correspondantes dans le chef des autres individus, Bentham anticipe la distinction des permissions « faible » et « forte » de von Wright[68]. Revenant sur sa réflexion précédente, celui-ci s'estime en mesure de dissocier des permissions équivalant à des absences de prohibitions, et des permissions comme prohibitions d'interférer avec la liberté de l'agent en question.

Von Wright distingue ensuite différentes permissions fortes, de force croissante[69]. En permettant une conduite,

---

[67] *Ibid.*, pp. 120-121.

[68] *Ibid.*, pp. 85-87.

[69] *Ibid.*, pp. 88-90.

l'autorité peut ne faire que signaler qu'elle la tolérera. Elle est simplement déterminée à ne pas interférer avec les choix des individus, mais n'entreprend pas de les protéger contre les autres individus. Une telle permission peut être combinée avec une interdiction adressée aux autres individus de troubler l'activité du destinataire de la permission. Ainsi, l'autorité déclare sa tolérance de certains comportements et son refus de certains autres. La permission peut enfin être combinée à une obligation de rendre possible la jouissance de la permission. De manière semblable, Bentham avait établi une gradation des pouvoirs. Selon que les individus autres que le titulaire n'ont aucun devoir de s'opposer à lui, ont le devoir de ne pas le gêner, ou enfin ont le devoir de l'assister.

Il ne s'agit évidemment pas de nier l'importance de la réflexion de von Wright, ni son originalité. Mais il importe de constater que certains des concepts indispensables à la théorie du droit et au traitement formalisé des phénomènes juridiques, couramment employés, étaient déjà présents chez Bentham, administrant la preuve de l'utilité de sa réflexion pour les disciplines juridiques actuelles.

Enfin, quant au statut même de la discipline et à sa fonction pratique, von Wright admet que des notions telles la cohérence ou l'implication ne sont pas, dans le domaine normatif, des notions purement logiques. Elles sont associées à l'idée de rationalité de la volonté[70], dont les normes sont des produits. Ainsi, si une norme obligeant à une certaine conduite est émise, l'implication logique de la norme permettant cette conduite se réduit à l'idée qu'il serait irrationnel, en posant la première, de ne pas vouloir également poser la seconde. Cette implication n'est donc pas

---

[70] *Ibid.*, Chapter VIII §7, §10 ; « Norms, Truth, and Logic », *op. cit.*, pp. 3-20.

réellement logique, mais ne s'impose que si le jurislateur entend être rationnel. La discussion conduite dans *Norm and Action* traduit également cette perspective[71].

Il est possible de donner une telle interprétation de la logique de la volonté de Bentham. Son rôle, dans son esprit, semble moins de décrire les relations entre normes ou entre propositions sur les normes que de prescrire une certaine manière de les organiser entre elles afin d'obtenir un corps de droit cohérent et orienté vers la satisfaction du plus grand bonheur du plus grand nombre. Les quatre modalités de sa logique permettent de rendre compte de ce qui est ou non droit relativement à un acte dans un ordre juridique correctement agencé. C'est ce qu'estime notamment David Lyons, pour qui « sa tentative de comprendre la nature du droit était principalement motivée par son intérêt plus important pour la réforme sociale[72] ». La *logic of will* est avant tout une technologie pour guider un jurislateur cohérent. En outre, elle est pour les individus un indicateur fiable des comportements licites, de sorte qu'« à toute jonction comportementale il devrait être possible d'agir légalement[73] ».

Tout comme il existe une logique traditionnelle du bien penser, constituant un standard de correction des jugements[74], Bentham rejoint dans sa vision de la logique des

---

[71] Cf. p. ex. Chapter VII.

[72] D. Lyons, *In the Interest of the Governed. A Study in Bentham's Philosophy of Utility and Law*, *op. cit.*, p. 109 ; « Logic and Coercion in Bentham's Theory of law », dans *Cornell Law Review*, Vol. 57 (3), 1972, pp. 335-362.

[73] D. Lyons, *In the Interest of the Governed. A Study in Bentham's Philosophy of Utility and Law*, *op. cit.*, p. 120.

[74] G.H. von Wright, *Norm and Action. A Logical Enquiry*, *op. cit.*, pp. 3-6.

normes von Wright, qui a pu concevoir la logique des normes comme une science des contraintes du bien légiférer[75].

---

[75] G.H. von Wright, « Y a-t-il une logique des normes ? », dans *Cahiers de philosophie politique et juridique*, Caen, Presses universitaires de Caen, n. 27, 1995, pp. 31-53.

CONCLUSION DU CHAPITRE I

La réflexion entamée dans l'*Introduction to the Principles of Morals and Legislation* traite de la matière de la jurislation, c'est-à-dire des cas appelant une intervention du souverain. Sa poursuite dans *Of Laws in General* porte essentiellement sur la forme du droit dans son ensemble et d'*une* règle de droit en particulier. L'ensemble, complété par un chapitre sur la jurislation indirecte, un chapitre sur l'influence des temps et des lieux en matière de jurislation, et par une vue générale d'un corps complet de droit, devait comporter quarante chapitres. L'un des traits remarquables de la théorie du droit de Bentham est qu'elle constitue le point de départ de l'*analytical jurisprudence*. Pour H.L.A. Hart, « la forme de son analyse de ces concepts [juridiques] fondamentaux est largement dictée par deux traits de sa pensée qui ont conduit à le regarder, dans des travaux juridiques contemporains, comme un auteur éminent voire même le père fondateur du positivisme juridique. Le premier de ces traits est sa théorie impérative du droit [...]. Le second de ces deux traits principaux de la pensée de Bentham est son opinion que le droit n'a aucune connexion nécessaire ou conceptuelle avec la morale[1] ». C'est ainsi que Bentham, non sans humour, peut affirmer : « quel que soit ce qui est donné pour droit par la ou les personnes reconnues comme possédant le pouvoir de créer le droit, est du droit. Les Métamorphoses d'Ovide, ainsi présentées, seraient du droit[2] ».

Son impérativisme est marqué, le droit étant l'expression de la volonté du souverain. Toutefois, Bentham se garde des apories souvent mises en évidence, parfois de manière caricaturale, de l'œuvre de John Austin. C'est sur cet aspect de la théorie de Bentham que veut insister D. Lyons[3] lorsqu'il refuse de lui appliquer le terme d'« imperative » et lui préfère le terme d'« imperational »[4]. En effet, Bentham admet les règles de droit permissives et les règles qui habilitent à créer d'autres règles plus qu'elles n'imposent un comportement. Si, chez son héritier, le droit est un ensemble de commandements, il n'en est que l'*équivalent* pour Bentham. « Lorsque Bentham dit que toute règle de droit lie, contraint (*coerce*), et limite la liberté, il n'entend pas qu'il ne puisse exister des règles permissives, mais que le droit dans son ensemble peut être regardé comme s'il n'y en avait aucune. Les règles permissives peuvent être utilisées pour restaurer les libertés, mais elles ne

---

[1] H.L.A. Hart, *Essays on Bentham. Studies in Jurisprudence and Philosophy*, *op. cit.*, Introduction, pp. 17-18.

[2] *An Introduction to the Principles of Morals and Legislation*, *op. cit.*, p. 301.

[3] D. Lyons, *In the Interest of the Governed. A Study in Bentham's Philosophy of Utility and Law*, *op. cit.*

[4] De manière symptomatique, J.W. Harris, *Legal Philosophies*, *op. cit.*, Chapter 3, abordant la « Command Theory of Law », décrit Bentham comme son fondateur, tout en faisant reposer l'ensemble de son exposition sur la pensée de John Austin.

sont pas nécessaires pour décrire le contenu impérationnel d'un système[5] ». Selon Bentham en effet, c'est essentiellement en fixant son attention sur les règles obligatives que l'on peut prendre la mesure du droit en vigueur à un moment et dans un Etat donnés[6] ».

Son anticipation, si on lui refuse le titre de créateur, de la logique des normes du XXe siècle est remarquable et dépasse de loin, pour H.L.A. Hart, tant les tentatives de syllogisme pratique d'Aristote que les réflexions d'Anselme et Leibniz.

Prendre la mesure de l'œuvre immense qu'est *Of Laws in General* suppose, au-delà des quelques éléments mentionnés, une lecture attentive de ce livre. La richesse, la subtilité et la nouveauté de ces développements permettent d'y voir le premier ouvrage de théorie générale du droit. Le concept même de droit y est analysé et passé au crible de la sévère théorie des fictions. Par la dénotation de son propre « concept of law », Bentham, à la différence de John Austin, s'autorise à penser comme juridiques les décisions générales et individuelles, les décisions juridictionnelles et administratives, les règles comportant non une sanction de type pénal mais une récompense, les règles permissives. Il fournit, grâce à l'individuation d'une règle, un modèle auquel comparer tous les phénomènes juridiques. Sa théorie de la souveraineté est en outre plus souple, et douée d'une valeur explicative supérieure à celle de son disciple. Plus

---

[5] D. Lyons, *In the Interest of the Governed. A Study in Bentham's Philosophy of Utility and Law*, *op. cit.*, p. 133.

[6] *Of Laws in General*, *op. cit.*, p. 169. Pour une défense d'une telle vision de la science du droit, cf. J.W. Harris, *Law and Legal Science. An Inquiry into the Concepts* Legal Rule *and* Legal System, Oxford, Clarendon Press, 1979, Chapter III, Section 12.

fondamentalement encore, il s'autorise à penser la constitution comme droit.

CHAPITRE II – DE LA CONSTITUTION

Le droit constitutionnel ne semble pas avoir été de la part de Bentham l'objet d'un intérêt aussi intense et constant que les autres branches du droit, et notamment le droit pénal[1]. Il convient de remarquer cependant que sa première publication, le *Fragment on Government*, traite essentiellement de problèmes relatifs à l'organisation de l'Etat. En outre, périodiquement, ses écrits portent sur des sujets qui, s'ils sont variés, tels les Déclarations de droits[2], le droit électoral et les assemblées délibérantes[3], se rattachent

---

[1] E. Halévy, *op. cit.*, t. 1, p. 186. J. Steintrager, *op. cit.*, Chapter II « Obstacles to Reform ».

[2] *Anarchial Fallacies*, *op. cit.*

[3] *Catéchisme de la réforme parlementaire*, 1810 ; *Plan of Parliamentary Reform, in the Form of a Catechism, with Reasons for Each Article : with an Introduction, Showing the Necessity of Radical, and the Inadequacy of Moderate Reform*, 1817, dans *The Works of Jeremy Bentham*, *op. cit.*, Vol. III, pp. 433-557 ; *Anti-Senatica. An Attack on the U. S. Senate, Sent by Jeremy Bentham to Andrew Jackson, President of the United States*, pref. C.W. Everett, dans *Smith College Studies in History*, Northampton, July 1926, Vol. XI, No. 4, pp. 209-267 ; *A ses Concitoyens de France sur les Chambres de Pairs et*

au droit constitutionnel. Surtout, les travaux des dix dernières années de sa vie, qui se dressent comme des monuments de précision et de labeur intellectuel, portent sur le *Code constitutionnel* et des thèmes annexes. Dès lors, la constitution ne saurait être regardée comme un thème mineur de la pensée de Bentham. Mais alors qu'il a consacré de larges et brillants développements à la théorie du droit civil et du droit pénal, l'étude du droit constitutionnel procède surtout de visées pratiques de politique constitutionnelle. C'est pourquoi ces écrits sont largement circonstanciels. Aussi, dans le cadre de l'*expository jurisprudence* constitutionnelle qui, à la différence des propositions de politique constitutionnelle, n'a pas fait l'objet d'études approfondies, est-il nécessaire de porter attention à plusieurs réflexions parcellaires et de les confronter afin d'opérer une certaine reconstruction de la pensée de Bentham. Ainsi, il est possible de présenter, en relation avec sa conception générale de la règle de droit, une certaine théorie benthamienne du droit constitutionnel (Section I). Celle-ci autorise une approche originale de la problématique classique des relations entre droit et souveraineté (Section II).

SECTION I – LE CONCEPT DE DROIT CONSTITUTIONNEL

Ses recherches en théorie générale du droit, afin de déceler une éventuelle différence entre droit civil et droit pénal ont amené Bentham au constat d'une intime intrication entre ces deux branches du droit, au point qu'à travers ses

---

les Sénats, *op. cit.* ; *Radical Reform Bill, with Extracts From the Reasons*, London, E. Wilson, 1819.

différents écrits, il est malaisé de déterminer avec assurance s'ils constituent les deux faces d'un même objet ou bien deux entités distinctes présentes dans chaque règle de droit. Ces réflexions l'ont également conduit à distinguer, au sein de l'ensemble des phénomènes juridiques, le droit constitutionnel. Tantôt celui-ci est conçu comme une sous-catégorie du droit civil, tantôt il apparaît comme une troisième branche du droit. Aussi, sa juridicité apparaît-elle d'emblée problématique (§1). L'une des originalités majeures de Bentham est cependant de traiter la constitution comme droit, ce qui lui permet de penser l'ensemble du droit comme un système (§2).

§ 1. La juridicité du droit constitutionnel

La juridicité de la constitution est une question classique de la philosophie du droit. Dans le cadre d'une doctrine impérativiste, on s'interroge notamment sur la capacité du souverain à émettre une règle dont il serait lui-même le destinataire. Au sein de l'ensemble des phénomènes juridiques, le droit constitutionnel ne semble pas occuper une place bien définie (A). La constitution n'en représente pas moins de manière certaine une référence du concept de droit de Bentham (B). Cependant une définition précise de la constitution ne peut être que reconstruite à partir de ses travaux (C).

A. Le statut du droit constitutionnel au sein de l'ensemble des phénomènes juridiques

Le fait social, qui est pour Bentham au fondement même de l'existence du droit constitutionnel, est la division de la société en deux classes distinctes. Etant donné l'étendue de la population, il est en effet impossible de réunir tous les citoyens et de les faire participer à l'organisation de la cité tout en assurant sa subsistance[4]. Il convient de remarquer à ce propos que Bentham développe, dans une certaine mesure, à travers l'étude des régimes politiques de son temps, une théorie des élites[5]. Certaines personnes sont chargées de diriger les autres, de leur commander et interdire certains agissements et d'assurer le respect de telles exigences. « Dans et par tout exercice de ce type est impliquée une séparation de tous les membres de la communauté en deux classes, nommément les gouverneurs et les gouvernés[6] ». La branche constitutionnelle du droit a précisément pour fonction d'organiser cette division des tâches. Si la finalité du droit constitutionnel semble stable tout au long de l'œuvre de Bentham, son statut au sein de l'ensemble du droit s'avère en revanche variable.

« La branche constitutionnelle du droit est celle par laquelle désignation est faite de cette personne ou de ces personnes au pouvoir de laquelle ou desquelles il est entendu (*intended*), en toute occasion, que la conduite de tous les autres membres de la communauté en question soit soumise. [...] Le droit constitutionnel a pour objet la sécurité contre le mauvais gouvernement (*security against misrule*), la sécurité contre ces adversaires de la communauté, dans la condition

---

[4] J. Bentham, « Constitutional Code Rationale », dans *First Principles preparatory to Constitutional Code*, P. Schofield (ed.), Oxford, Clarendon Press, 1989, pp. 238-239 ; *Constitutional Code*, dans *The Works of Jeremy Bentham*, *op. cit.*, Vol. IX, Chapter XVI, Section II « Legislative Authority – Why not in the Supreme Constitutive ? »

[5] F. Rosen, *Jeremy Bentham and Representative Democracy. A Study of the Constitutional Code*, Oxford, Clarendon Press, 1983, Chapitre I, Section II sur la science politique empirique de Bentham.

[6] *Constitutional Code*, dans *The Works of Jeremy Bentham*, *op. cit.*, Vol. IX, p. 95.

desquels, alors que leur situation leur confère la puissance [afférente à la qualité] de dirigeants, l'usage qu'ils en font ajoute un mal supplémentaire, et en fait de mauvais dirigeants (*evil rulers*)[7] ». Le droit constitutionnel assure la distribution de pouvoirs spécifiques et des devoirs correspondants. Dans l'édition du *Constitutional Code* des *Works of Jeremy Bentham*, préparée par Richard Doane et regroupant, comme à l'accoutumée, des manuscrits plutôt épars qu'il est difficile de dater, Bentham estime que ces arrangements du droit constitutionnel relèvent pour leur part du droit civil. D'autres, au contraire, revêtent un aspect pénal. Ils concernent l'établissement de crimes spécifiques et de punitions adéquates. On peut donc remarquer ici le statut hybride du droit constitutionnel, ensemble disparate de règles dont le seul point commun et la seule spécificité tiennent à leurs sujets et objets. Relativement insatisfaisant sur le plan de la définition, un élément essentiel est pourtant acquis : le droit constitutionnel est traité comme du droit, en raison même de ce qu'il n'est qu'une certaine fraction des branches traditionnelles.

Une telle proposition est en contradiction avec ce que Bentham affirmait dans son *Introduction*, publiée en 1789 : « A côté de la civile et de la pénale, tout code complet de droit doit contenir une troisième branche, la *constitutionnelle*.

« La branche constitutionnelle est surtout employée pour conférer, à des classes particulières de personnes, des pouvoirs, à exercer pour le bien de toute la société ou de parties considérables de celle-ci, et prescrivant des obligations aux personnes investies de ces pouvoirs[8] ».

---

[7] *Ibid.*, p. 9.

[8] *An Introduction to the Principles of Morals and Legislation*, *op. cit.*, p. 307.

Dans *Of Laws in General*, la branche constitutionnelle est vue comme de nature civile[9]. De fait, les classifications que tente d'élaborer Bentham au sein des phénomènes juridiques sont loin de faire une place univoque au droit constitutionnel. La distinction entre une branche substantive et une branche adjective du droit, telle qu'elle se présente dans le *Constitutional Code*[10], inclut le droit constitutionnel dans le droit civil. En effet, la branche substantive comporte une subdivision entre le champ où sont conférés des droits (*right conferring*), qui constitue le droit civil, et le domaine où sont réprimés les méfaits (*wrong repressing*), qui constitue le droit pénal. La branche adjective, pour sa part, relève d'un code de procédure. Le droit constitutionnel, qui repose sur la répartition de droits et obligations, s'inscrit donc pour Bentham dans le droit civil.

C'est une autre bifurcation que présentent les *First Principles Preparatory to Constitutional Code*, rédigés en 1822. « Le corps entier de droit peut être considéré comme divisé en deux branches principales : la branche immédiatement opérative et la branche opérative éloignée (*immediately operative and the remotely operative*). L'immédiatement opérative est composée des branches communément appelées Pénale et Civile prises ensemble, l'opérative éloignée est la branche communément appelée constitutionnelle.

« La branche constitutionnelle est celle qui établit les dénominations, pouvoirs et devoirs des différents servants de

---

[9] *Of Laws in General, op. cit.*, Chapter XI « Force of a Law », §11, Chapter XVI « Separation of the Civil Branch from the Penal », §20.

[10] J. Bentham, *Constitutional Code for the Use of all Nations and all Governments Professing Liberal Opinions*, Vol. I, F. Rosen, J.H. Burns (ed.), Oxford, Clarendon Press, 1991, preface.

la communauté, et détermine les opérations ou événements ou états de choses par lesquels, respectivement, ils commencent et cessent de l'être[11] ». Dans ce texte, loin de n'être qu'un composé de second ordre de droit civil et de droit pénal ou une simple fraction de droit civil, le droit constitutionnel comme tel est opposé aux deux branches traditionnelles.

Pour G.J. Postema[12], la partie civile du droit définit la structure des relations au sein de la société, tandis que la partie pénale motive à obéir. Dans *Bentham and the Common Law Tradition*[13], cet auteur décrit droit civil et droit pénal comme correspondant à un même ensemble de règles mais destinés chacun à deux fonctions sociales distinctes. La première branche du droit distribue, définit et constitue les cadres juridiques, la seconde remplit une tâche régulative. Sans la seconde, la première est impotente, sans la première, la seconde est incompréhensible. En définissant la structure des pouvoirs des gouvernants et la relation qu'ils ont aux gouvernés, le droit constitutionnel se rapproche de la branche civile. Il n'en demeure pas moins que l'indépendance conceptuelle du droit constitutionnel est relativement ambiguë à travers l'œuvre de Bentham.

Qu'il se présente comme un simple agrégat de règles civiles et pénales, comme un sous-ensemble du droit civil, ou encore comme une branche du droit à part entière, la

---

[11] « Economy As Applied to Office », dans *First Prnciples Preparatory to Constitutional Code, op. cit.*, p. 3.

[12] G.J. Postema, « Bentham on the Public Character of a Law », dans *Utilitas*, May 1989, pp. 41-61.

[13] G.J. Postema, *Bentham and the Common Law Tradition, op. cit.*, Chapter 5 « Utilitarian Justice and the Tasks of Law ».

juridicité du droit constitutionnel ne semble pas, pour sa part, mise en question par Bentham.

B. Le droit constitutionnel, une référence du concept de droit de Bentham

Dans la théorie de John Austin, où le droit est un ensemble de commandements du souverain reposant sur une sanction, la constitution ne se voit dénier le nom de « droit » au profit de celui de « moralité positive ». En effet, d'une part, si elle régit le souverain elle ne peut émaner de sa volonté. D'autre part, la sanction « politique » étant aux mains du souverain et celle-ci étant indispensable au concept même de règle juridique, le souverain ne saurait s'infliger lui-même une sanction juridique. Dès lors, la constitution ne peut être regardée comme du droit[14].

C'est en raison de leur concept de droit que des auteurs tel Austin nient la juridicité de la constitution. Au contraire, le concept de droit développé par Bentham est nettement plus riche et mieux à même de fournir un outil en vue de la description du droit positif. Si la sanction semble pour lui un élément constitutif de la règle de droit, son concept même de sanction ne se contente pas de viser la seule sanction prescrite par le droit. Il a déjà été fait mention des quatre types de sanction qu'il distingue[15]. Aussi peut-on concevoir une règle de droit qui reposerait, non seulement pour sa définition, mais également pour son efficacité, sur la sanction populaire. Celle-ci émane de manière diffuse et informelle des membres de la population. Aussi, si elle n'est pas la plus palpable des sanctions, elle n'est pas la moins efficace. Il ne s'agit pas là d'extrapolation à partir des écrits de Bentham. Celui-ci admet lui-même le choix dont dispose

---

[14] J. Austin, *op. cit.*, Lecture VI, spéc. pp. 215-216.

[15] Cf. *supra*, pp. 90 et suiv.

le souverain afin de donner effet à sa volonté. Il peut aussi bien recourir à la sanction dont lui seul dispose qu'aux sanctions auxiliaires, religieuse et populaire[16]. L'ensemble de ses propositions en matière de politique constitutionnelle repose sur cette dernière, dispensée par le « Tribunal de l'opinion publique »[17]. Seule la désapprobation de la population est en mesure de faire fléchir une entité qui, par hypothèse, ne peut pas être soumise à la sanction juridique[18].

L'étude des pouvoirs et droits conférés par le droit constitutionnel fournit une nouvelle preuve de la juridicité pleine et entière de la constitution pour Bentham. Deux espèces de pouvoirs sont distinguées. Le « power of imperation » s'exerce sur les facultés actives de l'individu, telles l'intelligence et la volonté. Une « impération » privée est exercée par exemple par un père sur son fils. Une « imperation » publique relie le souverain aux sujets, ou le général aux soldats. Susceptible d'être divisé et réparti entre une multitude d'individus beaucoup plus facilement que le premier, le pouvoir de *contrectation* revêt un aspect plus physique et porte pour sa part sur les facultés passives. Dans un cadre privé, il s'agit par exemple de cultiver sa propriété ou de manger. Le pouvoir de *contrectation* publique trouve une illustration parfaite dans la puissance de l'armée. Les premiers reposent en dernière analyse sur les second, dans la

---

[16] *Of Laws in General*, *op. cit.*, p. 133 : « The legislator then may, in the view of giving efficacy to his laws take either of two courses : he may trust altogether to the auxiliary force of the two foreign sanctions, or he may have recourse to motives drawn from that fund which is of his own creation ».

[17] Cf. *infra*, pp. 257 et suiv.

[18] *Of Laws in General*, *op. cit.*, p. 68 : « by the supposition within the dominion of the sovereign there is no one who while the sovereignty subsits can judge so as to coerce the sovereign ».

mesure où la punition est l'exercice d'une puissance physique.

Le souverain peut, au moyen des règles qu'il émet, conférer des pouvoirs dits « d'agrégation ». Ils consistent en une faculté d'agréger certaines personnes ou objets à des classes auxquelles sont associées des conditions juridiques. Il s'agit alors de « pouvoirs investitifs ». Ainsi, par exemple, le pouvoir investitif en matière matrimoniale appartient à toutes les personnes dont le consentement est nécessaire au mariage. En droit constitutionnel, le Roi a le pouvoir d'investir de la condition juridique d'ennemi par une déclaration de guerre. Lorsque le pouvoir conféré peut être exercé à des fins privées, c'est un « private proprietary power ». Lorsqu'il s'exerce en vue du bénéfice public, c'est un pouvoir constitutionnel. Il est possible dans ce dernier domaine de distinguer le pouvoir de faire des règles générales (*de classibus*) et le pouvoir d'émettre des règles relatives à des individus identifiables (*de singulis*).

Le pouvoir d'émettre du droit *de classibus* peut être limité, ce qui laisse place à d'autres pouvoirs, qui n'appartiennent pas au souverain mais sont concédés par lui. Dès lors, « le pouvoir législatif tel qu'on l'appelle ordinairement, j'entends le pouvoir de légiférer *de classibus*, même s'il est suprême, ne peut jamais de lui-même être absolu et illimité. Il ne peut jamais atteindre le corps entier de l'impération : il lui manquera pour l'égaler tout ce qui est contenu dans les pouvoirs d'agrégation ou de déségrégation établis dans l'Etat[19] ».

Les pouvoirs et droits intégrés dans le droit constitutionnel ne sont pas différents des autres pouvoirs et droits par leur nature, mais par leur ampleur et les fins de leur mise en œuvre, de sorte que la masse de pouvoir de

[19] *Ibid.*, p. 91.

commandement se trouve diffusée dans l'ensemble du corps social.

Aussi, la théorie générale du droit de Bentham permet-elle d'inclure le droit constitutionnel au sein des références du concept de droit. Loin de n'être du droit que de manière impropre, la constitution répond parfaitement au modèle de règle ne comportant qu'une partie directive, sans partie incitative. Son efficacité repose entièrement sur les sanctions auxiliaires. Pour Bentham, la constitution est bien une règle de droit. Il est à présent possible d'en rechercher une définition.

C. Pour une définition du droit constitutionnel chez Bentham

Les définitions de la constitution avancées par Bentham sont variables selon les ouvrages. Aussi ne s'agit-il ici que de proposer, à partir de ses différents écrits, une délimitation conceptuelle apte à rendre compte de sa théorie du droit.

Le droit constitutionnel est la branche du droit qui détermine, dans la communauté politique, les titulaires des pouvoirs et devoirs attachés à l'exercice des fonctions normatrices supérieures et en sanctionne l'exercice sur les autres membres en vue d'assurer le plus grand bonheur du plus grand nombre. Les écrits constitutionnels de Bentham étant fortement normatifs, l'aspect téléologique semble inclus dans la définition même de la constitution. Du fait de son absence dans le concept de droit tel qu'il apparaît dans la théorie générale fournie par *Of Laws in General*, cette caractéristique supplémentaire serait de nature à entraver l'appréhension de la constitution comme droit. Mais en fait, la constitution structure l'ensemble de l'ordre juridique : son aspect finaliste est justement destiné à essaimer tout au long de la production de règles[20].

Deux stratégies se présentent donc pour unifier le concept de droit : soit y inclure la visée du plus grand bonheur du plus grand nombre, soit y renoncer pour toutes les règles. La deuxième voie semble préférable, tout d'abord en considération du positivisme généralement attribué à Bentham. Elle préserve en effet la théorie d'un certain relent de jusnaturalisme qui refuserait de considérer comme droit une règle ne réalisant pas certaines fins. Il serait possible de répliquer que le principe d'utilité est un principe sans contenu axiologique *a priori* précis et que la détermination de celui-ci est fonction de considérations *hic et nunc*. Mais alors, justement, un critère finaliste de ce type n'ajouterait que peu au concept de constitution. Ensuite, d'un point de vue scientifique, la théorie générale du droit actuelle peut tirer de riches enseignements des outils benthamiens adéquats à la description de tout droit positif. Aussi, dans cette perspective, peut-il s'avérer judicieux de se limiter au domaine de l'*expository jurisprudence*, sans référence aux fins du droit.

L'identification de la constitution comme règle juridique, en dépit de l'incertitude de sa spécificité au sein de l'ensemble du droit, constitue un trait majeur de la théorie du droit de Bentham. Elle permet de concevoir l'unité du phénomène juridique, au-delà des différences concrètes qui peuvent exister entre règles particulières. Dès lors, se pose la question de l'organisation interne de cet ensemble unifié : peut-on dire, au regard des écrits de Bentham, que le droit est un système ?

---

[20] Cf. *infra*, pp. 220 et suiv. sur le caractère continuel de la production de droit.

§ 2. La systématicité du droit

Former un système n'est pas qu'un simple problème de terminologie ou d'élégance[21]. Etre en mesure de concevoir le droit comme tel présente certains avantages. Au plan ontologique, le droit n'est pas seulement une collection de règles dans une position d'insularité les unes par rapport aux autres, mais, pour reprendre une notion chère à Bentham, un corps organisé possédant des critères d'identification de ce qui relève ou non de lui.

L'idée de logique des normes de Bentham et les relations qu'il établit entre les règles conçues ou adoptées successivement par le souverain l'amènent à penser comme un ensemble unitaire les différentes règles. Toutes doivent en effet avoir une nature commune afin de pouvoir être ainsi mises en relations d'équivalence, d'implication, de contradiction, de contrariété. Malgré leurs différences, elles sont toutes appréhendées au travers d'un même concept. Leur critère discriminant est le fait de reposer en dernière analyse sur le souverain pour leur mise en œuvre. Elles ont donc toutes la même source : la volonté du souverain, qu'il s'agisse de lois, de décisions juridictionnelles[22], de contrats privés. Toutes sont également appelées à être incluses dans le Corps complet de droit[23]. Dès lors, chacun participe à la création de l'ordre juridique, les particuliers y compris, dans la mesure où le souverain adopte leurs actes et leur confère ainsi une existence comme droit.

---

[21] M. Troper, « Système juridique et Etat », dans *Archives de philosophie du droit*, t. 31, 1986, pp. 29-44.

[22] *Of Laws in General*, *op. cit.*, Chapter XVIII « Distinction Between Penal and Civil Procedure » : une décision juridictionnelle peut créer un droit.

[23] *Ibid.*, Chapter XIV, §33.

Ainsi que le montre son étude de l'individualité d'une règle, il est impossible pour Bentham de penser l'un des éléments du droit sans le relier aux autres. La partie comminative d'une première règle, qui prédit une peine pour le délinquant, la lie nécessairement à une seconde règle dite « subsidiaire[24] », qui tente de réaliser la prédiction de la précédente. La règle subsidiaire elle-même appelle à sa suite de nouvelles règles subsidiaires. Les différentes règles font système dans la mesure où chacune en implique une autre. Aucun isolationnisme n'est concevable : « dès qu'il y a une loi punitive établie d'un côté, de l'autre, il y en a une nouvelle établie pour la contrôler[25] ». A propos de l'adoption, Bentham écrit de manière éclairante que « Le mandat dépend quant à sa force d'un ensemble de mandats supplémentaires [...]. Que ces mandats subsidiaires (*subsidiary mandates*) soient annexés à un mandat du souverain *ab initio*, ou à un mandat d'un titulaire subordonné de pouvoir lorsqu'ils apparaissent, est un problème indifférent[26] ». Dès lors, les règles ne sauraient être pensées que comme interdépendantes.

On peut estimer que « Bentham procède à la construction de sa théorie de l'individuation d'une règle de droit en détournant son attention de la structure d'une règle prise isolément et pour se consacrer à la structure d'une règle telle qu'elle apparaît au sein d'un système juridique[27] ». Aussi faut-il nuancer le propos de J. Raz selon lequel Bentham, Austin, Kelsen « concevaient fondamentalement le

---

[24] *Ibid.*, Chapter XI, §17.

[25] *Ibid.*, p. 148.

[26] *Ibid.*, p. 28.

[27] M.H. James, « Bentham on the Individuation of Laws », dans *Northern Ireland Legal Quarterly*, Vol. 24 (3), Autumn 1973, repr. dans B. Parekh, *op. cit.*, Vol. III, p. 101.

système juridique comme un ensemble de règles indépendantes, sans relations nécessaires entre elles[28] ». Au contraire, au moins pour Bentham et Kelsen, les règles de droit ne sauraient être pensées hors de l'ensemble du système juridique. La recherche par le premier de ce qui fait l'unité et l'intégralité d'*une* règle de droit l'a conduit à prendre conscience non seulement de l'unité du phénomène juridique, mais encore des relations internes qu'il suppose. Quant au second, la norme étant la signification objective d'un acte de volonté et celle-ci étant conférée par une norme supérieure, il est indéniable qu'il ne conçoit pas, lui non plus, le droit comme une simple collection de règles mais comme un ensemble interdépendant.

C'est sur le plan de la politique juridique que Bentham affirme, à propos du droit constitutionnel, que « de cette branche du droit dépend, dans toutes ses branches, l'aptitude relative et appropriée de ces fonctionnaires, de la volonté desquels dépend, à tout moment, la texture de chaque autre branche du droit. Si dans la structure de cette branche du droit le plus grand bonheur du plus grand nombre est pris comme but, et cet objet poursuivi avec le succès correspondant, ainsi en sera-t-il dans la structure de ces autres branches : sinon, il n'en sera rien[29] ». Une telle assertion indique clairement que les règles émises à un certain niveau influent dans leur ensemble sur les règles subséquentes. Dès lors, le droit n'est pas pensé comme un agrégat d'unités élémentaires indépendantes, mais comme une totalité douée de cohésion.

---

[28] J. Raz, *The Concept of A Legal System. An Introduction to the Theory of Legal System*, *op. cit.*, p.183.

[29] *Leading Principles of a Constitutional Code, for Any State*, extract from « The Pamphletter », No. 44, London, Printed by A.J. Valpy, 1823, p. 7.

G.J. Postema énumère trois fonctions du concept de souveraineté au sein des disciplines politiques et juridiques[30]. Dans la théorie politique, il permet d'identifier une communauté indépendante. Au sein de la théorie constitutionnelle, il situe le pouvoir suprême dans le législateur. Dans la *jurisprudence* enfin, il assure d'une part l'efficacité du droit et fournit d'autre part à l'ensemble des normes juridiques à la fois un principe d'unification systématique et un critère de validité. Ce critère de validité, qui n'est autre qu'un critère d'appartenance au système[31], a une double utilité. Il remplit tout d'abord une « fonction ontologique » de définition des propriétés nécessaires pour être une entité juridique dans un système. Il détermine en outre des tests d'identification des règles authentiques : c'est la fonction « épistémique ». Deux questions se posent alors : celle du contenu du critère, c'est-à-dire des conditions de validité, et celle du mode d'existence et du fondement du critère. La théorie de Bentham est, pour Postema en mesure de répondre aux deux interrogations. Sur le premier point, la doctrine de la souveraineté fait du rattachement ultime à la volonté du souverain le critère de la juridicité. Sur le second point, l'existence du critère est un problème empirique de constat de certains faits sociaux, notamment des faits d'obéissance : c'est par ceux-ci et par eux seuls qu'est constitué le souverain.

---

[30] G.J. Postema, *Bentham and the Common Law Tradition, op. cit.*, Chapter 7 Section 2, pp. 230-232.

[31] Riccardo Guastini, « Sur la validité de la constitution du point de vue positiviste », dans Michel Troper, Lucien Jaume (dir.), *1789 et l'invention de la constitution*, Paris, L.G.D.J. – Bruylant, coll. « La pensée juridique moderne », 1994, p. 220 remarque l'identification du positivisme, au moins dans sa version normativiste, entre validité et « membership ».

La théorie du droit de Bentham s'avère donc apte à prendre en compte, au moyen d'un concept unique, l'hétérogénéité des manifestations du droit. Le souverain, ainsi que le conçoit Bentham, fournit un critère d'identification de la règle juridique au sein d'un ensemble qui forme un système. Relativement à l'un des problèmes lancinants de la philosophie du droit, celui de la limitation du souverain par le droit, Bentham est en mesure d'apporter une réponse originale.

SECTION II – LA LIMITATION DU SOUVERAIN PAR LE DROIT

Les discussions et les apports les plus intéressants de Bentham sur la question de la limitation du pouvoir souverain sont ceux des écrits précédant la réflexion constitutionnelle prescriptive[32]. En effet, les développements du *Constitutional Code* indiquent les préférences politiques de Bentham. De plus, relativement à cette problématique dans sa pensée, semble s'être substitué au thème de la limitation du souverain, celui de son contrôle par le peuple[33]. Ces propositions ne peuvent donc pas être mises sur le même

---

[32] J.H. Burns, « Bentham on Sovereignty : An Exploration », dans *Northern Ireland Legal Quarterly*, Vol. 24(3), Autumn 1973, repr. dans B. Parekh, *op. cit.*, Vol. III, pp. 770-771 : « The sweeping radicalism of the Constitutional Code, and the elaborate mechanisms it provides for the implementation of its principles, may thus seem to have eliminated the problems to which the complex subtleties of Bentham's earlier analysis were directed ».

[33] A. Loche, « Limite e controllo della sovranità in Jeremy Bentham », dans *Materiali per una storia della cultura giuridica*, a. XXX, n. 2, dicembre 2000, pp. 323-348.

plan que les réflexions théoriques des premiers écrits. Celles-ci continuent de s'inscrire en rupture par rapport à la doctrine dominante. L'identification du souverain (§1) permet à Bentham de concevoir des bornes au pouvoir de celui-ci (§2).

§ 1. L'identification du souverain

Il est possible de remarquer tout d'abord une certaine réticence de Bentham à employer le terme « souverain ». Ainsi, dans le *Fragment on Government*, n'est-il question que de « gouverneur suprême ». Ce n'est qu'ensuite qu'il concevra le souverain comme un dispensateur et un organisateur de pouvoirs de gouvernement. Il est le « constitutif suprême » de l'Etat. Dans le *Constitutional Code*, Bentham proclame immédiatement que « la souveraineté est dans le peuple[34] », c'est-à-dire l'ensemble des électeurs, autrement dénommés « autorité constitutive ». « L'autorité constitutive est celle par qui, à tout moment, les titulaires des autres autorités dans cet Etat sont ce qu'ils sont : par elle, immédiatement ou par intervention, ils ont été logés (*located*) dans leur situation, et à partir de là sont éventuellement délogeables (*dislocable*)[35] ». Il convient de remarquer que la localisation de la souveraineté dans le peuple n'est pas un élément de la définition de celle-ci. Il s'agit ici pour Bentham d'une prescription de politique constitutionnelle visant à réaliser le plus grand bonheur du plus grand nombre.

---

[34] *Constitutional Code*, Vol. I, F. Rosen, J.H. Burns (ed.), *op. cit.*, p. 25.

[35] *Ibid.*, p. 29.

Avec une remarquable continuité tout au long de sa vie, Bentham conçoit la société politique et la souveraineté comme les conséquences d'une habitude et d'une disposition à obéir de la part de la population[36]. « Pour Bentham les pouvoirs jurislatifs du Souverain n'ont été conférés ni par une règle de droit, ni par contrat, ni par aucune transaction ou relation normative créatrice de droits et de devoirs, et il dénonçait comme une autre confusion le fait de parler du *droit* du Souverain d'émettre des règles juridiques. Au contraire ces pouvoirs résultaient d'une situation sociale pour la description de laquelle aucun terme normatif n'était requis. Cette situation sociale était la 'disposition du peuple, peu importe sur quel fondement, à se soumettre et à obéir'[37] ». Karl Olivecrona[38], qui entend s'inscrire dans une certaine mesure dans la lignée des travaux de Bentham, remarque qu'aucune légitimation n'est ainsi fournie au souverain. Il s'agit du simple constat de la force, au sens de capacité à susciter des motifs d'obéissance. Sensible à l'empirisme de Bentham, il lui reproche cependant son incapacité à expliquer que la population puisse obéir à des gens qu'elle ne connaît pas. Il est possible de lui répondre que c'est moins aux individus que la population obéit qu'aux

---

[36] Cf. *supra*, pp. 52 et suiv. En insistant également sur la disposition à obéir et en ne se limitant pas à l'habitude à obéir, Bentham semble échapper aux critiques de H.L.A. Hart, *Le concept de droit*, trad. Michel Van de Kerchove, Bruxelles, Publications des Facultés universitaires Saint-Louis, 6, 1976, pp. 71-95.

[37] H.L.A. Hart, « Sovereignty and Legally Limited Government », dans *Essays on Bentham. Studies in Jurisprudence and Political Theory*, *op. cit.*, p. 221.

[38] K. Olivecrona, « The Will of the Sovereign : Some Reflections on Bentham's Concept of 'A Law' », dans *American Journal of Jurisprudence*, Vol. 20, 1975, pp. 95-110.

normes de conduite qu'ils émettent et, celles-ci se détachant de leurs auteurs, aux peines et plaisirs qu'elles sont destinées à faire naître. Le constat de l'obéissance à une personne déterminée n'est que second par rapport à celui de l'obéissance à ses ordres. Aussi peut-on faire l'économie du premier. La doctrine de Bentham atteint cependant ses limites avec l'idée que le souverain, s'il est un corps composé de plusieurs individus, puisse avoir une volonté. C'est pourquoi J.W. Harris interprète cette volonté du souverain non comme un élément psychologique, mais comme une simple métaphore utile pour comprendre le droit[39].

G.J. Postema[40] remarque qu'étant donné la théorie de Bentham, la volonté populaire, à travers l'habitude et la disposition à obéir, est la cause du pouvoir souverain. Il s'agit donc ici d'un pouvoir investitif. Mais cela supposerait une règle juridique qui, par hypothèse, n'existe pas. Bentham n'explique pas, selon lui, pourquoi l'obéissance constitue le pouvoir. Hart résout le problème en remplaçant l'habitude d'obéissance personnelle par une acceptation générale de la part de la population et des agents publics de certaines règles fondamentales[41]. Selon la lecture que Postema fait de Bentham, ce dernier ne se fonderait pas seulement sur une

---

39 J.W. Harris, *Law and Legal Science. An Inquiry into the Concepts* Legal Rule *and* Legal System, *op. cit.*, Chapter II, Section 4, B, spéc. p. 34 : « As a conception of political theory, 'sovereign will' is of little value ; but as a conception of legal theory intended simply to explain the logical basis of descriptive legal science, it has much in his favour ».

40 G.J. Postema, *Bentham and the Common Law Tradition*, *op. cit.*, Chapter 7 Section 2., pp. 230-232.

41 H.L.A. Hart, *Le concept de droit*, *op. cit.*, Chapitre VI « Les fondements d'un système juridique ».

obéissance de type mécanique, à laquelle chacun serait accoutumé depuis l'expérience d'infériorité naturelle de l'enfance. Suivant un modèle interactioniste, le pouvoir souverain dépendrait de sa capacité à susciter, chez des individus qui s'observent les uns les autres et nourrissent des attentes sur les comportement de leurs concitoyens[42], un stimulus qui ferait obéir. Réponse à l'expression d'une volonté, l'obéissance serait la reconnaissance de celle-ci comme étant du droit.

L'identification du souverain par Bentham se démarque nettement de celle que fera Austin. Ainsi que le met en évidence J. Raz[43], chez le maître comme chez le disciple, la souveraineté ne dérive pas de la moralité mais d'un fait social empirique. Une condition positive est nécessaire à la définition du souverain : l'obéissance de la population. Mais Austin ajoute une condition négative : que le souverain n'obéisse lui-même à personne. Dès lors, le souverain conçu par Austin a quatre caractéristiques fondamentales. Tout d'abord, il n'est pas subordonné : aucune règle de droit ne lui confère son pouvoir ni ne le révoque. Ensuite, il est illimitable : il peut tout légiférer, sans qu'aucun devoir juridique ne lui soit imposé. Par ailleurs, il est unique : il n'y a qu'un seul jurislateur au pouvoir illimité dans le système. Enfin, il est unifié (*united*) : le pouvoir jurislatif appartient à une personne ou un groupe. De ces quatre éléments, seuls le premier et le troisième rendent compte de la théorie de Bentham.

---

[42] G.J. Postema, *Bentham and the Common Law Tradition*, *op. cit.*, p. 255 : « The disposition [to obey] rests on an intersecting network of mutual expectations among subjects and between the sovereign and the subjects collectively ».

[43] J. Raz, *The Concept of A Legal System. An Introduction to the Theory of Legal System*, *op. cit.*, pp. 6-7.

En raison même de l'originalité de sa définition de ce qui constitue une entité souveraine, Bentham est en mesure de concevoir des bornes au pouvoir de celle-ci.

§ 2. Les bornes du souverain

L'identification de l'autorité souveraine par Bentham se situe en nette rupture par rapport à la doctrine traditionnelle. Tout en ayant rejeté tout ce qui pouvait rendre compte de la possibilité d'une limitation du pouvoir du souverain dans le jusnaturalisme *whig*, Bentham soutient la thèse selon laquelle le souverain est susceptible d'être encadré juridiquement (A). Il est donc mis en demeure d'en fournir une explication qui, elle, fasse l'économie des fictions (B).

A. Le rejet de la doctrine traditionnelle

J. Raz estime que c'est le constat de certaines réalités juridiques qui a poussé Bentham à se démarquer des théories dominantes de son temps. Tout d'abord, en se fondant sur l'exemple des Provinces Unies, de la Confédération germanique, de la Ligue achéenne et de la République romaine[44], il soutient qu'il n'existe pas nécessairement un souverain dans tout Etat. « Il avait connaissance de certains phénomènes juridiques qu'il ne pouvait réconcilier avec la doctrine selon laquelle dans tout système juridique il existe

---

[44] L'exemple est certainement emprunté à D. Hume qui, dans « Of Some Remarkable Customs », dans *The Philosophical Works*, *op. cit.*, pp. 374-381, remarque l'existence dans la République romaine de deux corps législatifs indépendants, chacun étant pleinement souverain, la « comitia centuria » et la « comitia tributa ».

un souverain indivisible et illimité. En conséquence, il s'est refusé à souscrire à cette théorie[45] ».

L'aspect fondamental de la doctrine benthamienne de la souveraineté est l'admission de la possibilité d'une limitation et d'une division du souverain[46]. Une telle position de la part de Bentham revêt une dimension particulière dans la mesure où il a congédié l'ensemble des limites *a priori* au pouvoir du souverain, tels le contrat social et le droit naturel. C'est sans aménité que Bentham rejette au chapitre IV du *Fragment on Government* l'idée de Blackstone selon laquelle il existerait dans tout Etat un pouvoir absolu. Celui-ci identifie, dans un raisonnement méthodologiquement défectueux[47], pouvoir suprême et pouvoir de faire les lois. Le droit naturel inhérent au souverain serait celui de faire les lois. L'idée qu'il doit y avoir en tout Etat une autorité suprême, absolue, hors de contrôle, sert de flatterie politique et appelle à une obéissance inconditionnelle, puisque par le contrat originel chacun a renoncé pour toujours à s'opposer au souverain. Cela n'empêche pas Blackstone de prôner par ailleurs la désobéissance aux lois positives qui contrediraient la loi naturelle. Pour Bentham, le champ de l'autorité suprême du gouvernement n'est pas *infini* mais *indéfini*, sauf convention expresse qui le limite. Rien ne peut empêcher le pouvoir suprême de faire des lois. Il est en outre impossible de nier son « droit » à le faire. La seule limitation possible

---

[45] J. Raz, *The Concept of A Legal System. An Introduction to the Theory of Legal System*, *op. cit.*, p. 10.

[46] Geoffrey Marshall, *Constitutional Theory*, Oxford, Clarendon Press, 1971, p. 36.

[47] *Fragment sur le gouvernement*, *op. cit.*, p. 150. De l'antécédente « le pouvoir de faire les lois constitue l'autorité suprême », il tire la conséquente « chaque fois qu'il existe une autorité suprême dans un Etat, elle a le droit de faire des lois ».

est celle de la convention, qui soumet un Etat à un autre. Une telle configuration institutionnelle correspond à une fédération où serait organisé un pouvoir jurislatif supérieur à compétence limitée.

Bentham, en réprouvant la doctrine de Blackstone, semble s'aliéner toute possibilité d'expliquer une limitation juridique du pouvoir du souverain. Pourtant, il fait sienne cette thèse et en rend compte de manière originale, en approfondissant sa théorie du droit constitutionnel.

B. La limitation du souverain

On s'accorde de manière assez générale pour estimer que, chez Bentham, deux modalités distinctes permettent de limiter le pouvoir du souverain. Il est possible de rendre compte de la première en termes purement factuels (1). La seconde, au contraire, repose sur une règle de droit constitutionnel (2). Pourtant, la distinction même de ces deux modalités n'est pas sans être problématique au regard du concept de droit de Bentham (3).

1. La limitation par division de l'habitude à obéir

Dans *Of Laws in General*, Bentham procède à une véritable parcellisation de la souveraineté, fondée sur la parcellisation même de ce qui en est la cause efficiente : l'habitude à obéir. L'obéissance des individus est susceptible de se distribuer entre différentes personnes. « Il peut arriver qu'une personne ou un ensemble de personnes soit souverain dans certains cas tandis qu'une ou un autre l'est complètement dans les autres cas. [...] Le peuple peut être disposé à obéir aux commandements d'un homme contre le monde entier relativement à une sorte d'actes, et à ceux d'un autre homme relativement à une autre sorte d'actes[48] ». Déjà dans le *Fragment*, toute possibilité de distinguer une classe d'actes par rapport aux autres pouvait amener une modification de l'étendue du pouvoir souverain[49]. *Of Laws in General* reprend et approfondit cette démonstration. « Le pouvoir du gouvernant est constitué par l'obéissance du gouverné. Mais l'obéissance du gouverné est susceptible de toutes les altérations dont est susceptible le comportement humain, et les règles qui l'indiquent, de toute la diversité que les mots sont capables de décrire clairement. Dès lors qu'un cas peut être distingué d'un autre, la même distinction est envisageable dans la disposition à obéir qui s'établit au sein du peuple. Dans le premier cas ils peuvent être disposés à obéir à un magistrat, et dans le second, à un autre ; ou dans le premier ils peuvent être disposés à obéir à l'un de ces magistrats, et dans le second, à personne[50] ».

Il est donc possible de conclure que lorsque la disposition des individus à obéir se limite à une certaine portion de l'action humaine, le souverain, qui n'est que le produit de cette disposition, voit son champ d'action limité à ces seuls actes. L'habitude et la disposition à obéir aux ordres du souverain étant constitutifs de son pouvoir, toutes les modulations de celles-ci se répercutent sur l'étendue de sa compétence. En outre, il est ainsi possible que l'habitude à obéir se distribue entre différentes entités.

---

[48] *Of Laws in General, op. cit.*, pp. 18-19

[49] *Fragment sur le gouvernement, op. cit.*, p. 161 : « Donc, pour concevoir un corps, qui est suprême à certains égards, comme limité du point de vue d'une autre espèce d'actes, il suffit que cette espèce d'actes puisse se décrire distinctement de toute autre ».

[50] *Of Laws in General, op. cit.*, p. 69.

Limité sur le plan factuel par l'habitude et la disposition à lui obéir qui sont constitutives de son pouvoir, le souverain l'est encore par certaines règles de droit.

2. La limitation par une règle de droit constitutionnel

Les règles de droit dont traite Bentham n'ont pas uniquement les individus pour sujets. Il envisage des règles dont le sujet serait le souverain lui-même. Celles-ci énoncent ce qu'il peut ou doit faire, quels mandats il peut émettre. Par opposition aux « laws *in populum* » ou « laws *in subditos* », ce sont des « laws *in principem* ». Elles peuvent être adressées à celui qui les promulgue : ce sont alors des pactes et conventions (*covenants*), tels les « pacta regalia » ou les « royal covenants ». Lorsqu'elles sont adressées par un souverain à son successeur, puisque aucun pacte n'est possible, ce sont des « mandats recommandatoires ». Pour Bentham, les causes qui ont amené la convention originelle demeurent sûrement et justifient les mêmes dispositions pour le souverain suivant. En effet, influencée par l'habitude et les avantages qu'elle y trouve, notamment en termes de stabilité du fondement des « expectations », la population en attend la continuation. « Cette attente peut même devenir forte au point d'égaler l'attente qui est entretenue de la prévalence de cette disposition à obéir de la part du peuple, par laquelle le souverain est *de facto* constitué. De sorte que l'observation de la convention d'une part est regardée comme une condition *sine qua non* de l'obéissance de l'autre[51] ». Un tel phénomène résulte de la combinaison des intérêts bien compris de différents pôles : d'une part les individus, qui entendent pouvoir fonder leur calcul d'utilité sur des données aussi stables que possible, afin d'éviter la peine d'attente déçue, et d'autre part le souverain. En conséquence, il est

---

[51] *Ibid.*, p. 66.

possible d'affirmer que « l'ingrédient le plus important des règles efficaces n'est ni leur validité ni leur forme, mais la présence ou l'absence d'accord sur les valeurs qu'elles servent - en un mot, le consensus politique[52] ». C'est dans la mesure où elle fournit un socle relativement solide aux attentes des individus que la jurislation suscite l'obéissance. « Lorsque relativement à leur personne ou leur propriété la condition de tous les hommes dépend de la volonté changeante et impossible à connaître avec assurance d'un seul individu, aucun être humain dans le pays ne peut se considérer avec raison en sécurité, et moins encore que tous les autres le Souverain. En gardant tous les êtres humains dans une situation d'insécurité perpétuelle, de danger et d'inquiétude (*alarm*), il convertit chacun en un ennemi naturel et se maintient lui-même dans la situation d'un ennemi pour eux, exposé à un jugement hostile de leur part[53] ». Il est donc de l'intérêt du souverain de tenir ses promesses, ainsi que le rappelle Bentham dans *Of Laws in General*[54].

Austin aurait conçu de telles limitations comme relevant simplement de la « moralité positive ». Bentham, au contraire, traite bien comme droit de tels phénomènes, si bien que toute règle trouve son origine dans le souverain et est adressée par lui soit au souverain (lui-même ou le suivant) soit à la population. Il s'agit ici de droit constitutionnel. La violation par une règle de droit de ces dispositions ne saurait cependant être regardée comme une illégalité. Ainsi que Bentham l'affirme, « le mandat du souverain, quel qu'il soit, ne peut pas être illégal : il peut être cruel, il peut être de mauvaise politique, il peut même être

52 N.L. Rosenblum, *op. cit.*, p. 92.

53 *Securities Against Misrule*, *op. cit.*, pp. 110-111.

54 *Of Laws in General*, *op. cit.*, p. 70, note p.

inconstitutionnel, mais il ne peut pas être illégal[55] ». Il est possible de tenter de résoudre le paradoxe qui apparaît ainsi entre une constitution conçue comme droit et une violation de celle-ci qui ne serait pas illégale en recourant aux termes stricts par lesquels Bentham aborde son concept de droit. La constitution en effet repose sur les sanctions auxiliaires, et notamment sur la sanction populaire. Aussi est-il possible de comprendre la non-illégalité d'une règle inconstitutionnelle comme l'absence de sanction politique (qui inclut la sanction juridique, c'est-à-dire en anglais « legal ») attachée à l'édiction d'une telle règle. Ne pouvant être puni par une sanction juridique[56], qui par définition est à sa disposition, le souverain ne peut émettre aucune règle « illégale ». L'inconstitutionnalité de celle-ci peut être punie par la sanction populaire, et finalement par une diminution de la disposition à obéir. Une punition plus palpable peut être assurée lorsqu'un souverain étranger est garant de cette règle ou bien lorsque le souverain qui les accorde est membre d'un corps de souverains.

Mais l'ensemble de cette argumentation tombe lorsque Bentham traite de l'inconstitutionnalité de règles en raison de leur incompatibilité avec les privilèges concédés aux sujets. Semblables aux traités internationaux, ce sont des traités avec le peuple. Ils ne lient le souverain qu'autant que le détenteur de la sanction « politique » peut l'être. Il est impossible de se lier par sa propre force, de s'imposer une obligation. Aussi est-il indispensable de recourir à une force extérieure. Ainsi, aussi facilement qu'il lie les sujets, le souverain peut être lié. Puisque par hypothèse personne ne peut juger ni contraindre le souverain, c'est aux sanctions populaire et religieuse, exercées par la population ou par un

---

[55] *Ibid.*, p. 16.

[56] *Ibid.*, pp. 68-70.

Etat étranger garant, qu'il convient de recourir. De même que la violation d'un traité avec un Etat étranger est de nature à réduire les bonnes dispositions de celui-ci, « l'effet d'une telle concession est d'affaiblir de la part du peuple, en cas de violation, cette disposition à la soumission et l'obéissance par laquelle le pouvoir du souverain est, du point de vue du fait, constitué[57] ». On semble parfaitement s'inscrire dans l'analyse précédente. Pourtant, selon Bentham, alors même qu'ils semblent illustrer l'idée des pactes royaux, de tels dispositifs ne sont pas des règles de droit, mais de simples promesses de s'abstenir de faire certaines lois[58]. Il est possible de repousser cette phrase en estimant qu'elle est le produit d'un état antérieur de la pensée de Bentham. Celui-ci n'a jamais publié *Of Laws in General* et remaniait sans cesse ses manuscrits. Il est donc envisageable qu'une révision du texte ait omis ce passage précis, et l'ait ainsi mis en porte-à-faux par rapport au concept de droit, tel qu'il apparaît par ailleurs dans l'ouvrage. Il n'en demeure pas moins que sa présence est troublante et met à mal toute la théorie générale du droit de Bentham, alors qu'elle semblait pouvoir fournir un cadre d'analyse au droit constitutionnel[59].

Dans la réflexion plus pratique qu'il mène à propos du *Constitutional Code*, Bentham, qui a localisé la souveraineté dans le peuple, porte son attention non plus sur la limitation

---

[57] *Ibid.*, p. 16.

[58] *Ibid.*, p. 16.

[59] Ainsi que le recommandait Bentham sur le plan méthodologique, dans *A Comment on the Commentaries*, *op. cit.*, p. 161 : « It is almost too much for me to hope to be able to surmount every difficulty in it I have in view : at least within the narrow limits of the present enterprize. At any rate, however, I will deal honestly with the reader : nor seek to screen a difficulty I cannot solve ».

de celui-ci, dont l'ensemble des institutions a pour vocation de mettre en œuvre la volonté, mais sur le contrôle de l'organe législatif. J.H. Burns[60] remarque qu'une limitation du peuple serait d'ailleurs impossible, dans la mesure où la sanction populaire ou morale est à sa disposition. Pragmatique, Bentham est conscient de la difficulté de limiter un pouvoir souverain. « Qu'autrement que par la crainte de la douleur, un souverain puisse être amené à consentir, en toute connaissance de cause, à lier ses propres mains est en général un espoir excessif. Mais ce qu'il peut consentir à faire sans cette crainte, pour le moins sans autant d'hésitations, c'est à lier ainsi les mains de ses Agents. Dans ce cas les éléments peuvent être organisés de telle façon que, sans le savoir, il puisse être amené à mettre des obstacles à ses propres pas lorsqu'ils empruntent une direction funeste[61] ». Dans le cadre du *Code*, l'agent législatif du souverain est déclaré « omnicompetent[62] » par Bentham : aucune des règles qu'il émet ne peut être dite « void ». Il s'agit là de politique constitutionnelle, mais les possibilités

---

[60] J.H. Burns, « Bentham on Sovereignty : An Exploration », *op. cit.*

[61] *Securities Against Misrule*, *op. cit.*, p. 24.

[62] *Constitutional Code*, dans *The Works of Jeremy Bentham*, *op. cit.*, Vol. IX, Chapter XVI, Section VI : « Omnicompetence ». *Constitutional Code*, Vol. I, F. Rosen, J.H. Burns (ed.), *op. cit.*, p. 42 : « The supreme legislative is omnicompetent. Coextensive with the territory of the state is its local field of service : coextensive with the field of human action is its logical field of service. – To its power, there are no limits. In place of limits, it has checks. [...] Only by unalterable physical impotence, is the Supreme Legislature prevented from being its own Executive, or from being the sole Legislature ».

qu'il envisage[63] et rejette au plan prescriptif n'en sont pas moins révélatrices des aménagements institutionnels envisageables et possibles aux yeux de Bentham. Ceux-ci trouvent donc place dans l'*expository jurisprudence* que l'on se propose ici de reconstruire. Fidèle à la doctrine développée dès les premiers écrits, il estime possible pour le peuple, constitutif suprême (*supreme constitutive*), de refuser d'obéir à une loi inconstitutionnelle de l'opératif suprême (*supreme operative*). Il rejette tout d'abord l'idée que la Législature puisse se limiter elle-même. En effet, même si sa volonté présente est de se limiter, sa volonté future, quel qu'en soit le contenu, est productrice de droit. Vouloir limiter la compétence des législatures à venir serait les condamner à faire fi des progrès des Lumières en vue de réaliser le plus grand bonheur. Enfin, Bentham n'admet pas la limitation par les fonctionnaires d'autres départements. Ceux-ci doivent exécuter et non entraver la volonté du peuple.

Bentham rejette en outre l'opportunité d'un contrôle juridictionnel des lois, par lequel la sanction populaire ou morale deviendrait une sanction politique[64]. Ainsi que G.J. Postema le met en évidence, activité juridictionnelle (*adjudication*) et législation sont pour lui deux tâches radicalement distinctes[65]. Il convient de noter cependant à ce propos que Bentham, vingt-sept ans avant l'arrêt *Marbury v.*

---

[63] *Constitutional Code*, dans *The Works of Jeremy Bentham*, *op. cit.*, Vol. IX, pp. 121-125.

[64] H.L.A. Hart, « Bentham on Sovereignty », dans *Irish Jurist*, Vol. 2 (2), Winter 1967, pp. 327-335.

[65] G.J. Postema, *Bentham and the Common Law Tradition*, *op. cit.*, Chapter 6, Section 2, « Conventions and the Limits of Judicial Legislation ».

Madison, envisage dans le *Fragment*[66] la possibilité d'un tel contrôle, qui limiterait le pouvoir. Il l'a quelque peu développée dans *Of Laws in General*, où il conçoit la mise en place de deux corps, possédant tous les pouvoirs sauf celui de se juger en cas d'accusation publique et d'exécuter ce jugement. « Il est possible que la distribution de pouvoir envisagée ci-dessus ne soit pas opportune, ou qu'elle ne soit pas durable. Cela peut ou non être le cas. Mais l'opportunité et la durabilité d'un tel agencement sont des sujets avec lesquels nous n'avons rien à faire ici. Je considère seulement ce qui est possible : ceci est possible, puisque toute distribution, de même que toute limitation de pouvoir, est possible, si elle est concevable[67] ». S'il le refuse sur le plan de la *censorial jurisprudence* comme transférant trop de pouvoir aux juges, il n'en demeure pas moins au plan de l'*expository jurisprudence*, sur lequel se place Bentham, que cette intuition est *a priori* remarquable.

Elle ne saurait toutefois faire négliger la tradition doctrinale qui, avant Bentham en Angleterre, a pensé sinon véritablement le contrôle de constitutionnalité, pour le moins la confrontation des actes du Parlement avec une règle supérieure. Mais ces réflexions antérieures, notamment celles de Sir Edward Coke[68], dont la cohérence pose problème[69], concevaient le Parlement lui-même comme une

---

[66] *Fragment sur le gouvernement*, *op. cit.*, Chapter IV, §31.

[67] *Of Laws in General*, *op. cit.*, p. 69.

[68] Jean Beauté, *Un grand juriste anglais : Sir Edward Coke (1552-1634). Ses idées politiques et constitutionnelles ou aux origines de la démocratie occidentale moderne*, préf. Jean-Jacques Chevallier, Paris, PUF, coll. « Travaux et recherches de l'Université de droit, d'économie et de sciences sociales de Paris », 1975, spéc. pp. 72-82.

[69] John Wiedhofft Gough, *L'idée de loi fondamentale dans l'histoire constitutionnelle anglaise*, trad. Charles Grillou, Paris, PUF,

cour suprême. Dès lors, s'il était susceptible d'être contesté par les tribunaux inférieurs dans son activité créatrice de normes à caractère législatif, il conservait le dernier mot. Cour suprême, il demeurait souverain et soustrait à tout contrôle. Le concept de contrôle de constitutionnalité suppose d'une part une distinction claire entre fonction de juger et fonction de légiférer[70], et d'autre part l'absence de souveraineté parlementaire. Or aucune de ces conditions n'était présente : le Parlement était une juridiction, et comme tel, était suprême. A l'exception notable de Shaftesbury, qui s'est fait l'avocat d'une cour qui contrôle les actes du Parlement et les déclare nuls en cas d'atteinte à la liberté ou à la Charte[71], l'idée de loi fondamentale, primant le droit écrit du Parlement et susceptible de fonder la mise à l'écart de celui-ci, manque de consistance. Y recourent en effet *ad nauseam* les clans politiques les plus divers, conservateurs, libéraux, révolutionnaires, royalistes, républicains. A défaut d'une définition claire, elle se réfère tant à l'idée d'un contrat originel fixant, selon le point de vue, la suprématie du peuple ou celle du monarque, qu'à la loi naturelle issue de Dieu, ou encore à une *common law* historique. Dès lors il semble difficile de penser que le contrôle de constitutionnalité, tel qu'il s'est pratiqué aux Etats-Unis, est anticipé par ces doctrines. Au contraire, celle de Bentham regarde la constitution comme une véritable règle de droit et, surtout, lui assigne un contenu défini et publiquement

---

coll. « Léviathan », 1992. Coke entendait que les tribunaux aient le pouvoir de faire obstacle, par le biais de l'interprétation, à un acte du Parlement contredisant la Raison, qui s'exprimait dans la *common law*, et le « Droit ». Dans le même temps, il estimait que le Parlement comme tribunal n'avait aucun supérieur et pouvait tout faire.

[70] *Ibid.*, Chapitre III.

[71] *Ibid.*, p. 158.

accessible. Elle envisage par ailleurs, de manière claire et précise, la mise en place de deux corps distincts se jugeant l'un l'autre, chacun ayant une fonction spécifique. Enfin, Bentham se montre extrêmement soucieux d'une claire séparation des fonctions de juge et de législateur[72]. Aussi, sans qu'elle constitue une originalité majeure dans la pensée juridique anglaise, l'intuition de Bentham semble-t-elle plus fine et plus conforme à l'idée moderne du contrôle de constitutionnalité.

S'il a semblé opportun, à des fins didactiques, d'opérer la distinction traditionnelle entre limitation du souverain par des phénomènes empiriques et limitation par le droit, il s'avère indispensable à présent d'évaluer la pertinence d'une telle typologie au regard de la théorie du droit de Bentham.

3. L'unité des hypothèses de limitations

Si l'on s'attache au concept de droit de Bentham et à la théorie de la constitution qu'il autorise, la pertinence de la distinction entre deux types de limitations du souverain, l'un lié à l'habitude et à la disposition à obéir, l'autre lié à des règles constitutionnelles *in principem*, peut être mise en doute. Pour J. Raz, « il semble que Bentham n'a jamais tranché la question de la distinction entre limitations juridiques et limitations *de facto* du souverain[73] ». Mais une telle remarque néglige une large partie de sa doctrine. En effet, le concept de droit de Bentham admet quatre types de sanctions. Dès lors, si la règle de droit repose sur la sanction

[72] G.J. Postema, *Bentham and the Common Law Tradition*, *op. cit.*, Chapter 6, Section 2 « Conventions and the Limits of Judicial Legislation ». Cf. *infra*, pp. 207 et suiv.

[73] J. Raz, *The Concept of A Legal System. An Introduction to the Theory of Legal System*, *op. cit.*, p. 10.

populaire, c'est par l'obéissance des individus que se manifeste sa validité. C'est précisément ce qui a lieu en matière constitutionnelle, où aucune sanction juridique n'est possible : la désobéissance offre une délimitation de la compétence juridique du souverain. Il est alors impossible de différencier limitation *de jure* et limitation *de facto*. Dans la théorie de Bentham, le Tribunal de l'Opinion Publique est fait l'interprète définitif de ce qui compte comme droit dans la société. Sa décision se manifeste par la désapprobation de l'action du souverain, par la désobéissance, et finalement par la révolte. Lorsque la limitation du souverain est décrite comme issue des comportements factuels des sujets de l'ordre juridique, elle ne diffère en rien d'une limitation par les lois constitutionnelles, puisque celles-ci sont sanctionnées par le même complexe de comportements. Pour G.J. Postema, de telles règles de droit ne reposent pas sur une émission par le souverain mais sont *constitutives* de ce souverain. Elles sont donc au fondement de l'ensemble de l'ordre juridique.

Selon Raz, les idées de division et de limitation du souverain seraient inconciliables avec la conception du droit comme système. Ainsi Bentham ne fournit aucun critère pour déterminer si un pouvoir appartient ou non au souverain ni pour fixer l'étendue de pouvoir respective de différents membres de souverain. Si le souverain est divisé, alors il est possible de retracer le cheminement de l'ordre juridique jusqu'à deux points distincts. Par conséquent, les différentes règles ainsi décrites n'ont aucun point commun, alors même que le rattachement ultime au souverain est le critère de la juridicité. La divisibilité du souverain empêcherait donc de concevoir le droit comme un ensemble unitaire. Mais il semble possible de concilier le concept benthamien de système juridique et sa théorie du souverain. Bentham lui-même est en mesure de répondre à Raz qu'« il peut arriver qu'une personne ou un ensemble de personnes soit souverain dans certains cas tandis que qu'une ou un autre l'est complètement dans les autres cas [...]. Sur cette supposition, ils peuvent être (*may be*) considérés comme formant ensemble un unique souverain[74] ». Il n'en demeure pas moins une incertitude quant au sens des termes « may be considered ». En effet, deux hypothèses se présentent. Selon la première, le souverain serait réellement unique en dépit des divisions possibles, ce qui est difficilement compréhensible, et contre quoi Raz porte la critique. Selon la seconde, c'est seulement le regard porté sur les phénomènes juridiques qui concevrait comme unitaire un souverain réellement divisé. L'ensemble de cette théorie se concilierait donc avec le concept de droit de Bentham et l'impérativisme qui en constitue la trame. Mais alors, le système juridique serait davantage un *terminus ad quem*, résultant de l'activité de la *jurisprudence*, qu'un *terminus a quo*, un tout organisé immédiatement de lui-même.

[74] *Of Laws in General*, *op. cit.*, p. 18

CONCLUSION DU CHAPITRE II

La théorie générale du droit que développe Bentham dans *Of Laws in General* permet de reconstruire à un niveau plus particulier, à partir de différents écrits, une théorie du droit constitutionnel. Quoique non formulées de manière aussi explicite que les recherches relatives à la distinction des branches civile et pénale de la *jurisprudence*, les réflexions sur le droit constitutionnel constituent la mise en application de certains cadres d'analyse du droit en général. Elles permettent ainsi d'en tester, relativement à tous les phénomènes de droit - qu'il s'agisse de la constitution, des lois, des règlements administratifs, des décisions juridictionnelles, des contrats des particuliers - à la fois la cohérence, la pertinence et la valeur explicative.

Le caractère parfois complexe de l'argumentation, les difficultés de concilier différentes propositions, les lacunes dans la capacité à emporter la conviction tiennent essentiellement au fait que la théorie du droit constitutionnel de Bentham est une reconstruction opérée à partir de divers ouvrages s'étalant sur toute la durée de sa vie, de la première publication, le *Fragment on Government*, à la dernière, le *Constitutional Code*. Aussi, est-ce davantage la continuité de vues et la relative cohérence de l'ensemble qui méritent de retenir l'attention, en dépit d'une provenance hétéroclite.

Si l'on pouvait s'attendre à ce que Bentham diverge profondément, et ce au prix de sarcasmes dévastateurs, de la doctrine dominante de son temps, il est encore plus intéressant de comprendre comment la constitution est conçue comme l'une des multiples références du concept de droit. En cela, Bentham s'autorise à penser comme droit un ensemble de phénomènes sociaux plus larges que ce que sera en mesure de faire son disciple J. Austin. L'ensemble de sa théorie est donc plus riche d'enseignements et de virtualités pour la théorie du droit moderne.

C'est encore son concept de droit, et non seulement l'empirisme de sa doctrine, qui permet d'aborder de manière originale la question de la limitation du souverain. Il s'avère capable de rendre compte des règles existantes et, grâce à la logique que développe Bentham, des règles n'existant pas ou ne pouvant pas exister dans un « état du monde » juridique donné. Dès lors, la théorie du droit de Bentham est bien générale, puisqu'elle permet de rendre compte de l'ensemble de l'ordre juridique.

CONCLUSION DE LA PREMIERE PARTIE

Fondée sur sa théorie des fictions et le rejet corrélatif au plan méthodologique de la doctrine juridique de son temps, l'*expository jurisprudence* de Bentham offre un schème d'analyse pertinent afin de rendre compte des phénomènes juridiques dans leur totalité. Grâce à son concept de droit, Bentham est en mesure de penser juridiquement des règles dont le caractère juridique est contesté, telle la constitution, ou dont la normativité est rarement perçue, telles les décisions des tribunaux[1].

A mesure de l'analyse de la pensée de Bentham relativement à la structure de toute règle de droit en général, et de la constitution en particulier, la tension entre l'*expository jurisprudence* et la *censorial jurisprudence* devient plus sensible. Si ces deux approches des phénomènes juridiques sont clairement définies et délimitées par Bentham, il n'en demeure pas moins que sa pensée et ses

---

[1] Cf., en dépit de l'enseignement kelsénien, les nécessaires précisions de Denys de Béchillon, *Qu'est-ce qu'une règle de droit ?*, Paris, Editions Odile Jacob, 1995, Chapitre premier.

écrits oscillent entre les deux pôles sans toujours clairement s'inscrire dans l'un ou l'autre. En conséquence, c'est au lecteur qu'il revient parfois de déterminer ce qui relève d'une part de cadres d'analyse abstraits, propres à permettre une étude axiologiquement neutre du droit, et ce qui relève d'autre part de critères d'évaluation du droit, tant dans sa forme que dans son contenu.

Il est possible d'estimer qu'une telle tension est justement constitutive de la richesse et de l'attrait de l'œuvre de Bentham. C'est notamment la position de G.J. Postema, qui promeut une conception de la *jurisprudence* qui ne soit pas purement descriptive[2]. Au contraire, elle peut donner à penser que l'*analytical jurisprudence* n'est née qu'avec John Austin, qui a radicalement distingué théorie générale du droit et science de la jurislation pour ne se consacrer qu'à la première[3]. Il apparaît que la richesse de l'œuvre de Bentham se situe bien dans le double apport qu'il fournit à l'étude du droit. Cependant, en conformité avec ce que lui-même regardait comme un principe fondamental, il importe de distinguer description de ce qui est et recommandation de ce qui doit être. Bentham fournit donc un outillage conceptuel aux deux perspectives.

S'il s'est intéressé à la structure du droit, s'il a cherché une logique qui puisse en guider la dynamique, c'est avant tout parce que Bentham tentait de s'assurer la maîtrise d'une technologie de la réforme sociale afin de promouvoir le plus grand bonheur. De la théorie du droit constitutionnel à la

---

[2] G.J. Postema, *Bentham and the Common Law Tradition*, *op. cit.*, Chapitre 9, Section 4, « Normative Dimensions of Jurisprudence ».

[3] R. Sève, « La théorie du droit de John Austin. Le positivisme tel qu'il devrait être », dans *Cahiers de philosophie politique et juridique*, n. 3, « Du positivisme », Caen, Centre de publication de l'Université de Caen, 1988, pp. 69-84. G. Fassò, *op. cit.*

politique constitutionnelle, il y a bien un fossé logique, mais que le mouvement de la pensée du réformateur franchit, se nourrissant d'une certaine ontologie du droit afin de l'instrumentaliser. La force intellectuelle des premiers écrits et celle des derniers a peu en commun. A la subtilité des écrits théoriques de l'*expository jurisprudence* répond dans la *censorial jurisprudence* la précision minutieuse des projets de réforme. Les ouvrages n'en sont ni plus aisés d'accès ni moins brillants. Ils révèlent dans leur ensemble la richesse de la production de Bentham, et la trame directrice de celle-ci.

Il importe donc à présent de voir dans quelle mesure et de quelle manière la réflexion théorique de Bentham, ainsi qu'elle a été décrite et analysée, se met au service de la dynamique réformatrice qu'il entretient en matière de droit constitutionnel.

SECONDE PARTIE – LE STATUT DE LA BRANCHE CONSTITUTIONNELLE DU DROIT DANS LA *CENSORIAL JURISPRUDENCE*

L'implication de Bentham dans ce qu'il appelait la « métaphysique », c'est-à-dire la définition des termes, et leur élucidation en les mettant en relation avec des idées simples ou avec mots exprimant ces idées simples, est unanimement perçue par les « Bentham scholars » comme un préalable nécessaire à son centre d'intérêt fondamental : la réforme de la société. En effet, « Bentham était d'abord et avant tout un réformateur[1] » et il a constamment, dans les événements politiques de son temps, recherché l'occasion de mettre en application ses propositions.

Le censeur est avant tout un praticien du principe d'utilité. « Le philosophe qui cherche à réformer une mauvaise loi, ne nie pas l'existence de cette loi et n'en

---

[1] J. Steintrager, *op. cit.*, p. 55.

conteste pas la validité ; il ne prêche pas l'insurrection contre elle. Il expose ses raisons, il fait sentir les inconvénients de cette loi et les avantages que l'on trouverait à la révoquer[2] ». Si la téléologie juridique de Bentham fait largement appel à son « proselytizing tone[3] », elle n'en demeure pas moins une mise en œuvre des éléments théoriques de sa pensée.

C'est en effet une seule et unique dynamique qui inspire les deux dimensions de l'œuvre de Bentham. Ainsi que le note C.W. Everett, « avant de pouvoir établir une jurislation newtonienne, il était nécessaire d'inventer et définir les termes requis[4] ». Comme l'affirme Bentham lui-même, « s'assurer (*to ascertain*) quelle sorte de chose est *une* règle de droit ; quelles *parties* on y trouve ; ce qu'elle doit contenir de façon à être *complète* [...] la notion d'une règle de droit complète doit d'abord être établie avant que le jurislateur puisse, en toute hypothèse, savoir ce qu'il a à faire, ou quand son travail est fait[5] ». C'est avant tout pour guider le travail de jurislation que Bentham a tenu à identifier les éléments de l'ordre juridique. « *The Limits of Jurisprudence Defined*, qui révèle en Bentham l'un des plus grands juristes analytiques de tous les temps[6] », et qui est au cœur de sa théorie générale du droit, est avant tout orienté vers un but pratique, ainsi qu'en témoigne son chapitre final, intitulé « Uses of the Eighteen Preceding Chapters ».

---

[2] *Sophismes anarchiques*, *op. cit.*, p. 554.

[3] N.L. Rosenblum, *op. cit.*, p. 2.

[4] *The Limits of Jurisprudence Defined*, *op. cit.*, Introduction, p. 18.

[5] *An Introduction to the Principles of Morals and Legislation*, *op. cit.*, p. 282.

[6] W. Friedmann, « Bentham and Modern Legal Philosophy », dans G.W. Keeton, G. Schwarzenberger (ed.), *op. cit.*, p. 239.

L'analyse de la structure du droit n'avait d'autre objet que de s'assurer la maîtrise du plus formidable instrument de réforme à l'échelle collective : le droit. Nanti d'une claire conception de ce que sont les règles de droit, Bentham est à même d'en faire usage en vue de promouvoir le plus grand bonheur. Avec le droit constitutionnel, il entend fournir l'impulsion initiale d'une dynamique réformatrice tant du fond que de la forme du droit (Chapitre I). En matière de politique constitutionnelle, Bentham est en mesure d'affirmer sa préférence pour une démocratie représentative et d'avancer le canevas de sa république idéale (Chapitre II).

CHAPITRE I – L'IMPULSION D'UNE DYNAMIQUE JURISLATRICE REFORMATRICE

Le trait majeur de la *censorial jurisprudence* de Bentham est le volontarisme réformiste qui l'inspire. Loin de ne voir dans le droit qu'une loi naturelle, immuable, révélée à la raison, et soustraite à l'action des hommes, Bentham en fait l'instrument essentiel de la promotion de sa doctrine de l'utilité. Ainsi que le note Herbert Hart, « le droit est une chose que les hommes ajoutent au monde, non qu'ils y trouvent[1] ». La règle de droit, puisqu'elle permet d'appréhender les individus au travers de classes, constitue en effet un outil majeur de la direction des conduites humaines. Produit de l'action des hommes, le droit doit en servir les fins terrestres. Il n'a de raison d'être utilitaire que s'il existe par et pour les individus qui ont l'habitude d'obéir au souverain. Pour Bentham, l'ensemble du droit doit être tendu vers la poursuite de certaines fonctions sociales (Section I). La satisfaction de telles exigences n'est pas sans

---

[1] H.L.A. Hart, « Bentham and the Demystification of the Law », dans *Modern Law Review*, Vol. 36, January 1973, p. 7.

appeler, en Angleterre, une modification profonde de l'ordre juridique, totalement impropre à une telle téléologie (Section II).

SECTION I – LES FONCTIONS SOCIALES DU DROIT

La théorie générale du droit sert chez Bentham une technologie de l'action sociale. La règle de droit est en effet un moyen de communication de la volonté du souverain par lequel les individus sont dirigés dans leurs comportements. Dans l'atmosphère newtonienne du XVIIIe siècle, c'est vers une fin particulière que Bentham entend maîtriser l'action des individus. La production du droit doit donc se faire science du comportement afin de pouvoir orienter les individus à sa guise. Aussi, la science de la jurislation prend-elle la forme d'une ingénierie de l'interaction sociale (§1). Mettant à nouveau en évidence l'unité de la doctrine du droit de Bentham, il est possible de montrer que la constitution elle-même s'inscrit dans ce cadre intellectuel (§2).

§ 1. La science de la jurislation, ingénierie de l'interaction sociale

Aux deux aspects, descriptif et normatif, du principe d'utilité, répond par voie d'amplification dans la science de la jurislation une double dimension semblable. La science de l'individu et de son comportement en société permet à Bentham de concevoir des outils juridiques propres à l'orienter vers une fin désirée. La science des passions fournit sa matière première à la science de la jurislation (A).

Celle-ci se voit assigner par Bentham la poursuite de fins précises (B).

A. La science des passions humaines au service de la science de la jurislation

Un lecteur non averti serait vraisemblablement surpris du contenu que laisse supposer le titre de *An Introduction to the Principles of Morals and Legislation.* Plutôt que de morale et de droit, Bentham y traite de ce qui relève de la « psychologie ». Il y analyse des formes simples de plaisirs et les peines qui leur correspondent, les formes complexes de plaisirs et de peines qui sont susceptibles d'en résulter, les circonstances qui influencent la sensibilité des individus, l'intentionnalité, les phénomènes de conscience (*consciousness*), les dispositions des individus les uns envers les autres, les conséquences des actes, dressant une véritable anatomie du processus de l'action humaine. Quoique *Of Laws in General* ait une visée pratique, il peut également sembler incongru que des développements du même ordre prennent place dans un ouvrage de théorie générale du droit. Mais l'incohérence n'est qu'apparente. Ethique et jurislation ne sont que les moyens de se gouverner soi-même et de gouverner la communauté en vue d'un bonheur respectif[2]. Or diriger la conduite des individus suppose d'en connaître

---

[2] *An Introduction to the Principles of Morals and Legislation, op. cit.*, p. 293 : « Private ethics teaches how each man may dispose himself to pursue the course most conducive to his own happiness, by means of such motives as offer of themselves : the art of legislation (which may be considered as one branch of the science of jurisprudence) teaches how a multitude of men, composing a community, may be disposed to pursue that course which upon the whole is most conducive to the happiness of the whole community, by means of motives to be applied by the legislator ».

préalablement les « ressorts »[3] essentiels, c'est-à-dire le plaisir et la peine. La fin du gouvernement, telle que la conçoit Bentham, implique une connaissance précise de ce qui ou non procure du plaisir, de sorte que l'ouvrage introduit bien aux principes fondamentaux de la jurislation. Au niveau du concept même, le droit vise à influencer les motifs d'action des individus[4]. D'où, chez Bentham, une certaine anticipation des théories béhavioristes de la science politique[5].

En effet, les peines et plaisirs sont non seulement les fins de la jurislation, mais encore ses moyens. En vue de poursuivre certains plaisirs et d'éviter certaines peines, la jurislation doit agir sur ces mêmes plaisirs et peines, les instituant comme récompense ou comme punition. Plus fondamentalement même, l'existence du gouvernement représente une exception par rapport à une règle générale d'arrière-plan de liberté. Il est donc initialement par lui-même une charge pesant sur la collectivité. Ce n'est qu'ensuite, en fonction de la façon dont il dirige les individus, qu'il est susceptible de produire des avantages[6].

---

[3] *A Table of the Springs of Action*, dans *The Works of Jeremy Bentham*, *op. cit.*, Vol. I, pp. 195-219.

[4] Cf. *supra*, pp. 86 et suiv.

[5] Warren Roberts Jr., « Behavioural Factors in Bentham's Conception of Political Change », dans *Political Studies*, Vol. 10 (2), 1962, pp. 163-179 et « Bentham's Conception of Political Change : a Liberal Approach », dans *Political Studies*, Vol. 9 (2), 1961, pp. 254-266.

[6] *First Principles Preparatory to Constitutional Code*, *op. cit.*, p. 4 : « All government is in the very essence of it an evil : for government can not be carried on but in proportion as obligation is created ; and taken by itself, all obligation is an evil. To exercise the powers of government is accordingly to do an evil : to exercise the

La science des passions humaines de Bentham, appuyée sur le calcul rigoureux qu'autorise le principe d'utilité, est en mesure d'établir quels actes sont, par leurs conséquences, des obstacles à la maximisation du bien-être collectif. Ils seront alors interdits par le droit. Mais une telle interdiction ne peut prendre sens que par le fait qu'elle incite les individus à ne pas adopter la conduite prohibée. Il s'agit donc, au moyen de sanctions annexées à l'interdiction de ce comportement, de jouer sur les données de leur calcul utilitaire, afin de rendre la conduite en question peu attractive. Toutefois, la sanction, qui est un mal, ne doit pas excéder le bien susceptible de résulter de l'interdiction. Il est des hypothèses où une interdiction sanctionnée est contre-productive[7]. Une arithmétique extrêmement fine doit donc être développée par le jurislateur.

Lorsque Bentham détaille, dans *Of Laws in General*, les diverses manières dont peut être affectée une personne, il s'agit également de voir dans quelle mesure le public est favorisé par toute règle. Le jurislateur dispose ainsi de toutes les données afin d'évaluer de manière discriminante la façon dont chacun est affecté. Il s'agit, à la manière du physicien, de calculer comme autant de forces les tendances des hommes et de les orienter dans une certaine direction. C'est pourquoi Bentham estime nécessaire d'établir une « Social Psychology for Legislators[8] ».

---

powers of government in pursuance of the only right and proper end of government, is to do an evil, to the end and with the intent that in the greatest possible quantity good may come ».

[7] *An Introduction to the Principles of Morals and Legislation*, *op. cit.*, Chapter XIII : « Cases Unmeet for Punishment ». D'où la critique de la cruauté du droit anglais. Cf. *infra*, pp. 207 et suiv.

[8] N.L. Rosenblum, *op. cit.*, Chapter 2.

La règle de droit, telle que la définit Bentham est déclarative de la préférence du souverain et de son intention d'influencer le comportement des individus, le tout afin de parvenir au plus grand bonheur. En agissant par la jurislation sur les motifs de leurs actions, c'est-à-dire sur leur disposition interne propre, « Bentham conçoit le droit comme un système de contrôle social [...] qui fait se comporter les gens d'une certaine façon en affectant leur propre self-control à travers l'utilisation de règles et de lignes directrices qu'ils doivent suivre[9] ». Pour Douglas G. Long[10], la science du social de Bentham est une ingénierie qui inclut tous les aspects de la vie individuelle. Elle prive donc l'homme de toute liberté.

Bentham n'est évidemment pas dupe de la scientificité de sa méthode[11]. Il s'agit avant tout, pour les individus comme pour le jurislateur, de confronter des probabilités mathématiques. « Ainsi que Bentham l'admettait dans son analyse de la douleur et du plaisir en quatorze plaisirs simples et douze douleurs simples, certains plaisirs sont incommensurables. Mais ce dont il était convaincu était que suffisamment de plaisirs et de douleurs pouvaient être mesurés afin de donner au jurislateur un fondement rationnel pour décider de prohiber ou non un acte[12] ».

A l'instar de sa théorie générale du droit, l'étude des passions humaines à laquelle s'est livré Bentham n'est qu'un

---

[9] D. Lyons, *In the Interest of the Governed. A Study in Bentham's Philosophy of Utility and Law*, *op. cit.*, p. 131.

[10] D.G. Long, *Bentham on Liberty. Jeremy Bentham's Idea of Liberty in Relation to his Utilitarianism*, *op. cit.*

[11] *Contra*, Luc Marie Nodier, *op. cit.*, p. 27.

[12] *The Limits of Jurisprudence Defined*, *op. cit.*, Introduction, p. 22.

préalable nécessaire à l'action concrète. Disposant d'une compréhension universelle de ce qui guide de manière efficiente la conduite des hommes, Bentham est en mesure de l'orienter vers ce qu'il considère comme le but légitime de tout gouvernement : le plus grand bonheur.

B. Les fins du droit benthamien

Selon le principe d'utilité, la fin du gouvernement, ainsi que de toute action humaine, est une maximisation du bonheur des gouvernés. Cet objectif se subdivise, quant à la jurislation, en quatre buts précis (1). Au-delà de ces fins spécifiques, la jurislation semble remplir une fonction fondamentale de constitution de la société (2).

1. Les buts de la jurislation

Dans ses *Leading Principles of a Constitutional Code*, sous la rubrique « ends aimed at », Bentham assigne au gouvernement la poursuite du plus grand bonheur du plus grand nombre. A travers ses différents écrits, il détaille cet objectif. « L'art de la jurislation a deux objets ou buts généraux en vue. L'un direct et positif, augmenter le bonheur de la communauté, l'autre indirect et négatif, éviter de faire tout ce par quoi ce bonheur peut être diminué[13] ». Plus précisément encore, « les fins immédiatement spécifiques, et ensemble exhaustives, de cette constitution sont la subsistance, l'abondance, la sécurité et l'égalité, chacune portée à son niveau le plus élevé compatible avec la maximisation des autres[14] ». C'est par la création de droit que les agents publics investis selon les modalités prescrites par la constitution poursuivent ces quatre objectifs hiérarchisés.

---

[13] *Of Laws in General*, *op. cit.*, Appendix C, p. 289.

[14] *Leading Principles of a Constitutional Code, for any State*, *op. cit.*, p. 4.

Pour Bentham le gouvernement ne possède qu'une capacité extrêmement réduite à augmenter directement le bien-être. Son rôle essentiel est de fournir aux individus un cadre social d'interaction leur permettant de maximiser eux-mêmes leur utilité[15].

La sécurité pour ses biens et sa personne est première en importance[16]. Elle est essentielle car l'homme est une créature qui se projette dans l'avenir et nourrit des attentes en fonction de ses connaissances des données passées et présentes. Si celles-ci sont déçues, une désutilité très importante en résulte, et Bentham insiste à de multiples reprises sur le « principe de prévention des déceptions[17] » (*disappointment prevention principle*). La sécurité est donc la fin première du code constitutionnel. « Fournir, en faveur du reste de la communauté, la sécurité contre le mal (*evil*) dans toutes ses formes, aux mains des adversaires internes ci-dessus mentionnés [i.e. les gouvernants], et irrésistibles aussi longtemps qu'ils restent dans cette condition, est la tâche appropriée de la branche constitutionnelle du droit, et par conséquent de ce code[18] ».

La subsistance est ensuite essentielle. Elle consiste à disposer des ressources nécessaires afin de ne pas éprouver de souffrance physique. L'abondance ne vient qu'après,

---

[15] P.J. Kelly, « Utilitarianism and Distributive Justice : the Civil Law and the Foundations of Economic Thought », dans *Utilitas*, May 1989, pp. 62-81.

[16] P.J. Kelly, *Utiliarianism and Distributive Justice. Jeremy Bentham and the Civil Law, op. cit.*, Chapters 4, 5, 6.

[17] *Official Aptitude Maximized ; Expense Minimized ; As Shewn in the Several Papers Comprised in this Volume*, P. Schofield (ed.), *op. cit.*, pp. 8-10.

[18] *Leading Principles of a Constitutional Code, for Any State*, *op. cit.*, p. 6.

d'abord en tant qu'instrument de sécurité pour la subsistance, puis comme un bien en soi.

Enfin, l'égalité est souvent vue chez Bentham comme un élément de moindre importance. Elle est au moins requise quant à la subsistance de chacun. Une certaine égalisation, sinon l'égalité des dotations des individus, semble impliquée par la dynamique du principe d'utilité. En effet, en raison du phénomène de décroissance des utilités marginales, Bentham estime que « à travers l'ensemble de la population d'un Etat, moins il y a d'inégalité entre individu et individu relativement à la part qu'ils possèdent du stock total agrégé des instruments de félicité, plus est important le stock agrégé de félicité lui-même, à condition toujours que par aucune des choses faites en vue de réduire l'inégalité, le moindre choc n'affecte la sécurité[19] ». Il croit cependant à l'incitation à la compétition et donc au progrès que peut susciter l'inégalité. S'il se déclare favorable, dans *Supply Without Burden*[20], à la taxation de certains héritages, Bentham ne prône jamais clairement le principe de l'impôt progressif. Il n'est pas pour autant un apôtre obtus du « libéralisme économique ». Il a en effet établi des plans de maisons de travail, de coopératives agricoles, des systèmes de prêts facilités aux indigents. En 1824, il participe à la campagne des radicaux pour la liberté des coalitions ouvrières[21]. Il n'en demeure pas moins que « ni dans le domaine civil ni dans le domaine international l'égalité n'était une valeur principale pour Bentham. Il l'a toujours vue négativement, en termes de réduction de l'inégalité dans le but d'une sécurité accrue[22] ».

---

[19] *Ibid.*, 8-9. Cf. aussi *supra*, pp. 36 et suiv.

[20] Dans *The Works of Jeremy Bentham*, *op. cit.*, Vol. II, pp. 585-598.

[21] J. Steintrager, *op. cit.*, Chapter III « Polity and Economy ».

[22] N.L. Rosenblum, *op. cit.*, p. 113.

L'absence qui est généralement remarquée, et qui nourrit contre l'ensemble de la doctrine de Bentham un certain nombre de critiques, est celle de la liberté. « La liberté n'est pas, selon Bentham, un but de l'activité humaine ; la doctrine de l'utilité n'est pas, à son origine et dans son essence, une philosophie de la liberté[23] ». Il semble plus conforme à la pensée de Bentham de dire que la liberté ne *peut* pas être un but de la jurislation. Elle est un phénomène naturel, alors que le droit agit essentiellement en limitant la liberté. Il ne peut, au premier chef, qu'assurer la sécurité des situations des individus. La capacité des hommes à se projeter dans l'avenir vient non de la liberté mais de la sûreté et de l'assurance de leur latitude d'action, c'est-à-dire de la sécurité[24].

La constitution ayant ces objectifs en vue, elle assure la désignation, aux fonctions de création du droit, d'individus qui les poursuivent de manière efficace. C'est en cela que Bentham affirme que de la texture de cette règle dépend celle de l'ensemble du système juridique.

Les buts spécifiques et exhaustifs de l'activité jurislatrice tels qu'ils se présentent dans le détail n'épuisent cependant pas la fonction sociale du droit selon Bentham. Au-delà de la poursuite de ces quatre objectifs, la jurislation a une tâche constitutive de la société.

---

[23] E. Halévy, *op. cit.*, t. 1, p. 106.

[24] D'où, chez certains auteurs, l'idée qu'à travers le concept de sécurité, la liberté devient l'un des éléments fondamentaux du système de Bentham. Cf. Allison Dube, *The Theme of Acquisitiveness in Bentham's Political Thought*, New York, London, Garland Publishing Inc., 1991, spec. Chapter 7 ; P.J. Kelly, *Utiliarianism and Distributive Justice. Jeremy Bentham and the Civil Law, op. cit.* ; Ross Harrison, *Bentham*, London, Routledge and Kegan Paul, 1983, p. 251.

2. Jurislation et constitution de la société

En établissant les droits et devoirs de chacun, la jurislation définit un cadre d'interaction sociale afin de conduire les individus vers la réalisation du plus grand bonheur. Elle exprime une volonté créatrice d'ordre[25]. A l'intérieur d'un canevas juridique, les individus restent libres, en fonction des éléments de leur propre calcul d'utilité, de choisir les conduites les plus attractives pour eux. Le droit comme système fournit encore un ensemble de règles sûres, non tant par leur durée que par leur publicité, à partir desquelles fonder des attentes[26]. Ainsi, le jurislateur est en mesure de n'interdire que les actions strictement nuisibles tout en développant une structure de base pour la société.

Le droit comme critère commun afin d'assurer la rencontre et la coordination des intérêts est d'une importance essentielle. « Le droit [...] ne cherche pas à bloquer le débat politique, à le réglementer, ou à le reléguer au conflit d'intérêts privés. Il fournit plutôt le forum et le langage dans lesquels le débat peut être mené publiquement, c'est-à-dire en public, par le public, sur des fondements publics[27] ». Le droit fixe un standard commun à partir duquel chacun, en évaluant les stratégies des autres, est en mesure d'élaborer celle qui conduit à la maximisation de sa propre utilité. Chacun étant clairement et également informé, il est donc possible que se déploie, à l'intérieur de la matrice ainsi

---

[25] N.L. Rosenblum, *op. cit.*, p. 101 : « The state was not a fact only but also a norm of order ».

[26] G.J. Postema, *Bentham and the Common Law Tradition*, *op. cit.*, p. 210 : « The primary task and most important function of a system of laws is that of securing expectations. Its greatest utility lies in defining a stable framework of publicly recognized rules which provide a focus for expectations regarding to behaviour of both citizens and officials ».

[27] *Ibid.*, p. 464.

définie, une coopération des acteurs qui conduise à la maximisation du bonheur collectif.

Afin d'assurer l'efficacité de tels standards sociaux, Bentham insiste sur la nécessaire publicité du droit. Par les critères qu'il impose aux modes d'expression des règles de droit et à leur combinaison entre elles, il anticipe sur la très récente « légistique ». Les règles doivent fournir un critère partagé de comportement. Bentham accorde donc une grande importance à la lisibilité du droit et à son expression. Il élabore à cette fin une véritable science de l'écriture du droit, la « nomographie[28] ». Le droit est essentiellement une parole[29]. Tout ce qu'il peut faire dépend des propriétés du langage[30]. Le droit est dans son essence un moyen de faire agir par les mots, notamment en créant des classes. D'où les méthodes de classification et les constantes reformulations de vocabulaire de Bentham, afin de concevoir une action précise du souverain. A ce titre, l'œuvre de Bentham intéresse aussi la communication politique. Tout comme le droit, qui n'en est qu'un usage particulier, le langage est l'instrument d'une communauté en situation d'interaction. Le critère de la rationalité du droit est ouvert et accessible à tous, dans la mesure où il fait, autant que possible, référence

---

[28] *Nomography*, dans *The Works of Jeremy Bentham*, *op. cit.*, Vol. III, pp. 231-295. Cf. *infra*, pp. 217 et suiv.

[29] *A Comment on the Commentaries*, *op. cit.*, p. 59 : « Law is a specie of discourse ».

[30] Cf. *supra*, pp. 90 et suiv. *A Comment on the Commentaries*, *op. cit.*, p. 72 : « Whatever the Law does, whatever it 'makes' a man do, it does, it makes him do by speaking » ; *Of Laws in General*, *op. cit.*, p. 82 : « The channel through which alone the bulk of a sovereign's commands can be conveyed is that assemblage of conventional signs which taken collectively are called language ».

aux entités réelles[31]. Quand bien même il serait mêlé de fictions, Bentham fournit les méthodes d'élucidation de tout discours.

Selon G.J. Postema, « pour Bentham, le droit n'est pas simplement un instrument à travers lequel le pouvoir est exercé et le comportement régulé. C'est, plus fondamentalement, un principe d'ordre par lequel la réalité sociale est constituée[32] ». Moins qu'un *deus ex machina* qui modèle à sa guise les individus à travers leurs passions, le droit facilite la collaboration sociale.

L'entreprise de renouvellement du droit que poursuit Jeremy Bentham se fonde sur une volonté d'établir un système de règles susceptible, par son déploiement propre, de diriger le comportement des individus vers la maximisation du bonheur du plus grand nombre. Bentham appelle au secours de sa démarche une science des passions humaines qui constitue la matière première de sa science de la jurislation. L'ensemble de ces traits, relativement à la problématique de la Constitution vue comme le sommet d'un système juridique ainsi finalisé, semble inscrire le travail de Bentham dans le cadre d'une réflexion sur la Constitution conçue comme un mécanisme.

---

[31] Pour commander, le souverain émet des signes de langage. Ceux-ci expriment une entité réelle : une volition. Cf. *A Comment on the Commentaries*, *op. cit.*, p. 7.

[32] G.J. Postema, *Bentham and the Common Law Tradition*, *op. cit.*, p. 183.

§ 2. Le constitutionnalisme mécaniciste de Bentham

Il n'y aurait *a priori* rien de surprenant à ce que Jeremy Bentham adopte, dans le contexte de réflexion des Lumières[33], un concept mécanique de constitution qui s'appuierait sur sa science des passions humaines. Dans le même temps, critique de la science juridique de son temps, il n'adopte pas telles quelles les idées dominantes. Il convient donc tout d'abord de caractériser ce type d'appréhension de la constitution (A). En y confrontant les écrits de Bentham, il sera possible de voir que celui-ci s'inscrit globalement dans ce courant (B), non sans toutefois s'en distinguer sur plusieurs points essentiels (C).

A. Le concept mécaniste de constitution

Le concept mécaniste de constitution est celui qui domine le XVIIIe siècle, pétri de l'influence des *Principia* de Newton, avant que ne s'y substitue au cours du XIXe le concept de constitution comme norme suprême de l'ordre juridique[34]. Ce dernier concept a pour référence un ensemble de prescriptions obligatoires, parce que juridiquement sanctionnées, alors que « le constitutionnalisme du XVIIIe siècle conçoit la constitution comme un mécanisme dont les pièces sont agencées de telle manière qu'il en résulte nécessairement certains effets, indépendants de la volonté des agents. [...] Il s'agit donc non de prescrire qu'on fasse de bonnes lois, qu'on respecte la constitution ou qu'on préserve

---

[33] Sur Bentham et les Lumières, cf. J.H. Burns, « Jeremy Bentham : From Radical Enlightenment to Philosophical Radicalism », dans *The Bentham Newsletter*, June 1984, pp. 4-14.

[34] Sur ces deux concepts, cf. M. Troper, « La máquina y la norma. Dos modelos de constitución », dans *Doxa*, Alicante, 22, 1999, pp. 331-347.

la liberté, mais d'imaginer un système qui par sa structure même produise nécessairement ce résultat [...]. Le courant dominant, celui de Montesquieu, de Blackstone et aussi des constituants révolutionnaires américains et français, met sa confiance dans la division du pouvoir législatif[35] ».

La constitution ne produit pas ses effets parce que ses dispositions sont regardées comme des normes primant toutes les autres et font l'objet d'une révérence particulière de la part des acteurs, mais parce qu'elle discipline en vue d'un objectif donné la dynamique des différents pôles de pouvoir qu'elle organise. Elle régule l'interaction des multiples stratégies qu'elle ouvre à chacun, de sorte que le jeu naturel de leurs inclinations respectives à l'intérieur de la matrice constitutionnelle aboutisse à un résultat qui n'était expressément visé par aucun mais auquel chacun a concouru inconsciemment. Plus qu'à des obligations, les différentes autorités sont soumises à ce que l'on peut appeler des « contraintes », c'est-à-dire des impossibilités physiques d'action, corrélatives à leur « insertion dans un système complexe[36] ».

Une telle approche ne pouvait que séduire un Bentham autoproclamé Newton des sciences sociales[37]. Son

---

[35] M. Troper, « Le concept de constitutionnalisme et la théorie moderne du droit », dans *Pour une théorie juridique de l'Etat*, *op. cit.*, pp. 210-212.

[36] M. Troper, « La Constitution et ses représentations sous la Ve République », dans *Pouvoirs*, n°4, 1978, p. 62.

[37] D.D. Raphael, « Bentham and the Varieties of Utilitarianism », dans *The Bentham Newsletter*, May 1983, pp. 3-14, repr. dans B. Parekh, *op. cit.*, Vol. II, p. 441 : « Like so many thinkers of the eighteenth century, Bentham aspired to be the Newton of the moral sciences. But whereas Newton's achievement in physical science was theoretical

élucidation des comportements humains et de leurs causes efficientes permettrait d'orienter l'action des gouvernants vers « le plus grand bonheur du plus grand nombre dans la communauté, c'est-à-dire l'unique fin convenable et appropriée du gouvernement[38] ».

B. Bentham et le mécanicisme traditionnel

C.W. Everett décrit en ces mots le constitutionnalisme de Bentham : « une constitution était nécessaire, une constitution dans le sens que Bentham attribuait au mot - un instrument écrit, définissant le souverain, répartissant les pouvoirs, mettant en place un monde newtonien, où poids et forces devraient opérer de sorte qu'il soit possible de calculer réellement la physique de la politique[39] ». Attestant par là même l'unité de sa vision du droit, le droit constitutionnel de Bentham joue sur les motivations des individus afin de leur faire adopter un certain comportement (1). Ce dispositif a donné lieu à diverses interprétations, qu'il convient de discuter (2).

1. L'action sur les motivations des acteurs

Dans son *Constitutional Code Rationale*, Bentham présente les trois principes de base de la branche constitutionnelle de sa *censorial jurisprudence*. Le premier décrit la fin qui doit être poursuivie par tout gouvernement :

---

explanation, Bentham's idea of a Newtonian advance in moral science was practical reformation [...] The purpose of these explanatory advances, however was Baconian rather than Newtonian, knowledge for the sake of practical improvement rather than for the sake of understanding ».

38 J. Bentham, « Constitutional Code Rationale », *op. cit.*, p. 270.

39 C.W. Everett, « The Constitutional Code of Jeremy Bentham », *op. cit.*, p. 3.

le plus grand bonheur du plus grand nombre. Le deuxième a pour objet ce qui est la nature de tout individu : la « préférence pour soi » (*self preference*), selon laquelle « quelle que soit la forme du gouvernement, un homme préférera son propre bonheur à celui de tous les autres réunis[40] ». Le dernier est le principe prescrivant la jonction des intérêts (*junction-of-interests prescribing principle*)[41]. « Le premier déclare ce qui devrait être, le deuxième ce qui est, le dernier le moyen de mettre ce qui est en conformité avec ce qui devrait être[42] ».

Si l'homme reste égal à lui-même en toute hypothèse, un changement des titulaires du pouvoir a peu de portée. C'est la forme du gouvernement qui doit, en assumant et utilisant cet état de fait, assurer la poursuite du plus grand bonheur du plus grand nombre. Si le désir de sacrifier l'utilité générale demeure, c'est la possibilité de le satisfaire qui doit être éradiquée par la structure de la constitution : « le seul remède efficace possible - le changement du gouvernement, d'une forme dans laquelle une telle corruption est certaine, constante et universelle, à la seule et unique forme dans laquelle l'exclusion de la corruption est certaine, son existence, impossible du point de vue pratique[43] ».

---

[40] J. Bentham, « Supreme Operative », dans *First Principles Preparatory to Constitutional Code*, *op. cit.*, p. 212.

[41] Ce principe était déjà présent dans *A View of the Hard Labour Bill*, dans *The Works of Jeremy Bentham*, *op. cit.*, Vol. IV, pp. 1-35.

[42] « Constitutional Code Rationale », *op. cit.*, p. 235. On notera la forme du raisonnement, en tout point conforme à l'inférence pratique, et donc inattaquable sous l'angle de la loi de Hume. Cf. *supra*, p. 42.

[43] *Constitutional Code*, dans *The Works of Jeremy Bentham*, *op. cit.*, Vol. IX, p. 105.

Ainsi que le résume Elie Halévy, « la philosophie du droit constitutionnel commence par créer une contradiction d'intérêts pour la supprimer ensuite[44] ». Cette suppression résulte de multiples procédures qui seront détaillées lors de l'examen de la république idéale de Bentham[45]. Il s'agit de retirer à l'agent public soit l'intérêt soit le pouvoir de procéder au « sinister sacrifice ». Dans la première hypothèse, il faut jouer sur les motivations afin de rendre ce sacrifice moins intéressant que la poursuite de l'intérêt universel : le fonctionnaire doit être motivé (à la voie passive) à désirer son devoir. « Aussi longtemps que la situation du fonctionnaire est un objet de valeur à ses yeux, et pour autant que son maintien en place ou son renouvellement à ce poste ou à un poste similaire est ressenti par lui comme dépendant de ceux de l'intérêt desquels l'intérêt universel est composé, dans cette même proportion son intérêt individuel est amené à concorder avec l'intérêt universel[46] ». Le mécanisme essentiel, en vue de faire coïncider intérêt et devoir du fonctionnaire, est d'agir sur les « plaisirs ayant trait au renom[47] » (*good name*) que procurent l'honneur et la reconnaissance de la part de ses concitoyens. Ceux-ci, omnipotents, omniscients et omniprésents ayant à leur disposition, par la voie du Tribunal de l'opinion publique, la sanction populaire, rendent le fonctionnaire pleinement responsable de ses actes. Il est remarquable de constater la place que fait Bentham à la population comme rouage de sa machinerie constitutionnelle. La responsabilité n'est pas illusoire mais consiste bien en une vocation à

---

[44] E. Halévy, *op. cit.*, t. 2, p. 117.

[45] Cf. *infra*, pp. 246 et suiv.

[46] « Constitutional Code Rationale », *op. cit.*, p. 240.

[47] *An Introduction to the Principles of Morals and Legislation*, *op. cit.*, p. 44.

souffrir en cas de sacrifice de l'intérêt universel. Dès lors, l'intérêt du fonctionnaire est de mettre ses aptitudes[48] au service de son devoir. En estimant que « l'art de la politique consiste à gouverner les individus par leurs intérêts, à imaginer des artifices tels qu'en dépit de leur avarice et de leur ambition, ils coopèrent au bien public[49] », Bentham rejoint Madison, la vertu étant le résultat et non le ressort de la République.

La seconde hypothèse, portant sur une limitation du pouvoir d'effectuer le « sinister sacrifice » repose sur les contrôles qui pèsent sur tout agent public, sur la possibilité constante qu'il a d'être destitué et sur la brièveté de ses fonctions.

Ainsi est-il possible de conclure :

« Récapitulation des recommandations en vue d'effectuer la jonction des intérêts :

« 1. A ceux dont l'intérêt compose l'intérêt universel attribuer ou laisser autant de pouvoir que possible.

« 2. A ceux dont l'intérêt est non l'intérêt universel mais s'oppose dans sa nature essentielle à l'intérêt universel donner aussi peu de pouvoir que possible.

« 3. Garder sur pieds, comme un pouvoir à disposition lorsque l'occasion le requiert, un pouvoir supérieur au leur, le pouvoir de ceux dont l'intérêt est l'intérêt universel, prêt à agir sur eux tel un Juge et à les punir de déshonneur et de renvoi de leur office de jurislateurs[50] ».

Du mécanicisme de Bentham, il a été donné certaines interprétations, qu'il importe à présent d'examiner.

---

[48] Cf. *infra*, pp. 235 et suiv.

[49] E. Halévy, *op. cit.*, t. 1, p. 27.

[50] « Constitutional Code Rationale », *op. cit.*, p. 242.

2. Interprétation du mécanicisme de Bentham

G.J. Postema[51], à partir de manuscrits inédits, procède à une lecture profondément renouvelée de l'œuvre de Bentham. Il interprète son constitutionnalisme comme destiné à assurer la prévalence indirecte des motifs sociaux et semi-sociaux. « On pourrait donc dire que l'objet du dispositif constitutionnel est de faire obstacle au préjugé et à la partialité, de neutraliser les motifs qui concurrencent la 'bienfaisance la plus éclairée', et de permettre à l'aptitude morale d'opérer sans entrave. On peut encore poser le problème central du dispositif constitutionnel ainsi : comment prévenir l'influence des sympathies partielles, des préoccupations sociales restreintes, et des intérêts strictement privés, [...] et ouvrir la voie à l'influence de la sympathie universelle ?[52] »

Postema interprète le principe d'égoïsme avancé par Bentham comme une utilisation de l'idée humienne de « vérité présomptive »[53]. Il s'agit, dans le cadre d'une recherche, de partir d'un présupposé non parce qu'on le croit absolument vrai mais parce qu'il est celui dont la relative fausseté n'est pas préjudiciable au raisonnement. Bentham adopte cet « égoïsme stratégique » puisque l'utilité qui est susceptible d'en résulter est supérieure à celle qu'impliquerait tout autre principe. Cette maxime est la moins aléatoire du point de vue de l'utilité dans la réflexion constitutionnelle. A l'appui d'une telle lecture, on peut par exemple avancer ce passage : « à la règle précédente [de sacrifice de l'intérêt universel] supposons qu'il y ait telle ou telle exception : pourtant, sur le plan pratique, il pourrait tout

---

[51] G.J. Postema, *Bentham and the Common Law Tradition*, *op. cit.*, Chapter 11.1.

[52] *Ibid.*, p. 383.

[53] *Ibid.*, p. 386.

aussi bien n'y en avoir aucune : dans la mesure où par aucun critère il ne sera possible de distinguer les individus dans le cas desquels l'exception est présente, de ceux dans le cas desquels la règle générale trouve à s'appliquer[54] ». L'égoïsme individuel ne serait donc adopté par Bentham que dans la mesure où aucun mal ne peut résulter de son adoption comme fondement de la réflexion constitutionnelle. Au contraire, supposer la bienveillance universelle et organiser en conséquence les institutions peut s'avérer dangereux.

Il semble pourtant que la place faite par Bentham à l'intérêt personnel comme moteur essentiel de l'action des gouvernants en fait davantage qu'un simple présupposé stratégique, quoique cet aspect soit présent dans l'idée de considérer tous les agents publics comme des délinquants potentiels. Postema insiste sur l'idée qu'il s'agit ici moins de rendre profitable du point de vue du gouvernant de faire son devoir que de libérer les motifs sociaux. Il ne s'agirait donc pas d'identification artificielle des intérêts public et privé mais de substitution de motivations. Dans un essai intitulé *Economy as Applied to Office*[55], Bentham estime que la présence chez les gouvernants de l'aptitude morale suppose de « les placer dans une situation telle qu'alors qu'ils n'ont aucune perspective d'être capables d'accroître chacun leur propre bonheur en diminuant le bonheur du plus grand nombre, ils aient chacun une perspective d'augmenter leur propre bonheur en augmentant le bonheur du plus grand nombre - d'augmenter le respect dont chacun est l'objet et les services de toutes sortes que ses concitoyens et les autres

[54] *Constitutional Code*, Vol. I, F. Rosen, J.H. Burns (ed.), *op. cit.*, pp. 119-120.

[55] Dans *First Principles Preparatory to Constitutional Code*, *op. cit.*, p. 14.

sont prêts à l'occasion à lui rendre, au moyen de et en retour pour les services de toutes formes qu'il a continuellement été occupé à leur rendre ». Prédomine donc l'intérêt égoïste, dans lequel peut être incluse une dimension sympathique (*sympathetic regard*), puisqu'elle est source de plaisir. Il est clair que pour Bentham, la considération pour soi et la sympathie pour les autres coexistent en chaque individu. « Mais, dans la considération pour soi-même la sympathie trouve ses racines, et si, dans la texture générale de la conduite humaine, la considération pour soi ne prévalait pas sur la sympathie - même sur la sympathie pour tous les autres réunis - aucune espèce telle que l'humaine ne pourrait exister[56] ». Plus qu'une simple vérité présomptive, l'égoïsme semble donc pour Bentham la réalité même de la conduite des individus. Il apparaît, contrairement à ce qu'écrit Postema, que c'est moins par la libération des motifs sociaux que par une adroite manipulation des égoïsmes que la constitution est en mesure de représenter le sommet d'un ordre juridique visant le plus grand bonheur.

Bentham se rattache globalement à l'idée d'une constitution de type mécaniste, assurant nécessairement par sa dynamique propre la réalisation de certaines fins. Le témoignage le plus évident en est cette phrase : « dans la construction de cette partie de la machine, le premier pouvoir mentionné [l'opératif suprême] joue le rôle du ressort principal dans une montre, l'autre [le constitutif suprême] celui du régulateur dans une montre[57] ». Cependant, il ne fait

---

[56] *Constitutional Code*, Vol. I, F. Rosen, J.H. Burns (ed.), *op. cit.*, p. 119.

[57] J. Bentham, « Identification of Interests », dans *First Principles Preparatory to Constitutional Code*, *op. cit.*, p. 135.

pas que ratifier la doctrine contemporaine et présente un mécanicisme original.

C. L'originalité du mécanicisme constitutionnel de Bentham

Ses objectifs et sa philosophie conduisent Bentham à s'écarter de la vision courante du mécanicisme constitutionnel sur deux éléments particuliers (1). Plus fondamentalement, dans ses écrits se mêlent mécanicisme et normativisme (2).

1. La rupture par rapport au constitutionnalisme classique

Une divergence majeure entre Bentham et le constitutionnalisme de son temps réside dans le but poursuivi. S'il adopte le concept mécaniste de constitution, Bentham s'écarte des conceptions de Montesquieu et Blackstone. Loin de vouloir limiter le pouvoir d'action des gouvernants en vue de garantir la liberté, il cherche au contraire à le rendre aussi puissant que possible dans la mesure où il tend à la réalisation de l'intérêt universel. Bentham souligne l'impossibilité pour le droit de réaliser la liberté, sinon en abrogeant une loi préexistante[58]. La seule fin qu'il peut avoir en vue est la sécurité, notamment en garantissant un cadre d'interaction sociale adéquat à la maximisation du bonheur du plus grand nombre. Le droit, en étant clair, pleinement connu et reconnu, doit permettre de se projeter dans l'avenir. La sécurité se prolonge en deux principes : le « positive-pain-prevention principle » et le « disappointment-prevention principle[59] ». Aussi, le

[58] Cf. *supra*, pp. 103 et suiv.

[59] *Pannomial Fragments*, dans *The Works of Jeremy Bentham*, *op. cit.*, Vol. III, pp. 211-212 ; *Official Aptitude Maximized ; Expense*

dispositif constitutionnel ne vise-t-il pas la liberté mais le plus grand bonheur du plus grand nombre, dont les éléments sont la sûreté, la subsistance, l'abondance et l'égalité[60].

Bentham s'oppose en outre fermement à l'idée de gouvernement mixte[61], ainsi qu'à la théorie courante de la séparation des pouvoirs[62]. Dans un manuscrit de 1790[63], où sont déjà présents les principes directeurs du *Constitutional Code*, Bentham souligne l'inintelligibilité de la nomenclature des pouvoirs qu'elle présuppose. Aucun procédé ne permet de définir clairement deux - ou trois - pouvoirs dont il faudrait ensuite déterminer la séparation. Cette doctrine s'avère de plus impropre à poursuivre le but qu'elle se fixe, si ce n'est de manière fortuite. Ainsi, rien ne garantit que la séparation des pouvoirs favorise effectivement la discussion entre organes, et donc l'intelligence dans la poursuite du plus grand bonheur. De même, elle ne garantit une inclination des gouvernants en faveur de ce but que dans la mesure où ils sont sous la dépendance du peuple, c'est-à-dire si le peuple est appelé à se prononcer en cas de désaccord entre les organes[64]. L'essentiel est donc de conduire au pouvoir des

---

Minimized ; As Shewn in the Several Papers Comprised in this Volume, P. Schofield (ed.), *op. cit.*, pp. 8-10.

[60] Cf. *supra*, pp. 185 et suiv.

[61] Cf. *infra*, pp. 228 et suiv.

[62] *Sophismes anarchiques*, *op. cit.*, p. 564 commentant l'article 16 de la Déclaration des droits de l'homme et du citoyen de 1789.

[63] *On the Efficient Cause and Measure of Constitutional Liberty*, dans M.P. Mack, *op. cit.*, Appendix E, pp. 453-7.

[64] *Ibid.*, p. 456 : « Constitutional liberty being thus dependent upon the dependence of the possessors of public power on the will of the body of the people, depends not directly upon any other circumstance : nor intermediately but in as far as such other circumstance contributes to the maintaining of that dependence ».

individus dont l'intérêt personnel dans l'action coïncide avec la réalisation de l'intérêt universel. Il faut leur donner tous les moyens de parvenir à celui-ci. Le constitutionnalisme de Bentham peut être compris ainsi : « par l'aptitude morale est donc entendue l'incapacité pratique de nuire (*innoxiousness*), celle-ci n'ayant d'autre cause que l'impotence. Etablir dans la situation de chaque fonctionnaire cette impotence, tout en lui laissant en même temps le pouvoir nécessaire, le rendre incapable de mal faire, mais cependant suffisamment capable de bien faire est la grande difficulté, et devrait être l'objet et la tentative constants de tout travail dans le champ de la jurislation[65] ».

Bentham refuse par ailleurs l'hypostase des institutions à laquelle procède le constitutionnalisme traditionnel. Il cherche à agir sur les motifs de l'action des gouvernants et sur leurs sources plutôt que sur une situation d'équilibre établie par la constitution entre divers pôles institutionnels. A la différence de la littérature constitutionnelle dominante, il n'admet pas l'hypostase des institutions. Dans le domaine politique, seules peuvent être dirigées les motivations des hommes qui composent ces institutions. Très clairement, Bentham reconnaît les fictions qu'il emploie, ainsi celle de Tribunal de l'opinion publique[66] ou de Communauté politique[67]. De même, ainsi que le remarque Nancy L. Rosenblum[68], il parle plus rarement d'« Etat » que de « société politique ». Il ne s'agit pas de disposer des organes représentant autant de « forces » et de « counterforces » de façon à obtenir un système stable et orienté vers une certaine

---

[65] « Economy as Applied to Office », *op. cit.*, p. 14.

[66] *Securities Against Misrule, op. cit.*, p. 28.

[67] *An Introduction to the Principles of Morals and Legislation, op. cit.*, p. 12.

[68] N.L. Rosenblum, *op. cit.*, Chapter 4 « Sovereignty and Law ».

fin, mais d'agir sur les données du calcul utilitaire des individus qui les composent. Guidée par son nominalisme et son individualisme, la mécanique de Bentham joue moins sur les institutions et leur interaction que sur les passions de leurs membres.

Tant sur la finalité que sur la matière du constitutionnalisme de son temps, Bentham se situe en rupture. L'aspect le plus intéressant de cette divergence demeure lié à son concept de droit.

2. Normativisme et mécanicisme

En dépit de sa proximité avec la vision newtonienne de la constitution, il semble difficile, au sein de la théorie de Bentham, de dégager clairement un concept de constitution qui rencontre parfaitement l'un des membres du diptyque normativisme-mécanicisme. La distinction entre constitution comme norme, qui oblige, se place sur le terrain des droits et devoirs, et constitution comme mécanisme, qui joue sur les possibilités « physiques » d'action des organes détenteurs du pouvoir s'avère dans une certaine mesure inadéquate face aux écrits de Bentham. Sa constitution est bien de celles qui obligent, non seulement physiquement, mais encore juridiquement, dans la mesure où le droit tel que le conçoit Bentham peut, pour garantir son application, s'appuyer non seulement sur la sanction politique, incluant la sanction juridique, mais également sur les sanctions auxiliaires. Dès lors, le respect de la constitution, garanti par le Tribunal de l'opinion publique, est bien une obligation juridique reposant sur la sanction morale ou populaire. En effet, sa théorie des fictions, appliquée au droit, amène Bentham à réduire les noms d'entités fictives que sont les termes titre, droit, obligation, aux entités réelles que sont les sensations physiques. L'obligation n'est autre que la probabilité de ressentir une douleur en cas de conduite non conforme[69]. Cette approche sera également, à la suite d'Oliver Wendell Holmes, celle d'une partie du courant réaliste américain[70]. La sanction juridique de Bentham créé des motifs supplémentaires d'action en agissant sur les données du calcul d'utilité.

Il serait possible d'inférer de la similitude entre le droit en général et sa branche constitutionnelle en particulier que Bentham est un normativiste, d'autant que pour lui, « de cette branche du droit dépend, dans toutes ses branches, l'aptitude relative et appropriée de ces fonctionnaires, de la volonté desquels dépend, à tout moment, la texture de chaque autre branche du droit[71] », le tout s'agençant en un système logique. Dans le même temps, la conclusion inverse peut sembler s'imposer : la constitution de Bentham est bien mécanique, et c'est l'ensemble de sa *censorial jurisprudence* qui se présente ainsi et tend à contraindre les individus de manière nécessaire en maîtrisant avec certitude les termes et les facteurs de leur « felicific calculus ». Il semble difficile de prétendre avancer une réponse définitive, les deux aspects étant inextricablement mêlés. La politique juridique de Bentham repose sur la volonté de diriger les comportements

---

[69] Cf. *supra*, pp. 45 et suiv, et pp. 58 et suiv. Pour une évaluation détaillée des mérites et insuffisances de la théorie de Bentham, cf. P.M.S. Hacker, « Sanction Theories of Duty », dans A.W.B. Simpson (ed.), *Oxford Essays in Jurisprudence (Second Series)*, Oxford, Clarendon Press, 1973, pp. 131-170.

[70] O.W. Holmes Jr., *The Path of the Law*, cité dans Christophe Grzegorczyk, Françoise Michaut, Michel Troper (dir.), *Le positivisme juridique*, Paris, L.G.D.J., coll. « La pensée juridique moderne », 1992, pp. 123-127.

[71] *Leading Principles of a Constitutional Code, for any State*, *op. cit.*, p. 7.

des individus par le biais de sanctions. La réduction des fictions aux entités réelles ne permet plus véritablement, semble-t-il, de distinguer titre juridique et orientation nécessaire des passions, de faire la part entre obligation et contrainte. Si ses écrits constitutionnels s'inscrivent clairement dans le cadre du mécanicisme de son temps, leur confrontation avec sa théorie générale du droit marque la connexité, dans l'œuvre de Bentham, des concepts mécaniste et normatif. Elle atteste en outre, dans son esprit, l'unité du phénomène juridique, tant du point de vue de l'*expository jurisprudence* que de la *censorial jurisprudence*.

Le droit dans son ensemble revêt pour Bentham l'aspect d'un instrument de direction contraignante des conduites humaines. Nanti d'une science des passions et d'une science de la jurislation, le souverain est donc en mesure de poursuivre la réalisation du plus grand bonheur. Selon l'un de ses principaux disciples, John Stuart Mill, « Bentham a été dans cet âge et dans ce pays le grand questionneur des choses établies. [...] Qui, avant Bentham [...] osait parler de manière irrespectueuse, en des termes explicites, de la constitution britannique, ou du droit anglais[72] » ? C'est par la confrontation du droit tel qu'il devrait être sur le fondement de critères utilitaristes et du droit anglais tel qu'il était que Bentham opère l'une des contestations les plus radicales du droit britannique et de ses fondements théoriques traditionnels.

[72] J.S. Mill, « Bentham », *op. cit.*, p. 143

SECTION II – LE REJET DU DROIT ANGLAIS

Bentham s'avère profondément déçu dès son plus jeune âge par ses premiers contacts avec le droit et la science du droit. S'il recommande une claire distinction entre *expository* et *censorial jurisprudence*, il n'admet pas que la pure description, telle que la pratique Blackstone, constitue le moyen détourné de vanter les institutions existantes. D'autant que celles-ci sont loin de mériter de telles louanges. Sur le fondement du principe d'utilité, Bentham constate en effet les profonds défauts des institutions juridiques anglaises (§1). En un contrepoint saisissant, il lui est possible de faire sentir les avantages de la codification (§2).

§ 1. La critique des modes de production du droit

Ainsi que le remarque G.J. Postema, « la haine de Bentham contre la *common law* anglaise est légendaire[73] ». Elle s'insère cependant dans une condamnation plus large de l'univers juridique anglais de son temps (A). La *common law*, pour sa part, est incapable de remplir les fonctions d'une règle de droit (B). Révélatrice de l'état d'un système et notamment des défaillances de l'organisation juridictionnelle, une telle critique appelle des réformes (C).

A. Une critique générale du système juridique anglais et des juristes

La critique qu'adresse Bentham au système juridique anglais dans son ensemble a pour origine l'état déplorable de

[73] G.J. Postema, *Bentham and the Common Law Tradition*, *op. cit.*, p. 192.

celui-ci à l'époque où il écrit. « Le système juridique était encombré d'une masse de déchets nuisibles, le legs inutile du Moyen-Age[74] ». La loi pénale, à laquelle, dans la lignée de Beccaria, Bentham a consacré de nombreuses et profondes réflexions, est globalement incohérente. Fondée sur une multitude de régimes particuliers et de coutumes locales, elle vise surtout la protection des classes possédantes. De nombreuses infractions appellent la peine capitale, révélant le caractère barbare de l'ensemble du droit[75]. La complexité de la procédure, qui diverge en fonction de chaque type de cour établi pour une infraction particulière, le coût des procès, l'inaccessibilité du droit en font un monde réservé à une élite aisée. La technique judiciaire est obsolète, inefficace, et recourt sans cesse aux fictions.

L'activité des tribunaux est le siège de l'un des intérêts funestes[76] majeurs de la société, dans la mesure où les juristes et les juges organisent sciemment la complexité qui est pour eux le moyen de s'enrichir[77]. Tout au long de sa vie, Bentham n'aura pas de mots assez durs pour fustiger la « clique des juristes » (*lawyers tribe*), cette communauté solidaire fondant son pouvoir sur un jargon abscons et sur de

---

[74] Frederic William Maitland, Theodore Franck, Thomas Plucknett, Thomas Stuart Legg, art. « English Law », dans *Encyclopaedia Britannica*, *op. cit.*, Vol. 8, p. 554.

[75] G.J. Postema, *Bentham and the Common Law Tradition*, *op. cit.*, Chapter 8, Section 2 ; J. Semple, *op. cit.*, pp. 28-30.

[76] *Fragment sur le gouvernement*, *op. cit.*, préface non publiée de la seconde édition, p. 175 : « des trois intérêts confédérés, celui de la tribu des juristes est tout particulièrement pernicieux ». Cette traduction de « sinister interest » est empruntée à C. Laval.

[77] « Economy as Applied to Office », *op. cit.*, p. 102 : « Complication is a Jungle in which sinister interest has its lurking place ».

pédantes locutions latines. Elle lui fournira de nombreuses occasions de déchaîner son « vitriolic pen[78] » afin de dénoncer le mystère qui nimbait tant le droit que la science du droit et la puissance d'intimidation qu'il représentait[79].

Le droit écrit (*statute law*), pour sa part, regorge d'incohérences. Il consiste essentiellement en documents volumineux, aux termes imprécis et inutilement compliqués[80]. Aussi Bentham est-il en mesure de réduire une loi sur le bétail volé de 628 à 46 mots[81]. Il se montre favorable à une méthode de consolidation des textes, qui les regroupe selon un plan ordonné et compréhensible. « Voilà la situation résume-t-il. Une bonne part du corps du Droit était, par la bigoterie ou l'artifice des juristes, vouée à être illisible et consignée dans une langue étrangère[82] ».

La critique du droit anglais de son temps par Bentham n'en épargne donc aucun aspect. C'est avec sa virulente critique de la *common law*, qui n'est pas sans faire écho au *Dialogue* de Hobbes[83], que son attaque se montre la plus

---

[78] R.H. Graveson, « The Restless Spirit of English Law », dans G.W. Keeton, G. Schwarzenberger (ed.), *op. cit.*, p. 110.

[79] H.L.A. Hart, « Bentham and the Demystification of the Law », *op. cit.*

[80] *A Comment on the Commentaries*, *op. cit.*, p. 153 : « What sort of composition our Statutes many of them are, is but too visible : how voluminous their contents, how undigested, how multifarious ».

[81] D. Lieberman, « Bentham's Digest », dans *The Bentham Newsletter*, June 1985, pp. 7-20. L'exemple est tiré de *A Comment on the Commentaries*, *op. cit.*, pp. 141-144.

[82] *Fragment sur le gouvernement*, *op. cit.*, p. 100, note 23.

[83] Thomas Hobbes, *Dialogue entre un philosophe et un légiste des Common Laws d'Angleterre*, trad. Lucien et Paulette Carrive, Paris, J. Vrin, coll. « Bibliothèque des textes philosophiques », 1990.

précise et la plus incisive. Celle-ci est en effet incapable de répondre aux besoins qu'est censé satisfaire le droit.

B. L'impropriété de la **common law** *comme droit*

Le droit vise, pour Bentham, à assurer la coexistence des individus en vue de la réalisation du plus grand bonheur. Il a pour tâche fondamentale de favoriser une interaction sociale fondée sur des attentes individuelles. Une telle mission ne peut pas être remplie par la *common law*, qui n'est ni stable, ni générale, ni sûre, ni publique.

Tout d'abord, la *common law* ne se laisse pas apercevoir. Loin d'être écrite ou de se manifester par quelque signe intelligible à l'ensemble de la population, elle se révèle avec parcimonie dans les décisions des tribunaux. Selon la doctrine traditionnelle, elle ne constitue pas une règle mais ne fait qu'apporter la preuve de l'existence d'une coutume immémoriale. Aussi ne fournit-elle *a priori* aucun critère de comportement stable. Rétroactive, elle rend impossible une obéissance responsable et déçoit les attentes. Même le pire despote ne pourrait produire un tel mal, puisque, par avance, personne n'attendrait rien de lui. L'individu peut être inconscient de son infraction du point de vue du fait, lorsqu'il ignorait avoir commis un fait interdit ou l'avoir commis dans des circonstances prohibées, et du point de vue du droit lorsqu'il ignorait que l'acte était interdit en de telles circonstances[84]. La *common law* n'est finalement qu'une « loi pour les chiens » (*dog law*), où la punition précède l'énonciation et la compréhension de toute règle. Ainsi, non seulement les individus souffrent le mal primaire de la déception, lorsqu'une décision imprévisible est rendue, mais encore un mal secondaire plus général d'insécurité et d'appréhension quant à ce qu'il leur est permis ou interdit de

---

[84] *Fragment sur le gouvernement*, *op. cit.*, p. 120 n.

faire. Dès lors, puisqu'elle ne peut pas entrer *ex ante* dans les données du calcul utilitaire individuel, elle s'avère également impropre à fournir un instrument de direction de l'action des hommes en vue de leur plus grand bonheur. L'individu ne peut en effet obéir rationnellement à la loi que s'il la connaît et si elle est clairement déclarative à la fois du comportement désiré par le souverain et des motifs que celui-ci indique afin d'en susciter le respect[85]. Ainsi chacun est en mesure de calculer les coûts respectifs de l'obéissance et de la rébellion et de choisir la conduite qui maximise son utilité.

La *common law* se dit issue de l'usage et de la tradition immémoriale du peuple. Elle est conçue comme une entité organique immanente au social. Fondée sur l'idée que la coutume des ancêtres exprime une sagesse supérieure aux connaissances acquises depuis par les hommes du temps présent, la théorie de la *common law* n'est rien d'autre qu'une doctrine de l'esclavage de l'intelligence. Si Bentham admet la soumission du comportement, il refuse de façon catégorique toute tentative d'asservir la raison. C'est pourquoi la devise du bon citoyen est d'obéir constamment *et* de censurer librement.

La critique historique de la *common law* de son temps conduit Bentham à une critique conceptuelle où il adopte le ton du pamphlétaire. Il estime qu'à la différence d'une véritable règle de droit, la *common law* n'est en outre pas réformable. D'une part, elle est entourée du halo eulogistique de la sagesse des ancêtres. D'autre part, il n'existe aucun moyen de l'examiner afin d'en évaluer précisément l'utilité. Elle n'est qu'une entité inférentielle, construite par abstraction à partir de plusieurs décisions juridictionnelles particulières. Elle est donc affaire de conjecture privée et ne

---

[85] *A Comment on the Commentaries*, *op. cit.*, p. 184 : « By the prospect of his own punishment only can a man be bound ».

fournit aucune référence publique afin d'assurer une coordination de la vie sociale. Intellectuellement, il est impossible de se faire une idée de ce qu'elle peut être sinon par référence à la *statute law*. Celle-là n'est donc que l'ombre de celle-ci[86]. Certains livres s'essaient à compiler la *common law* et font autorité. Plus ou moins bien faits, ils laissent une large part au hasard dans la reconstitution historique des faits et dans leur sélection même. Admis variablement comme références selon les différents tribunaux, ils opèrent un véritable transfert du pouvoir jurislatif des autorités étatiques aux libraires, sans aucunement assurer un fondement constant à l'activité des tribunaux.

L'analyse des « coutumes juridiques » par Bentham atteste une nouvelle fois l'originalité de sa doctrine. Une telle coutume légalise une pratique en lui assurant une sanction. La légalisation est opérée non par les acteurs eux-mêmes, mais par l'autorité de punition, c'est-à-dire le juge. Il s'agit alors d'une coutume *in pays*. Il est également possible que se forme une coutume *in foro*, c'est-à-dire entre les juges. Celle-ci est alors légalisée par le juge supérieur. Il est donc possible de remarquer que chez Bentham, conformément à son concept de droit, la fonction juridictionnelle s'avère créatrice de droit[87]. Il s'écarte sur ce point de Beccaria qui est, avec Montesquieu, l'un des promoteurs majeurs de la théorie du syllogisme judiciaire. Cette théorie fait de la décision du juge le simple produit d'une analyse logique de la loi. A la différence de Blackstone, pour qui les jugements ne font que donner une

---

[86] *Ibid.*, p. 119 : « The common law is but a Shadow of the statute law ».

[87] Ainsi pour Bentham, le jugement civil crée un droit nouveau, dont la violation constituera une infraction.

preuve de la *common law*, pour Bentham, ils la constituent. Et c'est justement cette confusion des fonctions qu'il n'admet pas : activité juridictionnelle (*adjudication*) et législation doivent demeurer distinctes[88].

Globalement, Bentham décrit la « common law, ainsi qu'elle se présente en Angleterre, droit juridictionnel, ainsi qu'elle serait plus convenablement caractérisée partout, cette composition fictive qui n'a aucune personne connue pour auteur, aucun assemblage de mots pour substance, qui forme partout le corps principal de l'édifice juridique : tel cet éther chimérique qui, en l'absence de matière sensible, emplit l'univers[89] ». Dès lors, ce n'est que par abus de langage que l'on en parle comme de « droit ».

A travers sa critique de l'univers juridique anglais et notamment de la *common law*, considérée comme l'une de ses institutions essentielles, est mis en évidence chez Bentham « le caractère réellement radical d'une théorie dont l'aboutissement a été le rejet comme n'étant pas du droit de la plus grande partie de la structure juridique de l'Angleterre du dix-huitième siècle[90] ». Relativement à l'activité des tribunaux, Bentham est en mesure d'avancer des propositions de réformes.

C. Les réformes proposées par Bentham

L'ensemble des réformes proposées par Bentham dans le domaine de la procédure et de l'activité juridictionnelles, du droit processuel et de la théorie de la peine, vise à rendre

---

[88] Cf. *supra*, pp. 156 et suiv.

[89] *An Introduction to the Principles of Morals and Legislation*, *op. cit.*, p. 8.

[90] J.H. Burns, « Jeremy Bentham : From Radical Enlightenment to Philosophical Radicalism », *op. cit.*, p. 283.

ceux-ci plus lisibles et plus compréhensibles pour tous les citoyens[91]. Ainsi chacun sera en mesure de diriger son comportement selon les attentes du jurislateur.

La procédure juridictionnelle relève de l'« adjective law », par opposition à la « substantive law ». Celle que défend Bentham se veut proche d'un modèle naturel, familial, de justice. Il s'agit d'assurer une action claire, directe et intelligible. Tout d'abord, Bentham estime nécessaire de n'établir qu'un seul et unique type de tribunal. Le jugement, peu coûteux, requiert la participation de tous les individus concernés. Il repose sur un rôle actif et non mécanique d'un juge unique, impartial et qualifié, et notamment sur sa fonction conciliatrice. Dans le *Constitutional Code*, Bentham propose l'instauration d'un double degré de juridiction. L'un est dit « immédiat » (*immediate judicatory*) et doit se situer, en vue de diminuer les délais et les coûts pour les justiciables, à proximité de tous les lieux de la circonscription. L'autre est une juridiction d'appel (*appelate judicatory*). Celui-ci est toujours possible. Un avocat du gouvernement (*government advocate*) examine le déroulement des procès et en réfère au juge d'appel de manière publique. La fonction d'avocat des démunis (*eleemosynary advocate*), associée à un fonds spécifique, permet d'assurer l'accès des indigents à la justice. Le quasi-jury, formé de volontaires instruits et d'individus choisis sur les listes électorales peut intervenir lors de l'instance et, à la suite du procès, contester la décision du juge dans un rapport adressé au juge d'appel. Ainsi, le juge immédiat est amené à justifier soigneusement sa décision. Le Tribunal de l'opinion publique est également présent par l'intermédiaire des parties, des amis, des

---

[91] *Rationale of Judicial Evidence*, dans *The Works of Jeremy Bentham*, *op. cit.*, Vol. VI et VII.

témoins, des membres de l'assistance et de toute autre personne informée.

Le juge, conformément aux cadres généraux fournis par le législateur, doit rechercher à maximiser l'utilité dans l'espèce en question. Toutefois, il ne s'agit pas d'un système de libre recherche au cas par cas. En effet, l'utilité sociale inclut au premier chef la sécurité des attentes et donc la prévisibilité des décisions. C'est pourquoi Bentham a pu se faire l'avocat du strict *stare decisis*. Toute exception aux règles établies, même si la règle est déraisonnable, risque de déboucher, à la suite d'une maximisation de l'utilité dans une seule espèce, sur une désutilité sociale très importante. Seul le législateur dispose d'une vue d'ensemble sur la société et les conditions du plus grand bonheur. Aussi, activité juridictionnelle et législation doivent-elles être distinguées. C'est pourquoi Bentham rejette l'idée d'une révision juridictionnelle des lois. Un juge écartant une mauvaise loi ne ferait qu'appliquer son sentiment personnel. Or seule l'opinion du législateur doit compter[92]. Dans le *Constitutional Code*, dont le tiers est consacré au pouvoir juridictionnel, Bentham inscrit dans les fonctions de tout agent public une fonction de « suggestion des améliorations » (*melioration suggestive*). Aussi le juge peut-il, s'il estime nécessaire une modification du droit, émettre trois décisions. La première applique la loi telle qu'elle existe, la deuxième en propose une révision, la troisième suspend les deux précédentes et confie au législateur le soin de trancher. Dans le silence de ce dernier, l'amendement est

---

[92] *A Comment on the Commentaries*, *op. cit.*, p. 159 : « The question here then is whose opinion shall be the standard ? that of the Legislature, or that of the Judge ? of him whose office is to make his Will be Law, or of him whose office is no other than to find out that Will and to carry it into effect ? »

adopté. Le contrôle de la capacité d'interprétation dont dispose le juge, « dont la concession est dangereuse, la négation ruineuse[93] », est l'un des objectifs de *Of Laws in General*. Dans la mesure où l'on s'écarte de la stricte fonction juridictionnelle, il est nécessaire de laisser au législateur un droit de veto et un pouvoir de contrôle. Il n'en demeure pas moins que si la fonction essentielle du juge est de donner exécution à la volonté du législateur, il a également chez Bentham une fonction remarquable en matière d'interprétation de la règle de droit. Il peut être sollicité pour interpréter le droit hors de toute instance afin de le clarifier, et peut en appeler à cette fin aux ministres de la justice et de la législation[94].

Profondément insatisfait non seulement du contenu du droit anglais de son temps, mais encore des modes de production de celui-ci relativement aux fonctions d'un système juridique telles qu'il les conçoit, Bentham se fait le promoteur d'un changement de grande ampleur. La codification, dont il inventa jusqu'au terme même, fut l'une de ses préoccupations constantes, dans toutes les branches du droit. Elle s'insère dans une conception plus large de l'ensemble du travail de jurislateur, qui fournit le modèle du nouveau droit.

---

[93] *Of Laws in General*, *op. cit.*, p. 239.

[94] Cf. *infra*, pp. 252 et suiv.

§ 2. La codification et le code constitutionnel, archétypes du nouveau droit

La codification[95] est l'un des buts que doit servir *Of Laws in General* : « poser les fondations pour le plan du corps complet de droit en supposant qu'il soit construit *ab origine*, selon une méthode de division partant de principes naturels et universels[96] ». S'il a individualisé les éléments constitutifs d'une règle de droit, c'est avant tout afin de stabiliser les attentes des individus et de les mettre en situation de maximiser leur utilité tout en concourant au bonheur général (A). C'est ensuite, également, en vue de permettre au jurislateur un travail constant d'adaptation du droit aux requêtes du principe d'utilité (B).

A. L'intérêt de la codification pour les citoyens

Un corps complet de droit est seul, aux yeux de Bentham, susceptible de remplir les fonctions du droit et de conduire au plus grand bonheur. Un tel code doit être facilement accessible aux citoyens, et surtout sans nécessité de recourir à la médiation d'un juriste. Il s'agit pour Bentham non moins que de briser le monopole de connaissance du droit dont jouissent les hommes de loi. Au plan interne, une rédaction claire, brève et précise est exigée. Fondé sur un classement naturel des règles et faisant clairement référence aux entités réelles, l'uniformité de la rédaction et le caractère systématique de l'organisation des dispositions rendent le droit compréhensible pour tous. Au plan externe, l'accessibilité du droit est assurée par sa

---

[95] Denis Baranger, « Bentham et la codification », dans *Droits. Revue française de théorie, de philosophie et de culture juridiques*, 27, 1998, pp. 17-37.

[96] *Ibid.*, p. 232.

publication et sa diffusion. A chaque partie de la population doit être distribué le code qui la concerne spécifiquement. En outre, un « Rationale » accompagne chaque disposition du code, et en indique les raisons, c'est-à-dire dans quelle mesure elle conduit au plus grand bonheur. Le droit s'adresse donc essentiellement pour Bentham à l'intelligence. Alors que chez Hobbes, l'édiction d'une règle par le souverain est une raison péremptoire suffisante pour susciter l'obéissance, chez Bentham la règle ne fait qu'ajouter des arguments au débat interne à l'individu sur l'opportunité d'une action. Du fait de la totale publicité des règles de droit, il est donc possible de se gouverner soi-même. La logique de la volonté permet de plus à chacun de connaître la condition normative de ses actes. Ainsi, chacun sait avec assurance ce qui lui est permis ou interdit[97]. Il est donc en mesure de calculer l'utilité de la réalisation de chacun de ses comportements.

« Sur une carte (*map*) du droit exécuté selon un tel plan, il s'y a pas de *terrae incognitae*, ni d'espaces blancs :

---

[97] *Of Laws in General*, *op. cit.*, p. 246 : « In a system thus constructed upon this plan, a man need but open the book in order to inform himself what the aspect borne by the law bears to every imaginable act that can come within the possible sphere of human agency : what acts it is his duty to perform for the sake of himself, his neighbour or the public : what acts he has a right to do, what other acts he has a right to have others perform for his advantage : whatever he has either to fear or to hope from the law. In this one repository the whole system of the obligations which either he or any one else is subject to are recorded and displayed to view : delineated either actually by the commands it pronounces contained in it, or potentially by the powers it confers : powers of manual governance, or powers of issuing commands, either permanent in the shape of laws or transient in the shape of executive mandates ».

rien n'est omis, rien n'est imprévu. La vaste et jusque là informe étendue de la jurisprudence est rassemblée et condensée en une sphère compacte que l'œil, instantanément, peut traverser dans toutes les directions imaginables.

« Tels sont les fruits d'une méthode élaborée sous les auspices du principe d'utilité, dans laquelle les règles de droit sont disposées en fonction des fins qu'elles ont en vue[98] ».

Concernant plus précisément les juges, la clarté du droit codifié est d'une part le moyen de leur retirer le pouvoir que constituait la maîtrise privative du droit et d'autre part de réduire les occasions de naissance des litiges. Enfin et surtout, le code fournit pour Bentham un moyen de canaliser le pouvoir interprétatif du juge. Privé des imprécisions et lacunes de la *common law*, celui-ci doit se fonder sur le seul droit promulgué et se limiter à son application dans les cas particuliers. Ainsi les attentes des citoyens ne peuvent pas être déçues. Ils peuvent jouir du premier des buts de la jurislation : la sécurité.

Le code est fait le manuel usuel de la conduite réciproque des individus. Il guide leur interaction en rendant attractifs du point de vue individuel les comportements utiles du point de vue social. C'est exactement ce à quoi procède le code constitutionnel relativement aux individus investis des fonctions publiques.

Chez Bentham comme chez la plupart des défenseurs de la codification[99], le code présente l'avantage de donner

---

[98] *Ibid.*, p. 246.

[99] Jacques Vanderlinden, *Le concept de code en Europe occidentale du XIII*[e] *au XIX*[e] *siècle. Essai de définition*, Bruxelles,

respectivement à l'individu et au juge les critères certains de leurs conduites et de leurs décisions[100]. Il fournit dans une langue accessible les données du calcul utilitaire de ces individus. De manière plus originale chez Bentham, le code est également le guide de l'action du jurislateur lui-même[101].

B. Le travail du jurislateur

Ainsi que le montre N.L. Rosenblum[102], Bentham conçoit la jurislation comme un travail ordinaire et non comme une promulgation majestueuse et ponctuelle, à la manière des législateurs grecs. Seule l'édiction du corps complet de législation revêt un tel caractère. Bentham, en effet, recommande de recourir, au moyen d'un concours public non rémunéré, aux services d'une seule personne. Celle-ci, essentiellement rétribuée par la considération de ses concitoyens, est chargée de rédiger le corps complet du droit. Mais après cette étape, le code doit constamment être amendé afin de répondre *hic et nunc* aux besoins de la

---

Editions de l'Institut de Sociologie de l'Université libre de Bruxelles, 1967, Chapitre III.

[100] *Of Laws in General*, *op. cit.*, pp. 182-183.

[101] J. Raz, « The Functions of Law », dans *The Authority of Law. Essays on Law and Morality*, Oxford, Clarendon Press, 1979, p. 166 : « Bentham had the brilliant idea of arranging and expounding the law in a way which would not only facilitate the memory and make for easy retrieval of any relevant legal material by lawyers and laymen alike, but which would also enable everyone to see what the social effects of the law were, and would make the criticisms and reform of the law an easy matter ». Raz conteste cependant, à la page suivante, qu'une telle méthode puisse s'avérer de quelque commodité pour tout autre qu'un utilitariste de l'espèce benthamite.

[102] N.L. Rosenblum, *op. cit.*, Chapter 1 : « A Utilitarian Code of Law : Ordinary or Extraordinary Legislation ? »

société. C'est pourquoi Bentham a lutté contre les Déclarations de droits qui prétendaient enchaîner les successeurs des jurislateurs présents. Pour lui, c'est le langage militaire qui correspond à l'activité du jurislateur. « La jurislation est un état de guerre : le mal politique est l'ennemi, le jurislateur est le commandant, les sanctions morale et religieuse ses alliées, les punitions et les récompenses (issues pour certaines d'entre elles de ses propres ressources, empruntées pour les autres à ces alliées) les forces qu'il a sous son commandement, la punition étant sa force régulière et les récompenses une force subsidiaire occasionnelle trop faible pour agir seule, la branche mécanique de la jurislation, celle dont nous avons traité dans le premier chapitre, l'art de la tactique, la jurislation directe une attaque quotidienne au moyen du corps principal de ses forces dans le champ ouvert, la jurislation indirecte un plan secret d'opérations connectées et concertées à exécuter par stratagème ou *petite guerre*[103] ».

La jurislation indirecte s'attache pour sa part, dans le souci de ne pas malmener la sécurité des attentes, à ne pas brusquer les usages. Le gouvernement a pour fonction de collecter le maximum d'informations dans les domaines les plus divers : agriculture, finance, industrie, politique... A partir de statistiques établies et traitées par une administration qualifiée, le jurislateur doit confectionner des plans destinés à réguler toutes les situations éventuelles : catastrophes naturelles, épidémies, famines... Cette branche de la jurislation, dont les moyens sont détaillés dans le

---

[103] *Of Laws in General*, *op. cit.*, pp. 245-246. Bentham annonce tout au long de l'ouvrage le thème de la jurislation indirecte. Il n'y est cependant pas traité. On peut le reconnaître dans les *Traités de législation civile et pénale*, établis par Etienne Dumont, dans *Œuvres de Jeremy Bentham*, *op. cit.*, Vol. I, pp. 1-241.

Constitutional Code[104], consiste également à tenter de réformer les tendances profondes des hommes à la vengence, à l'indolence. D'où le lien étroit qui unit ce type d'action et l'éducation morale des individus.

Constamment, le droit doit s'adapter, se réactualiser au jour le jour afin de promouvoir l'utilité générale. Il s'agit de ce que Bentham appelle la « defeasable perpetuity[105] » du droit. Ainsi que le note J.-P. Cléro, « il faut se représenter le système juridique benthamien comme un immense système d'habilitation, où chacun, à sa place, exerce le principe d'utilité, c'est-à-dire cherche à maximiser les plaisirs et à minimiser les peines [...] Le législateur et le politique ne cessent de calculer en dynamiciens les forces réellement en jeu[106] ». L'impérativisme de la théorie du droit de Bentham n'est que le corollaire du volontarisme de sa science de la jurislation. Celle-ci devient un travail actif et de tous les instants et non un moment exceptionnel de la vie du droit. Toute règle revêt un aspect expérimental et perfectible[107]. Fondée sur la probabilité de la réalisation de certains faits et notamment sur l'influence des motivations des individus, elle est susceptible, du fait de sa confrontation avec le réel des sensations des citoyens, de subir des modifications constantes. A l'écoute des symptômes de la population, le jurislateur élabore les remèdes les plus appropriés. « Le débat concernant l'utilité d'une mesure de gouvernement, d'un article de conduite du sujet, est une question de fait.

---

[104] Cf. *infra*, pp. 246 et suiv.

[105] *Book of Fallacies*, *op. cit.*, p. 407.

[106] J.-P. Cléro, « La justice, les passions et les fictions. La théorie de la justice selon Hume, Bentham et Rawls », *op. cit.*, p. 110.

[107] D. Baranger, *op. cit.*, pp. 26-27, 31, 33.

Une question se rapportant à un problème de fait dépend de l'expérience, et doit être recueillie par l'observation[108] ».

Chaque modification du droit en vigueur en vue de répondre aux exigences de la maximisation du bonheur collectif est rendue aisée par la dissection précise des règles de droit que fournit Bentham. Toutes les divisions et discriminations qu'il opère au plan théorique ont une finalité pratique incontestable. Sachant la psychologie individuelle à travers sa science des passions, le jurislateur est en mesure de discriminer parfaitement quel élément de droit modifier, quelle règle altérative émettre, afin d'agir précisément sur un motif. L'analogie entre le travail d'un médecin et cet aspect chirurgical du travail de jurislation est suggérée par Bentham lui-même[109]. N.L. Rosenblum établit pour sa part un parallèle entre le serment d'Hippocrate et la déclaration inaugurale de tout fonctionnaire[110].

Les règles altératives ajoutées au code doivent amener à l'élimination du code des dispositions ainsi modifiées, de sorte qu'apparemment, il n'y ait jamais eu depuis le début qu'une seule règle[111]. Outre ce plan d'un corps complet de droit, Bentham assigne à son *expository jurisprudence* la tâche de rendre possible une « digestion » de la *common law*. Ainsi le droit pourra remplir sa fonction sociale.

---

[108] *A Comment on the Commentaries*, *op. cit.*, p. 28.

[109] *An Introduction to the Principles of Morals and Legislation*, *op. cit.*, p. 9.

[110] Cf. *infra*, pp. 246 et suiv.

[111] *Of Laws in General*, *op. cit.*, p. 170.

CONCLUSION DU CHAPITRE I

Censor et *expositor* sont chez Bentham les deux faces d'une même tension vers le plus grand bonheur. La *censorial jurisprudence*, en mettant en œuvre l'ensemble des instruments de l'*expository jurisprudence*, fournit le schéma d'un droit entièrement orienté vers la réalisation de cette fin. La réussite du droit mécaniste de Bentham et de la coordination dynamique qu'il imprime à l'activité des citoyens fournit un critère pour mesurer la défaillance de l'ordre juridique anglais. Dressant le plan formel d'un *Novum Organum* baconien de jurisprudence, il imagine un droit obéissant à une nouvelle logique, irrésistible pour les individus. « Un corps de droit est un mécanisme vaste et compliqué, dont aucune partie ne peut être pleinement expliquée sans le reste. Pour comprendre les fonctions d'une roue-balancier (*balance-wheel*) vous devez réduire en pièce la montre entière. Pour comprendre la nature d'une règle de droit vous devez réduire en pièces le code entier[1] ». Chaque règle de droit correspond non seulement au modèle du commandement de la théorie générale du droit mais encore

---

[1] *An Introduction to the Principles of Morals and Legislation*, *op. cit.*, p. 299, note b2.

au modèle newtonien d'un droit contrôlant, de manière définitive et dans toute l'étendue de leur action, les conduites des individus.

Ainsi, l'unité ontologique du droit est affirmée, de pair avec une unité téléologique. Le phénomène juridique, tel qu'il ressort de la *censorial jurisprudence* est donc unifié, ainsi qu'il l'était dans l'*expository jurisprudence*. Il permet d'insuffler une rationalité globale dans l'ensemble du corps social, dessinant le spectre d'une « raison d'Etat » utilitariste. Ce corps du droit, tel que le décrit Bentham, s'avère constitutif de la société dans la mesure où il fournit, de manière exclusive, la matrice où se déploient les activités des individus. Il appartient aux personnes investies par la constitution des fonctions supérieures de création de l'ordre juridique, elles-mêmes enserrées dans une telle matrice qui les fait concourir au plus grand bonheur, de promulguer inlassablement la jurislation utilitaire. Par le mouvement qu'elle imprime à l'action des agents publics, la constitution domine l'ensemble du droit. L'agencement de ce dispositif des pouvoirs revêt donc une importance essentielle. Il convient en conséquence d'étudier la politique constitutionnelle de Bentham.

CHAPITRE II – POLITIQUE CONSTITUTIONNELLE

La politique constitutionnelle de Bentham correspond à l'ensemble des prescriptions qui, selon lui, permettent à une société politique d'assurer, de manière toute mécanique, la poursuite par ses dirigeants de l'intérêt de tous. A l'instar de l'ensemble de son œuvre, la politique constitutionnelle dont Bentham se fait l'avocat tend à agir sur deux plans distincts. D'une part elle détruit rationnellement et implacablement, au moyen du principe d'utilité, ce qui est traditionnellement admis sans discussion. D'autre part, elle construit, en avançant des suggestions travaillées dans leurs moindres détails. Ainsi que l'affirme James E. Crimmins, « il critiquait rarement sans avoir la notion de ce qui devait prendre la place de ce qu'il dénonçait[1] ». Grand questionneur des choses établies, Bentham n'en est pas moins le bâtisseur minutieux d'un ensemble de réflexions qui, étant donné l'unité de vue qu'elles traduisent, dessinent peu à peu une

---

[1] J.E. Crimmins, « Bentham on Religion : Atheism and the Secular Society », dans *Journal of the History of Ideas*, Vol. 47 (1), 1986, pp. 95-110, repr. dans B. Parekh (ed.), *op. cit.*, Vol. II, p. 119.

« utopie utilitariste[2] ». Résolu à bannir les régimes politiques où prédomine l'intérêt du petit nombre, Bentham avance méthodiquement les arguments favorables à la démocratie représentative (Section I). Selon lui, la promotion du plus grand bonheur suppose l'instauration d'une manière de « république panoptique » (Section II).

SECTION I – LE REJET DES AUTRES REGIMES ET L'ACCEPTATION DE LA DEMOCRATIE

La maximisation de l'utilité générale indiquant l'objectif à atteindre, Bentham passe au crible du principe d'utilité l'ensemble des régimes politiques qu'envisage traditionnellement la doctrine juridique. Loin de suivre une trajectoire univoque, il semble que les préférences politiques de Bentham aient évolué au cours de sa réflexion, à tel point que l'on envisage parfois sa « conversion » au régime démocratique (§1). Mais davantage que sur une conversion idéologique, la défense par Bentham de la démocratie repose sur une analyse causale, de sorte qu'autant qu'un ensemble de prescriptions de politique constitutionnelle, il est possible de regarder sa doctrine comme l'énoncé de normes techniques. Etant donné le but, il ne ferait qu'indiquer les moyens de l'atteindre. Le rejet violent des régimes où l'intérêt du petit nombre prévaut (§2) s'accompagne de la promotion méthodique de la démocratie représentative utilitariste (§3).

---

[2] T.P. Peardon, « Bentham's Ideal Republic », *op. cit.*, p. 621.

§ 1. La « conversion » de Bentham à la démocratie

Dater avec précision le moment où Bentham est devenu un démocrate radical est l'une des questions les plus controversées parmi tous les auteurs qui se sont penchés sur son œuvre. Radical dès 1769 pour les uns[3], dès 1790 pour d'autres[4], les seules vingt-cinq dernières années de sa vie pour d'autres encore[5], la lecture traditionnelle, appuyée sur l'ouvrage de Elie Halévy[6], date la conversion des années 1808-1809. Elevé dans une famille traditionaliste, respectueuse du Roi et de la religion, Bentham a d'abord repris à son compte le conservatisme de Hume, qui refusait de mettre en question les fondements du pouvoir politique. Il a en effet longtemps estimé qu'après les Etats-Unis, le meilleur gouvernement demeurait celui de l'Angleterre. Dans un article à contre-courant, mais à l'argumentation fragile[7], C.D. Tarlton estime que loin de contester le gouvernement en place, Bentham tente au contraire de l'avertir des dangers qui le guettent. Sa critique de Blackstone reposerait essentiellement sur l'impuissance du conservatisme de celui-ci à guider les gouvernants. Or aucune preuve d'une telle intention n'est apportée. Rien, notamment dans la correspondance de Bentham, n'indique

---

[3] D.G. Long, « Censorial Jurisprudence and Political Radicalism : a Reconsideration of the Early Bentham », dans *The Bentham Newsletter*, June 1988, pp. 4-23.

[4] M.P. Mack, *op. cit.*, p. 17.

[5] J.H. Burns, « Jeremy Bentham : From Radical Enlightenment to Philosophical Radicalism », *op. cit.*

[6] E. Halévy, *op. cit.*

[7] C.D. Tarlton, « The Overlooked Strategy of Bentham's Fragment on Government », dans *Political Studies*, Vol. 20 (4), 1972, pp. 397-406.

une telle stratégie[8]. Celle-ci aurait quoi qu'il en soit été abandonnée par la suite, ainsi qu'en témoignent sans ambiguïté les ouvrages de réflexion constitutionnelle.

Bentham a d'abord fondé ses espoirs de réformer le droit sur l'appel de l'un des despotes éclairés de son temps. C'est en effet dans de tels Etats que s'opéraient les mouvements de codification. « Il faut, à côté du prince, un législateur ; le souverain fera participer le philosophe de son autorité, et le philosophe le souverain de sa science. Voilà l'alliance dont rêve Bentham[9] ». D'abord philanthrope confiant dans le pouvoir de la raison et dans l'honnêteté intellectuelle de ses concitoyens, Bentham espérait pouvoir les convaincre du bien fondé des réformes qu'il avançait. C'est avec la ruine financière qui suit l'échec du « panopticon »[10], notamment dû aux manœuvres dilatoires du Roi George III, que Bentham prend la mesure de la corruption des élites. Elles sont attachées aux places, sinécures et titres que leur confère le Roi. De plus, elles sont en proie à l'influence débilitante de l'Eglise[11]. Sa désillusion croissant, il lutte de plus en plus férocement contre elles et

---

[8] L. Burkholder, « Tarlton on Bentham's Fragment on Government, dans *Political Studies*, Vol. 21 (4), 1973, pp. 523-526.

[9] E. Halévy, *op. cit.*, t. 1, p. 187.

[10] Sur l'ensemble du sujet, cf. J. Semple, *op. cit.*

[11] J. Steintrager, *op. cit.*, p. 56. J.E. Crimmins, *Secular Utilitarianism. Social Science and the Critique of Religion in the Thought of Jeremy Bentham*, Oxford, Clarendon Press, 1990 et « Bentham on Religion : Atheism and the Secular Society », *op. cit.*, fait état de l'irréligion militante de Bentham. Dans *Church of Englandism and its Catechism Examined*, London, Effingham Wilson, 1818, celui-ci dresse un plan de démantèlement de la religion, intolérante sur l'homosexualité, les serments, les crimes de blasphème de la *common law*.

leurs intérêts particuliers. Ceux-ci reposent essentiellement sur une exploitation éhontée de l'ensemble de la population. Toutefois, on ne saurait limiter à l'amertume d'un projet déçu la « conversion démocratique ». E. Halévy a fait de la rencontre avec James Mill le tournant décisif de l'orientation politique de Bentham. « Bentham donne à Mill une doctrine, Mill donne à Bentham une école[12] ». C'est ainsi que se forme le groupe du radicalisme philosophique, nourri notamment des contacts que Bentham noue avec Cartwright[13], le premier théoricien du suffrage universel, et Francis Place. Leur doctrine repose essentiellement sur l'instauration d'élections égales, du suffrage universel, et du principe du consentement à l'impôt. Ils s'opposent, par leur respect de la propriété privée, aux nouveaux niveleurs favorables à la révolution et au retour de la terre à la collectivité. Westminster, où vit Bentham, devient le centre de l'agitation démocratique et, en 1807, les radicaux font élire le député populaire Francis Burdett.

La Révolution française, qu'il regarde d'abord avec enthousiasme, avant de se détacher de ses dangereuses fictions, de même que l'exemple des Etats-Unis, n'ont pas été sans influence sur Bentham. Les années 1790-1793 ont été pour lui un temps d'intense réflexion. Il a composé à cette occasion de nombreux ouvrages qui préfigurent sa théorie constitutionnelle ultérieure, notamment en matière de droit électoral, de règlement des assemblées parlementaires, de réforme des institutions juridictionnelles, ou encore de politique coloniale[14]. Sa gestion d'un panoptique avait même

---

[12] E. Halévy, *op. cit.*, t. 2, p. 125.

[13] John Cartwright, *Take Your Choice*, 1776.

[14] *False Principle Division of Power* ; *French Constitution Plan* ; *Essai sur la représentation* ; *Essay on Political Tactics* ; *Emancipate Your Colonies !*.

été acceptée. C'est pourquoi, la période allant de 1788 à 1792 est considérée presque unanimement comme celle d'une première conviction démocratique[15], à laquelle la Terreur aurait mis fin. Le système administratif napoléonien a manifestement impressionné Bentham, de même que la réussite outre-Atlantique, sur une grande échelle, d'un régime démocratique où, bien que le pouvoir soit au peuple, la propriété n'est pas menacée par l'anarchie. A ce titre, les Etats Unis remplissent chez Bentham un rôle rhétorique important. Approximation la plus poussée quoique imparfaite de ses idées, puisqu'ils restent fidèles à des institutions et des dogmes tels la séparation des pouvoirs, la *common law*, le bicamérisme, la révision juridictionnelle des lois, ou l'esclavage, ils sont un argument de poids en faveur d'une réforme des institutions et de ses avantages. S'étant débarrassés de l'aristocratie, ils sont en effet le cadre d'une liberté de pensée, d'une compétence politique et d'une efficacité administrative, tant au niveau de l'Etat fédéral qu'au niveau des Etats fédérés.

Pour N.L. Rosenblum, Bentham reste politiquement indéfini. Il cherche à s'adresser à tous les dirigeants d'Etats. Tout au long de sa vie, il a en effet tenté de saisir l'occasion d'offrir ses services de codificateur universel. Ainsi, il a eu des contacts tant avec Catherine II de Russie, pour laquelle son frère Samuel a travaillé[16], qu'avec l'Espagne, l'Italie, la

[15] M. James, « Bentham's Democratic Theory at the Time of the French Revolution », *op. cit.*

[16] Sur les activités, non négligeables, de Samuel Bentham en Russie, et ses relations avec son frère, cf. Ian R. Christie, *The Benthams in Russia. 1780-1791*, Oxford, Providence, Berg Publishers, 1993.

Grèce[17], Tripoli ou encore la Pologne[18]. Le *Constitutional Code* a été entrepris à la suite de l'acceptation en avril 1822 de sa proposition par les Cortes portugaises. Il s'est également beaucoup intéressé aux Etats qui émergeaient à la suite du démantèlement des Empires coloniaux espagnol et portugais. Il a ainsi noué des liens avec Bernardino Rivadavia en Argentine, José del Valle au Guatemala, Francisco de Paula Santander et Simon Bolivar en Colombie. Ce sont néanmoins sans conteste les Etats-Unis qui ont exercé sur Bentham la plus forte influence. Il a entretenu des contacts avec Andrew Jackson, Benjamin Franklin, James Madison. Il semble avoir nourri un amour quelque peu naïf pour les Etats-Unis[19] et, quoi que semble penser C. Williamson[20], son influence dans le Nouveau Monde a été quasi-nulle en dépit de ses efforts répétés. Les Etats-Unis conservent une forte tradition politique lockéenne, fondée sur certains droits naturels. Il est possible d'imaginer que la référence constante aux Etats-Unis constitue, au-delà de la preuve du succès d'une alternative au règne de l'intérêt funeste, l'élément d'un certain « art d'écrire[21] ». Pour

---

[17] F. Rosen, *Bentham, Byron and Greece. Constitutionalism, Nationalism, and Early Liberal Political Thought*, *op. cit.*, spéc. Chapters 5 et 6 ; *Securities Against Misrule*, *op. cit.*

[18] Sur l'intérêt de Bentham pour l'étranger, cf. K. Lipstein, « Bentham, Foreign Law and Foreign Lawyers », dans G.W. Keeton, G. Schwarzenberger (ed.), *op. cit.*, pp. 202-221.

[19] P.A. Palmer, « Benthamism in England and America », dans *American Political Science Review*, Vol. 35 (5), oct. 1941, pp. 855-871. Cf. par exemple les *Leading Principles of A Constitutional Code*, *op. cit.*

[20] C. Williamson, « Bentham Looks at America », dans *Political Science Quarterly*, Vol. 70 (4), Dec. 1955, pp. 543-551.

[21] Ce concept est dû à Leo Strauss qui le définit dans *La persécution et l'art d'écrire*, Paris, Presses Pocket, 1989. Une

Bentham en effet, face au raidissement de la Royauté et à la virulence de ses attaques, il peut sembler opportun, plutôt que de conspuer le régime de l'Angleterre, de vanter en contrepoint celui des Etats-Unis[22].

Le seul élément de certitude est qu'à travers son œuvre se manifeste un éloignement de plus en plus marqué par rapport à certains régimes et un rapprochement de plus en plus marqué par rapport à d'autres. « Il est si difficile de s'assurer des préférences politiques de Bentham ; il n'occupe pas une place déterminée sur le spectre libéral-radical-conservateur parce que son intérêt principal était de comprendre les exigences de l'Etat, ou du bon gouvernement. S'il préférait la démocratie, ce n'était que pour des raisons purement instrumentales[23] ».

Ce qui ressort essentiellement de l'œuvre de Bentham est la présentation de la démocratie moins comme issue d'un droit naturel de l'homme à se gouverner soi-même que comme le moyen le plus sûr de parvenir à la maximisation de l'utilité générale. Si la justification paraît décevante au regard des grands idéaux de la philosophie politique, elle n'en est que plus forte au plan pragmatique, puisqu'elle s'appuie sur un critère accessible à chacun : le principe d'utilité. Ainsi, de manière scientifique, sont congédiés les

---

redéfinition et un élargissement intéressants dans le cas de Bentham en sont proposés par Olivier Beaud, « L'art d'écrire chez un juriste : Carl Schmitt » dans Carlos-Miguel Herrera (dir.), *Le droit, le politique. Autour de Max Weber, Hans Kelsen, Carl Schmitt*, Paris, L'Harmattan, 1995.

[22] D.P. Crook, « The United States in Bentham's Thought », dans *Australian Journal of Politics and History*, Vol. 10, 1964, pp. 196-204.

[23] N.L. Rosenblum, *op. cit.*, pp. 151-152.

régimes qui assurent le règne des intérêts funestes de la minorité gouvernante.

§ 2. La critique des régimes où prévaut l'intérêt particulier

W. Blackstone établit, de manière très classique, une classification tripartite des régimes politiques, selon l'autorité détentrice du pouvoir souverain. Il distingue ainsi monarchie, aristocratie et démocratie. A ces différents régimes sont respectivement associées les idées de puissance, de sagesse et de bonté, chacun ayant néanmoins suffisamment des deux autres qualités pour être excellent. La démocratie serait ainsi la plus apte à viser la fin d'une loi, l'aristocratie à inventer les moyens d'y parvenir, et la monarchie à les mettre en œuvre. La « constitution » de l'Angleterre combine pour Blackstone l'ensemble de ces traits. Son exécutif est monarchique, son pouvoir législatif est formé du roi, de la Chambre des Lords aristocratique et de la Chambre des Communes démocratique. En conséquence, un tel régime cumule les avantages de chaque type idéal. La constitution serait donc équilibrée, tempérée, et la plus parfaite qui soit. Or Bentham remarque que le roi cumule deux fonctions, peut dissoudre les Communes et nomme les Lords, et que ces derniers influent de plus sur les élections à la chambre basse. Il met en doute la sagesse des Lords, et la consistance de leur « plus grande expérience ». En outre, pourquoi le gouvernement anglais cumulerait-il les avantages des trois régimes dont il s'inspire et non leurs défauts ? Plutôt que le plus parfait, pourquoi ne serait-il pas au contraire le plus débile du point de vue de la force, le plus dément du point de vue de la sagesse et le plus vicieux du point de vue de la bonté[24] ?

Loin de se contenter de ces reproches à caractère méthodologique du *Fragment*, Bentham, au moyen du principe d'utilité, est en mesure de faire le procès des régimes qui ne visent que l'intérêt de la minorité dirigeante (*ruling few*). Chacun étant porté à sacrifier l'intérêt de la communauté au sien propre, plus il en a le pouvoir, plus le risque est grand pour l'utilité générale. Le droit gouvernement (*good rule*) veille au plus grand bonheur du plus grand nombre, tandis que le mauvais gouvernement (*misrule*) ne se préoccupe que de l'intérêt de la minorité au pouvoir. Même si le *misrule* recourt particulièrement à la corruption et aux fictions, les instruments de tout gouvernement sont pour l'essentiel identiques. Tout dépend donc des conséquences de leur utilisation. Pour Bentham, la qualité d'un gouvernant est fonction de ses aptitudes. Il distingue tout d'abord l'aptitude morale, qui consiste à poursuivre l'intérêt du plus grand nombre, puis l'aptitude intellectuelle, qui consiste en une compétence de savoir et une capacité de jugement, et enfin l'aptitude active. La première est de loin la plus importante, car son absence en présence des deux autres est une circonstance aggravante pour le sacrifice de l'utilité commune[25]. L'aptitude morale est toujours maximale dans le peuple, et minimale dans l'individu.

---

[24] *Fragment sur le gouvernement*, *op. cit.*, pp. 147-148.

[25] « Economy as Applied to Office », *op. cit.*, pp. 1-122. Dans *On the Efficient Cause and Measure of Constitutional Liberty*, *op. cit.*, en 1790, Bentham estime déjà que trois éléments sont nécessaires au bon gouvernement : l'inclination (vers l'objectif du plus grand bonheur), l'intelligence et le pouvoir.

La monarchie absolue est le régime où règne en maître incontrôlé l'intérêt du roi. La communauté d'intérêt qu'il entretient avec l'ensemble de la population se limite à la communauté d'intérêt qui peut exister entre un loup et les agneaux qu'il dévore[26]. Il n'est responsable de ses actions que lorsqu'il le décide, c'est-à-dire dans son intérêt. Dès lors, aucune aptitude morale n'est présente. C'est en des termes d'une violence surprenante que Bentham s'en prend à la monarchie et à la caste des privilégiés dans son ensemble[27]. « Dans une Monarchie, à la tête de la plus haute classe des prédateurs est posté (*stationed*) l'archi-déprédateur – le Monarque : un parasite dans l'estomac duquel, pour la petite chance d'augmenter la félicité de ce seul être, les moyens de subsistance de milliers et de dizaines de milliers d'autres revendications aussi bonnes que la sienne sont consommés. [...] Dans les parties les plus hautes de l'aristocratie peuvent être vus les teretes, l'espèce molle et luisante, ainsi que le

---

[26] *Constitutional Code*, dans *The Works of Jeremy Bentham*, *op. cit.*, Vol. IX, p. 102. Une autre image est employée dans « Supreme Operative », dans *First Principles Preparatory to Constitutional Code*, *op. cit.*, p. 155 : le seul partage d'intérêt entre le roi et son peuple est l'équivalent de la « community of interest between a Post-master and his Post-horser : but this community of interest suffices not for saving them from an untimely death at the end of a life of torment ».

[27] « Constitutional Code Rationale », *op. cit.*, p. 318 : « The caste of the priviledged orders : to that caste in which no individual, who, not belonging to it, has any tolerably correct conception of the nature and the effects of it, can fail to behold a species of men by whom a comparatively small mass of felicity is possessed at the expense of a much more than equiponderant mass of infelicity to others, whose existence is an injury to all others, and in one word a universal nuisance ».

souligne le nom, et dans le Monarque, le *ver solitaire*[28] ». Isolé du peuple et de ses préoccupations et besoins, le monarque est élevé dans l'opulence, la jouissance, le pouvoir et les honneurs factices. Jamais ne s'impose à lui l'obligation de travailler afin d'acquérir une compétence intellectuelle ou active[29]. Pour Bentham, il se situe « à un niveau au moins aussi bas que celui d'un enfant en couches[30] ». L'ensemble des éléments qui sont à sa disposition sont autant d'instruments de corruption[31]. Chaque portion de pouvoir, d'argent ou d'honneur que le roi peut distribuer appelle des

---

[28] *Securities Against Misrule, op. cit.*, p. 68. La dernière expression est en français dans le texte.

[29] *A ses concitoyens de France sur les chambres de pairs et les sénats, op. cit.*, p. 48 : « La vérité de tout ceci est que plus il y a de dignité, avec ses indispensables soutiens, moins il y a de capacité. Pour la capacité morale, par exemple, il faut de l'abnégation, chose ennuyeuse ; pour la capacité intellectuelle et active, il faut de l'opiniâtreté dans le travail, autre chose ennuyeuse. Et comme la quantité d'ennui et de peine qu'un homme consent à prendre est toujours en proportion avec le besoin qu'il a de s'y soumettre, moins il en aura besoin, moins il en prendra ».

[30] « Supreme Operative », dans *First Principles Preparatory to Constitutional Code, op. cit.*, pp. 210-211.

[31] *Fragment sur le gouvernement, op. cit.*, préface non publiée de la seconde édition, p. 175 : « L'intérêt de l'homme d'Etat au pouvoir s'oppose à l'intérêt de l'ensemble des sujets, au sein d'un gouvernement qui met entre les mains du gouvernant le pouvoir de réaliser une inclination qui se trouve ordinairement dans tous les cœurs ; le pouvoir, à un degré suffisant pour porter au maximum de perfection le système de déprédation et d'oppression ; le pouvoir au moyen de la corruption et de la tromperie, qui constituent l'essence de cette forme de gouvernement et qui viennent s'ajouter à la force physique et aux moyens d'intimidation et de rémunération qui appartiennent nécessairement à toute forme de gouvernement ».

candidats, c'est-à-dire des individus prêts à réaliser le sacrifice funeste de l'utilité générale à la leur propre. Pour chaque corrupteur, il y a davantage encore de corrompus, de sorte que règne une atmosphère de corruption généralisée. Laisser l'attribution des fonctions politiques, dont dépend le bonheur de la population, au hasard de la généalogie est une folie pour Bentham[32]. Placés dans ces fonctions par leurs propres mains et soustraits par là même à tout contrôle, les rois et aristocrates ne poursuivent que leur intérêt. C'est pourquoi dans le *Constitutional Code*, Bentham confie le pouvoir constitutif au peuple. Il est par ailleurs extrêmement difficile de se débarrasser d'un roi nuisible. Au contraire, un système d'élection assure une sanction constante et certaine de l'incompétence.

La monarchie absolue, quel qu'en soit le prix pour la population, poursuit son intérêt particulier. Les individus sont abusés par le faste royal, qui donne l'illusion de la compétence et se dresse comme un titre à l'obéissance, et par l'influence corruptrice des discours vantant leur communauté d'intérêt avec les personnes qui les exploitent. A ce titre, afin de rendre chacun capable de déjouer les fictions, les termes eulogistiques, et ainsi, de calculer son véritable intérêt, Bentham élabore un programme d'enseignement des savoirs utiles[33]. Le souverain méprisant ses sujets, son droit ne fait

[32] « Constitutional Code Rationale », *op. cit.*, p. 239 : « In the case of Monarchy, the locative function is placed in the hands of blind chance under the name of birth, the dislocative in no other hands than those of death, should be regarded as affording a better probability of relative aptitude than is afforded by human judgment, judgement exercised by those who have the strongest interest in the correctness of it, is among those questions which look for an answer ».

[33] J. Bentham, *Chrestomatia*, M.J. Smith, W.H. Burston (ed.), Oxford, Clarendon Press, 1983.

que le protéger et les asservir. C'est pourquoi, « sous une Monarchie, la population est composée des insulteurs et des insultés, des corrupteurs et des corrompus, des abuseurs et des abusés, des brutes et des lâches, des hypocrites et des dupes[34] ».

L'analyse de la monarchie limitée, tant par l'élection de représentants que par la présence d'une aristocratie, révèle, plus qu'un type original de promotion des intérêts particuliers aux dépens de l'ensemble de la population, l'influence corruptrice du roi. Bentham développe dans plusieurs passages une théorie très élaborée de la corruption. Elle peut opérer par le mal, c'est-à-dire la menace, et par le bien, c'est-à-dire les récompenses en tout genre. Elle peut également avoir pour origine le comportement d'individus (*personally seated*) ou être due au système de gouvernement lui-même (*systematically seated*). Une monarchie limitée tend à devenir aussi absolue que possible. Le roi, les aristocrates et les représentants du peuple se coalisent afin d'exploiter ce dernier. Au moyen de l'argent, du pouvoir et des honneurs factices qu'il est en mesure de dispenser, le roi s'assure la complaisance des individus censés en limiter le pouvoir. L'extorsion n'en est que plus efficace, car dissimulée sous l'apparence d'un régime modéré. Les métaphores mécaniques de balance des pouvoirs et d'équilibre, de même que l'idée chimique de mélange remplissent un rôle de légitimation. « Etablir une telle forme de gouvernement est par conséquent établir un partenariat – partenaire dirigeant le Monarque, partenaires inférieurs les représentants du peuple[35] ». Etant donné le phénomène d'utilité marginale décroissante, ces individus qui, d'avance,

---

[34] « Supreme Operative », *op. cit.*, p. 171.

[35] *Ibid.*, p. 201.

sont largement dotés, doivent exploiter le peuple dans des proportions de plus en plus grandes.

Dès lors, Bentham peut conclure : « Etre gouverné par des hommes qui sont eux-mêmes sous la domination d'un intérêt opposé au nôtre, est-ce autre chose que d'être gouverné par ses ennemis ? [36]»

En classant, en fonction de leurs aptitudes, les différents membres de la population, Bentham place, par ordre croissant, le monarque absolu, le monarque limité, l'aristocrate, l'individu moyen non fonctionnaire et enfin le membre du constitutif suprême (*supreme constitutive*) d'une démocratie représentative. C'est en effet ce dernier régime qui lui semble de nature à assurer l'identification de l'intérêt des gouvernants à celui des gouvernés et, par conséquent, à conduire au plus grand bonheur. Le moyen essentiel en est l'élection.

§ 3. Le principe de la démocratie représentative

La notion de représentation chez Bentham repose essentiellement sur l'idée d'une division du travail entre gouvernants et gouvernés. Cette répartition des tâches ne doit pas aboutir cependant à mettre aux mains des premiers les moyens d'exploiter les seconds. Ils ne doivent être vus que comme titulaires d'un pouvoir de type fiduciaire. Contrairement à ce qu'affirme Frederick Rosen[37], cette idée, corollaire de celle de « trust » confié au gouvernant, est bien

---

[36] *Fragment sur le gouvernement, op. cit.*, préface non publiée de la seconde édition, p. 176.

[37] F. Rosen, « Jeremy Bentham : Recent Interpretations », dans *Political Studies*, Vol. 30 (4), 1982, pp. 575-581.

présente dans le *Constitutional Code*[38]. Composé d'amateurs incompétents, dont la moitié étaient redevables de leur place au patronage, le Parlement de son temps était largement contrôlé par le Roi. Il s'agit pour Bentham, au moyen du droit constitutionnel, de faire coïncider autant que possible les intérêts des *ruling few* et ceux des *subject many.* L'accès et le maintien aux fonctions gouvernementales passe par la satisfaction de l'utilité générale. Du fait de cette dépendance, Bentham rejette le terme de « représentation », déjà employé à propos des mineurs et des aliénés, et lui préfère celui de « délégation ».

La démocratie, c'est-à-dire au premier chef l'universalité du droit de vote, ne repose pas sur l'idée d'une égale dignité naturelle des hommes ou sur un droit moral à s'exprimer. Elle se justifie en termes de calcul d'utilité collective. Il s'agit de conférer aux individus dont l'intérêt est la maximisation de l'utilité générale la désignation, la révocation et le contrôle des gouvernants. Ainsi, ces derniers sont détournés du sacrifice funeste. La démocratie est inséparable de l'idée que personne n'est en mesure de dire *le* juste pour l'ensemble de la société. Le jurislateur ne cherche pas à promouvoir des plaisirs dits « meilleurs » mais essaie de trouver une combinatoire de satisfactions individuelles qui maximise l'utilité globale. Dès lors, puisque chacun est également susceptible d'éprouver de l'utilité, et qu'une quantité donnée de plaisir est d'égale valeur quel que soit celui qui l'éprouve, le système électoral doit être en mesure de laisser chacun affirmer ce qui maximise son utilité. Il n'est qu'un moyen pour le jurislateur de pratiquer une arithmétique des plaisirs aussi authentique que possible.

---

[38] *Constitutional Code*, Vol. I, F. Rosen, J.H. Burns (ed.), *op. cit.*, p. 40.

Les publications de Bentham en faveur du suffrage universel marquent une radicalisation continue de ses positions. L'*Essay on Representation* de 1790[39] préconise l'égalité de vote et son ouverture la plus large. Le *Catéchisme de la réforme parlementaire* de 1810 réclame des élections annuelles, un scrutin égal entre les districts et le secret du vote. En 1817, Le *Plan of Parliamentary Reform*, prolongé par un *Radical Reform Bill*[40], avance le principe de suffrage « virtuellement universel ». Seules sont admises les défalcations contribuant au plus grand bonheur, c'est-à-dire celles des aliénés mentaux, des mineurs, des soldats habitués à obéir à un chef, et de certains criminels. Il est à remarquer que Bentham reconnaît le droit de vote aux femmes[41]. Le vote doit être libre. A ce titre, le secret est essentiel. En effet, il empêche un corrupteur éventuel d'être certain que sa corruption sera efficace. Il en est donc automatiquement détourné. Ainsi, le vote est le produit authentique des calculs utilitaires de chacun et est en mesure de fournir une information fiable pour le calcul jurislatif.

Les élus, ainsi que le confirme le *Constitutional Code*, sont soumis à une stricte obligation d'assiduité. Ils doivent

---

[39] Dans M.P. Mack, *op. cit.*, Appendix D, pp. 448-453.

[40] *Radical Reform Bill, With Extracts from the Reasons*, *op. cit.*

[41] En traitant du Tribunal de l'opinion publique dans *Securities Against Misrule, op. cit.*, Bentham écrit, p. 58 : « Not excluded from this judicatory are, as such, any person of the female sex. From the exercise of a share of the Constitutive power by means of votes in the election of the possessors of the Supreme operative power or a share in it, they the gentler half of the species stand as yet excluded by tyranny and prejudice ». Dans l'*Essay on Representation, op. cit.*, rédigé pour l'Assemblée nationale française, Bentham les exclut du droit de vote, non sans souligner, avant de s'écarter prudemment du sujet, la faiblesse des raisons qu'il invoque de manière toute rhétorique.

être entièrement dépendants de leurs électeurs (*consituents*), mais uniquement de leurs électeurs. Le système de vote conçu par Bentham assure la promotion de l'intérêt commun de l'ensemble de la population. En effet, pour être élu, le candidat doit satisfaire les intérêts des électeurs. Il doit, afin d'obtenir la majorité dans sa circonscription, répondre aux désirs de cette majorité, c'est-à-dire aux intérêts que les individus qui la composent partagent. Une fois élu, les propositions qu'il avance ne sont adoptées que si elles coïncident avec les intérêts de la majorité des autres élus. Finalement, puisque le pouvoir est conféré aux personnes dont l'intérêt est la réalisation du plus grand bonheur, seules voient le jour les lois assurant la promotion de l'intérêt commun, c'est-à-dire de la partie de l'intérêt de chacun qui ne s'oppose pas à celui des autres[42]. Si, lors d'un vote, l'intérêt de ses électeurs s'oppose à l'intérêt de l'ensemble de la population, l'élu ne commet pas une faute en votant en faveur du premier. En effet, s'il ne sert pas l'intérêt le plus vaste, ce vote n'a pas d'effet nuisible. Il lui est en outre possible, par son discours, de défendre l'utilité commune et de voter néanmoins pour l'intérêt de ses seuls électeurs. Ainsi, il remplit ses deux devoirs. L'intérêt funeste est, quoi qu'il en soit, banni de l'agencement constitutionnel.

L'une des objections qui a très rapidement été adressée, notamment par J.S. Mill, au système de Bentham tient à la possibilité d'une tyrannie de la majorité[43]. Pour Bentham, une telle oppression est en toute hypothèse

---

[42] M. James, « Public Interest and Majority Rule in Bentham's Democratic Theory », dans *Political Theory*, Vol. 9 (1), Feb. 1981, pp. 49-64.

[43] J. Steintrager, *op. cit.*, Chapter V « A Tyranny of the Majority ? » ; J.S. Mill, « Bentham », *op. cit.*, p. 168 emploie l'expression « despotism of public opinion ».

préférable à celle d'une minorité, telle la corporation des juristes ou des ecclésiastiques[44], sur l'ensemble de la population. Dans la mesure où chacun est le meilleur juge de son intérêt, la majorité est meilleure juge de l'intérêt du plus grand nombre. S'il n'estime pas le peuple suffisamment apte à se gouverner lui-même, Bentham le considère cependant capable de choisir ceux qui gouverneront en vue du plus grand bonheur. Selon L. Campos Boralevi[45], Bentham se méfie néanmoins de la force qui ne vient que du nombre. C'est pourquoi qu'il développe une certaine volonté d'éduquer politiquement le peuple, notamment par la presse et la participation au Tribunal de l'opinion publique.

La participation du peuple à la détermination des fins du gouvernement s'inscrit dans un vaste système institutionnel et ne se limite pas à l'élection annuelle de délégués. Bentham ne se contente pas de militer en faveur du suffrage universel. Au terme de sa vie, il livre le canevas inachevé d'une république assurant le plus grand bonheur du plus grand nombre. L'œuvre immense qu'est le *Consitutional Code* fournit le modèle de la république utilitariste idéale.

---

[44] Ces deux catégories sont répertoriées dans l'Appendice au Chapitre Ier du *Manuel de sophismes politiques*, *op. cit.* parmi les « personnes dont les opinions exprimées sur une question de législation sont particulièrement susceptibles d'être empreintes de fausseté sous l'action de l'intérêt néfaste ».

[45] L. Campos Boralevi, *op. cit.*

SECTION II – LA REPUBLIQUE UTILITARISTE DE BENTHAM

Les intérêts du *Constitutional Code* de Bentham sont multiples et attestent le caractère de couronnement d'une vie de réflexion de cet ouvrage monumental. A la suite de Frederick Rosen, il est possible d'en mettre en évidence quatre aspects fondamentaux : la codification et l'établissement du *pannomion*, l'économie et la réforme administrative et gouvernementale, le radicalisme politique et enfin la réforme juridictionnelle. C'est essentiellement du second aspect qu'il est question ici, les autres ayant été abordés par ailleurs. L'organisation des institutions que propose Bentham représente l'une des premières études d'importance sur le phénomène administratif. A ce titre, il n'est pas inapproprié de le rapprocher de Max Weber[46]. L'agencement de l'appareil étatique benthamien répond, de manière systématique et rationnelle, à l'objectif du plus grand bonheur (§1). Tendu dans son entier vers la jonction des intérêts des gouvernants et des gouvernés, le *Code* met les agents publics sous la surveillance constante du Tribunal de l'opinion publique. La prégnance de cette institution fondamentale n'est pas sans donner l'impression chez Bentham d'un certain « panoptisme » en politique (§2).

§ 1. Les cadres de l'Etat benthamien

Entrepris en 1822, le *Code constitutionnel* de Bentham demeure inachevé à sa mort, en 1832. Des trois volumes prévus, Bentham n'a publié que le premier. L'ensemble était

---

[46] N.L. Rosenblum, *op. cit.*, p. 118 : « This detailed scheme looks forward to Weber's work on bureaucracy ».

destiné, aux côtés du code civil, du code pénal et du code de procédure[47], à s'intégrer dans le *pannomion.* Les articles du *Code constitutionnel* se distribuent sous cinq rubriques, et fournissent d'une certaine manière un archétype du droit benthamien. Les dispositions « enactive » sont celles qui sont en vigueur. Les « expositive » définissent les termes employés. Les « ratiocinative » en indiquent les raisons[48]. Les « exemplificational » fournissent des exemples. Les « instructional » donnent des instructions au législateur. Le *Code* de Bentham met en place plusieurs autorités, toutes orientées vers le plus grand bonheur (A). L'activité de celles-ci se distribue sur un territoire minutieusement organisé (B).

A. Les autorités de l'Etat benthamien

Des différentes autorités que crée le *Constitutional Code*, la plus importante est l'autorité constitutive (1). Les autres autorités sont dites « opératives ». Il est possible de distinguer l'autorité législative, l'autorité administrative et l'autorité juridictionnelle. Les deux premières réunies forment le gouvernement. Les deux dernières réunies forment l'exécutif : les autorités administrative et juridictionnelle exécutent en effet les ordres de la Législature, respectivement hors de tout litige et en cas de litige. L'autorité législative est donc l'opérative la plus importante (2), dont les autres mettent en œuvre la volonté (3).

---

[47] Celui-ci n'est pas uniquement un code de procédure juridictionnelle, lié au *Rationale of Judicial Evidence*, mais aussi une continuation du code constitutionnel.

[48] Cf. également « Promulgation des lois. Promulgation des raisons des lois », dans *Œuvres de Jeremy Bentham*, *op. cit.*, t. 1, pp. 265-279.

1. L'autorité constitutive

La distinction de l'autorité suprême de l'Etat et du pouvoir législatif ne date pas du *Constitutional Code*. Elle est déjà présente dans *On the Efficient Cause and Measure of Constitutional Liberty*[49], où Bentham pose les jalons des développements complets de sa pensée constitutionnelle des années 1820. L'idée d'assurer la liberté constitutionnelle par une dépendance radicale des détenteurs du pouvoir envers la volonté du peuple est déjà présente dans plusieurs manuscrits de 1790. Il est donc possible de relativiser la chronologie de la rupture que suggère A. Loche[50] entre les écrits traitant de la limitation du souverain et ceux reposant sur le contrôle du pouvoir législatif par le peuple.

L'autorité constitutive appartient aux électeurs et consiste à instituer (*locate*) et destituer (*dislocate*) le législateur, conformément aux dispositions du code électoral[51]. La destitution en cours de mandat résulte d'une pétition argumentée en termes utilitaires adressée par la population au ministre. Celui-ci fixe une date de vote et si la motion de destitution l'emporte, la vacance est comblée après une élection normale. Faire des personnes dont l'intérêt est le plus grand bonheur du plus grand nombre les supérieurs des autorités étatiques est le moyen d'assurer l'aptitude morale. Aussi était-il essentiel pour le système benthamien de faire des électeurs l'une des autorités constitutionnelles, partie intégrante de la mécanique destinée à favoriser la poursuite du bonheur du plus grand nombre.

---

[49] Dans M.P. Mack, *op. cit.*, Appendix E, p. 456.

[50] « Limite e controllo della sovranità in Jeremy Bentham », *op. cit.*

[51] L'« Election Code » est une réutilisation par Bentham de son *Radical Reform Bill*.

Cette présence constitutionnelle du peuple est visible au niveau de l'ensemble des autorités opératives.

2. L'autorité législative

L'autorité législative institue les chefs des autres départements, les dirige et les sanctionne. Le pouvoir de la Législature suprême, par opposition aux sublégislatures situées dans les districts locaux, est illimité. « Le Législatif suprême est omnicompétent. Son champ d'exercice spatial est aux dimensions du territoire de l'Etat, son champ d'exercice logique aux dimensions de l'action humaine. A son pouvoir il n'est pas de limites. A la place de limites, il a des contrôles (*checks*)[52] ». Toutes les autres autorités opératives lui sont subordonnées et ont pour fonction de mettre en œuvre sa volonté. L'organisme d'enquête législative (*legislation enquiry judicatory*) recueille les informations nécessaires à l'édiction d'une règle de droit. La Législature siège six jours sur sept en séance publique, de sorte que l'aptitude active est maximisée. Une table tactique indique les règles de discussions, tandis qu'une table des sophismes décrit les arguments dont il faut se méfier[53], favorisant ainsi l'efficacité et la pertinence des débats. L'auditoire populaire présent doit être considéré comme l'un

[52] *Constitutional Code*, Vol. I, F. Rosen, J.H. Burns (ed.), *op. cit.*, p. 42. Dans *First Principles Preparatory to Constitutional Code*, p. 6, Bentham définit la législation comme le « power of imposing upon persons of all classes, obligations of all sorts, for purposes of all sorts, and with reference to things of all sorts ».

[53] A travers ces réutilisations de la *Tactique des assemblées politiques délibérantes*, dans *Œuvres de Jeremy Bentham*, *op. cit.*, Vol. I, le premier traité de droit parlementaire, et du *Manuel de sophismes politiques*, *op. cit.*, c'est bien l'ensemble de son œuvre que Bentham met ici au service de sa politique constitutionnelle.

des comités du Tribunal de l'opinion publique, assurant le contrôle des gouvernants. Le mandat de la Législature est annuel, afin de ne laisser aucune prise à la corruption. Un comité de continuation est cependant élu et siège auprès de la Législature suivante afin de poursuivre le travail entrepris. Pour Bentham, tous les avantages de la rééligibilité sont présents dans ce comité, de sorte que celle-ci est exclue dans l'immédiat. Ainsi le peuple est en mesure d'acquérir de l'expérience en politique.

Constamment, Bentham a nié l'utilité d'une seconde chambre. En s'adressant *A ses concitoyens de France sur les chambres de pairs et les sénats*[54], de même qu'à Andrew Jackson, dans son *Anti-Senatica*[55], Bentham estime qu'une telle organisation institutionnelle est facteur de perte de temps, alors qu'une mesure peut être urgente. S'il s'agit d'améliorer le débat, alors la première chambre n'a qu'à prendre le temps de réfléchir. Si les deux instances s'accordent, alors le délai n'aura été qu'en pure perte. Si au contraire elles s'opposent, c'est la paralysie qui en résulte, sauf à faire prévaloir la volonté de l'une d'elles. Mais dans cette hypothèse, pourquoi ne pas la laisser décider seule ? Il n'est d'aucune utilité d'entretenir encore un groupe de personnes dont on ignore de plus le mode de nomination précis. Une telle institution comporte le risque de faire prévaloir la minorité sur la majorité. Ainsi, dans le cadre d'un bicamérisme égalitaire, si cinq cents députés unanimes adoptent une loi et que trois sénateurs sur cinq votent contre, trois individus bloquent la volonté de cinq cent deux autres. En toute hypothèse, « quels que soient ces avantages, ils

---

[54] *Op. cit.*

[55] *Op. cit.*

seraient bien plus grands appliqués à la première chambre[56] ».

L'élu est susceptible d'être démis de ses fonctions lorsqu'il est atteint de dérangement mental, lorsqu'il démissionne, lorsqu'il accepte un autre poste officiel, lorsqu'il commet une infraction, ou lorsqu'il perturbe les travaux de l'assemblée. Pour Bentham, « l'ensemble des sécurités, proposées ici en référence au département le plus élevé, la Législature, constitue le point de départ d'un système universel de sécurités similaires, couvrant la totalité de l'établissement officiel, et s'appliquant à tous les agents publics, dans chaque département et subdépartment[57] ». Les sécurités[58] garantissant les différentes aptitudes des agents publics tiennent à leur nomination par ceux dont l'intérêt est le plus grand bonheur, à leur responsabilité, à la brièveté de leur mandat, à leur non-rééligibilité immédiate pour les élus et à leur révocabilité immédiate pour les autres, qui sont en général nommés à vie, et à la publicité de leur activité. Les aptitudes morale et active reposent plus spécifiquement sur une obligation d'assiduité et sur leur sujétion au Tribunal de l'opinion publique. L'aptitude intellectuelle passe par une période d'examens et de préparation. Avant son entrée en fonctions, tout agent public lit la déclaration inaugurale prévue au Chapitre VII du *Code*. Il y reconnaît la fin du gouvernement, s'engage à poursuivre assidûment les quatre buts de la jurislation, à minimiser la dépense, à assurer la

---

[56] *A ses concitoyens de France sur les chambres de pairs et les sénats*, *op. cit.*, p. 54.

[57] *Constitutional Code*, Vol. I, F. Rosen, J.H. Burns (ed.), , *op. cit.*, p. 117.

[58] Ces « sécuritiés » sont à mettre en relation avec la fin première de la jurislation. Nul doute que si le concept avait été différent, Bentham aurait employé un autre terme.

publicité et la clarté du droit, à rester subordonné à l'autorité constitutive. Tout agent nomme par ailleurs un substitut (*depute*) qui le remplace s'il est absent ou en cas de surcharge de travail, de sorte qu'une personne est toujours présente à chaque poste. Il s'agit de la « self-suppletive function ».

L'autorité législative dispose d'un champ d'action *a priori* indéterminé. L'ensemble des autres autorités de l'Etat constitue le vecteur de sa volonté.

3. Les autorités exécutives

A la tête du département administratif se trouve le Premier Ministre. Son champ spatial de compétence coïncide avec celui de la Législature. Son champ logique de compétence, en revanche, correspond à celui de la Législature d'où est défalqué de celui du Ministre de la Justice[59]. Il doit donner exécution à la volonté du pouvoir constitutif et de la Législature, diriger le département administratif, nommer et révoquer les ministres, commander la force défensive terrestre. Il ne communique avec la Législature que par lettres et n'est autorisé à y pénétrer que pour s'expliquer ou à la suite d'une invitation. Son message peut ne constituer qu'une simple information, émettre des suggestions générales, proposer une règle. Chaque début d'année, il présente l'état du pays. Nommé et révocable à

---

[59] *Constitutional Code*, Vol. I, F. Rosen, J.H. Burns (ed.), *op. cit.*, p. 147 : « By the Prime Minister's logical field of service, understand that ideal space, within which is to be found the aggregate of the several *persons* and *things* constituting the subject matter of the *operations* performed, and correspondant functions exercised, by him, - together with the aggregate of the *operations*, which he is *empowered* to exercise, in relation to those same *persons* and those same *things* ».

souhait par la Législature, son mandat est de quatre ans non immédiatement renouvelables[60].

A chaque Ministre revient un sub-département, le cumul étant autorisé. Le ministre est nommé à vie, l'étendue de sa compétence étant inférieure à celle de la Législature et son aptitude augmentant avec le travail. Les ministres sont aussi aisément révocables que tout fonctionnaire, par le Premier ministre, l'opératif suprême, et le peuple. Treize ministères[61] sont définis par Bentham, qui appellent chacun des compétences particulières : celui des élections, de la législation - qui détaille les tâches correspondant à chaque fonction (d'amélioration, de statistique, de rédaction, d'impression et de diffusion du *pannomion*, de contrôle des sublégislatures) -, de l'armée, de la marine, de la prévention (calamités et délinquance), de la communication intérieure, du soulagement de l'indigence, de l'éducation, du domaine (immeubles qui appartiennent au gouvernement pour le bénéfice de la communauté), de la santé, des relations extérieures, du commerce, des finances. Certains de ces postes constituent des propositions révolutionnaires pour l'époque[62]. Ce n'est qu'en 1902 que sera créé outre-Manche un ministère de l'éducation, et en 1919 que sera créé un ministère de la santé. Les conflits de compétence sont départagés par le Premier Ministre qui nomme tous les Ministres sauf celui de la Justice. Il est à noter qu'il n'existe pas de ministère de la religion. Le Ministre dispose d'un

---

[60] Dans *Securities Against Misrule*, *op. cit.*, pp. 279-285, Bentham propose une durée de un an, renouvelable après un intervalle d'un an.

[61] B.B. Schaffer, « The Idea of the Ministerial Department : Bentham, Mill and Bagehot », dans *Australian Journal of Politics and History*, Vol. 3, 1957, pp. 60-78 note que Bentham est le premier à théoriser le département ministériel de type moderne.

[62] R. Harrison, *Bentham*, *op. cit.*, p. 259.

siège à la Législature et remplit relativement à la législation des fonctions d'argumentation, d'initiative et de réponse, sans toutefois voter la loi. Les fonctions des ministres se distinguent selon qu'elles ont trait aux personnes (nomination, révocation, direction, « self-suppletive »), aux choses (acquisition, conservation et entretien, application pour les buts du service, réparation, transformation, élimination, inspection), à la fois aux personnes, aux choses et à l'argent (statistique, enregistrement, publication, information du supérieur), ou encore à la fois aux personnes, aux choses, à l'argent, aux statistiques, aux règles de droit, à l'enregistrement et à la publication (suggestion des améliorations possibles).

Le Ministre de la Justice, à la tête du département juridictionnel, occupe un statut particulier. Il est élu par la Législature, puisque tout comme le Premier Ministre, sa fonction est d'exécuter la loi, quoique ce rôle soit cantonné à l'hypothèse de litiges. Une telle fonction n'est qu'une excroissance de la législation : le législateur doit donc décider qui la remplit.

Le système bureaucratique de Bentham est hiérarchisé. De manière générale, il refuse l'idée des autorités collégiales (*board*). Outre leur coût, elles contribuent en effet, par leur fonctionnement opaque, à diluer la responsabilité. De plus, elles sont l'occasion de partager un intérêt funeste. C'est pourquoi Bentham divise et distingue précisément les tâches, afin qu'elles puissent toutes être assignées à un individu précis. De l'intelligibilité des tâches dépendent tant l'efficacité du pouvoir que le contrôle du peuple. Entre le Ministre et le « writing clerck », il y a place pour une large variété de grades. La subordination résulte des pouvoirs de direction, suspension, révocation, punition, et remplacement. Le supérieur étant responsable du subordonné qu'il nomme, celui-ci doit l'informer de son travail, en vue d'éviter les délais et les mauvais comportements, notamment vis-à-vis des administrés. L'idée de Bentham est de minimiser le coût que représente le gouvernement. Aussi, la détention du pouvoir étant en elle-même, dans une certaine proportion, sa propre rémunération, il est possible d'organiser un système de compétition pécuniaire. Après avoir été sélectionnés pour leurs aptitudes, les candidats annoncent la somme qu'ils exigent pour entrer en fonctions. A compétence égale, le moins disant l'emporte. Ainsi, en vue du plus grand bonheur, l'aptitude officielle est-elle maximisée, et la dépense, minimisée[63]. L'exclusion par la république des honneurs factices est encore une source d'économies. Seuls les services extraordinaires rendus à la collectivité sont récompensés, selon un système de contrôle complexe appuyé notamment sur un registre des services méritoires[64].

Le pouvoir hiérarchique et le contrôle parallèle du Tribunal de l'opinion publique assurent une responsabilisation constante des agents publics. Le fonctionnaire est responsable devant son supérieur, qui l'est devant le ministre, lui-même responsable devant le Premier ministre qui l'est devant la Législature, tous l'étant devant le peuple.

Les différentes autorités que Bentham met en place de manière coordonnée sont toutes rendues pleinement responsables de leur poursuite effective du plus grand bonheur. C'est un même souci systématique qui régit l'agencement territorial de l'Etat benthamien.

---

[63] Dans *Official Aptitude Maximized, Expense Minimized*, *op. cit.*, Bentham défend le principe d'économie contre Burke, Peel, Rose et Eldon.

[64] « Constitutional Code Rationale », *op. cit.*, p. 308.

B. L'organisation territoriale de l'Etat benthamien

Ainsi que l'avait anticipé un écrit de 1790[65], le territoire de l'Etat où est promulgué le *Code* est divisé en districts qui envoient chacun un élu à la Législature suprême, et constituent chacun le siège d'une sublégislature. Les districts sont eux-mêmes divisés en sub-districts puis en bis-sub-districts et ainsi de suite. Dans un souci de simplicité et d'uniformité, Bentham recommande à cette fin d'employer un opérateur mathématique fixe, ainsi que l'avait fait Mirabeau lors de la division de la France en départements.

Quoique Bentham avoue sa préférence pour un gouvernement simple par rapport à un gouvernement fédéral, son *Code* est adapté aux deux situations. Au niveau local, l'administration centrale apparaît comme dédoublée. Une telle uniformité favorise la mise en œuvre claire et intelligible de la volonté du « constitutif suprême ». Les sublégislatures, à l'aide de ministres locaux, donnent exécution aux ordres centraux, gèrent des institutions publiques (travaux publics), recueillent des taxes, collectent des informations pour émettre des règles, assurent la publicité de ces règles et de leurs fondements. Elles forment de petits Tribunaux de l'opinion publique, tout en épargnant de recourir à la Législature suprême pour des sujets locaux requérant des connaissances précises. En outre, elles permettent une expérimentation à moindre coût de certaines politiques. Le bis-sub-district est soumis à la compétence du dirigeant local (*local headman*), qui équivaut au maire français. Il donne effet à la volonté des instances centrales dans sa circonscription et assiste les juges. Il a en outre une compétence générale d'animation de la vie locale (présidence de manifestations, prévention, secours aux

---

[65] *On the Efficient Cause and Measure of Constitutional Liberty*, *op. cit.*, p. 456.

indigents, conciliation...). Il est assisté d'un officier local d'enregistrement (*local registrar*) qui note et commente ses actes et suggère des améliorations. Disposant réciproquement de ces mêmes fonctions, le dirigeant local peut en outre l'inspecter. Ce dernier remplit les fonctions liés à l'état civil, aux transferts de propriété et à la situation des terrains.

Les dispositions du *Constitutional Code* fourmillent de détails qui sont parfois rebutants pour le lecteur. Dans son ensemble néanmoins, cet ouvrage témoigne de la part de Bentham, dans le premier quart du XIXe siècle, de préoccupations très actuelles. Si le *Code* n'est jamais entré en vigueur, quoique certains de ses principes aient été appliqués aux Indes par James Mill, il demeure, tant au plan intellectuel qu'au plan pratique, riche d'enseignements. L'organisation étatique n'est pas sans s'inspirer des exemples français, notamment pour les organes centraux, et américains, pour l'administration locale. C'est une institution purement benthamienne, le Tribunal de l'opinion publique, qui constitue cependant l'originalité majeure de sa conception de la démocratie.

§ 2. Le panoptisme politique

Le « panopticon »[66] est l'une des inventions les plus connues de Bentham. Inspiré d'un modèle de son frère Samuel, il s'agissait d'un bâtiment destiné à surveiller des prisonniers. De forme circulaire, il dispose en son centre d'une tour, à partir de laquelle il est possible de surveiller les individus situés dans les cellules du pourtour de l'édifice.

---

[66] Etymologiquement : voir partout.

Ces cellules sont ouvertes vers l'intérieur, de sorte que le surveillant puisse tout y voir. Ce dernier demeure pour sa part caché des individus surveillés. Aussi ne savent-ils jamais si et quand il les regarde effectivement, mais ils ont conscience que cette éventualité est constante. « De là l'effet majeur du Panoptique : induire chez le détenu un état conscient et permanent de visibilité qui assure le fonctionnement automatique du pouvoir. Faire que la surveillance soit permanente dans ses effets, même si elle est discontinue dans son action ; que la perfection du pouvoir tende à rendre inutile l'actualité de son exercice ; que cet appareil architectural soit une machine à créer et à soutenir un rapport de pouvoir indépendant de celui qui l'exerce[67] ». Plusieurs éléments de sa réflexion constitutionnelle montrent que Bentham a transposé le panoptisme dans le domaine politique, les *ruling few* faisant l'objet de la surveillance des *subject many*. Ainsi l'exigence de publicité qui s'applique à l'ensemble des activités des dirigeants (A) assure l'exercice par le Tribunal de l'opinion publique de sa fonction de surveillance omniprésente (B).

A. La publicité des activités dirigeantes

La transparence[68] est pour Bentham le remède essentiel du *misrule*. « Un mot – *misrule* – servira à communiquer (*convey*) une conception générale du mal ; un autre mot – *publicity* – pour communiquer une conception semblable du remède[69] ». Il part d'un « principe de minimisation de la

---

[67] Michel Foucault, *Surveiller et punir*, Paris, Gallimard, coll. « Tel », p. 234.

[68] L'image de la « transparency » est de Bentham lui-même, dans « Economy as Applied to Office », *op. cit.*, p. 102. Elle atteste, s'il en était besoin, l'actualité de sa réflexion.

[69] *Securities Against Misrule*, *op. cit.*, p. 25.

confiance » dans les gouvernants[70], et offre l'une des rares théories politiques ne reposant pas sur l'occultation de la mécanique du pouvoir.

L'administration benthamienne, à tous ses échelons, est le siège d'un système d'inspection et d'enregistrement universel. Des documents standardisés décrivent dans le détail les activités des autorités opératives. Le livre de service retrace les opérations par lesquelles le travail est fait. Il permet d'évaluer les besoins et de les satisfaire à moindre coût. Le livre des pertes retrace les quantités et les causes des pertes. Le livre de commencement (*outset book*) dresse l'inventaire des facteurs dont dispose le ministère et de ceux qu'il prévoit d'avoir. Il se subdivise en livres du personnel, des immeubles, des meubles, et de l'argent. Le livre journal indique les mouvements de facteurs au sein du ministère. L'ensemble de ces données suppose une méthode appropriée et économique de collecte, de classement, de reproduction et de diffusion de l'information. Bentham préconise un système d'abréviations intelligibles et reprend à son compte, avec de multiples précisions, le système de « manifold » de Ralph Wedgwood. La *logic of will* de Bentham comporte à cette fin une branche destinée à l'analyse des phrases interrogatives, et dont l'un des champs d'application notable est la collecte d'informations en vue de la jurislation[71]. Il s'agit pour les gouvernants de connaître l'état de l'utilité du pays, et pour les gouvernés de contrôler leur action. Cet appel à l'opinion publique fournit d'une part un standard pour la jurislation et d'autre part une incitation constante à la réforme jurislatrice.

---

[70] *Constitutional Code*, Vol. I, F. Rosen, J.H. Burns (ed.), *op. cit.*, p. 118.

[71] *An Introduction to the Principles of Morals and Legislation*, *op. cit.*, Chapter XVI, §25, note e2. Cf. *supra*, pp. 104 et suiv.

Bentham insiste également sur les questions architecturales, auxquelles trop peu d'attention a été portée jusqu'alors. Les dispositions du *Constitutional Code* en la matière font écho de manière transparente au panopticon. Si le secret doit être la règle concernant le vote populaire, et la publicité concernant le pouvoir juridictionnel, le département administratif requiert une juste proportion de l'un et de l'autre. Les treize ministères doivent occuper treize bâtiments situés à portée du Premier Ministre. Ils doivent tous être disposés dans un polygone inscrit dans un cercle ou circonscrit à un cercle. Un système de tubes de communication, que Bentham détaille, assure des contacts permanents. Ce dispositif n'est pas sans rappeler les tubes de communication, d'alimentation en eau et en chauffage de la prison panoptique[72]. Le Ministre de la Législation doit être à proximité de la Législature. Le Ministre de la Justice doit être plus indépendant. La construction intérieure des ministères fait également l'objet de développements précis. Le bureau du fonctionnaire est encerclé de « waiting boxes » où les administrés peuvent, lorsqu'ils le souhaitent et à l'insu de ceux-ci, venir examiner le travail de leurs agents. On aboutit donc à la fin du premier volume du *Code* à un dispositif panoptique renversé. Le surveillant n'est plus au centre mais à l'extérieur du cercle. La personne surveillée n'est plus un délinquant, un ouvrier, un fou ou un écolier mais un fonctionnaire, et c'est lui qui, délinquant potentiel à une grande échelle du fait de son pouvoir, est livré au regard omnipotent du public. Supporter le regard et la surveillance du peuple est en effet l'un des devoirs essentiels du fonctionnaire. « Le fonctionnaire militaire est payé pour

---

[72] J. Bentham, *Panoptique. Mémoire sur un nouveau principe pour construire des maisons d'inspection, et nommément des maisons de force*, Etienne Dumont (éd.), Nantes, Editions Birnam, 1997.

qu'on lui tire dessus. Le fonctionnaire civil est payé pour que l'on parle et écrive dessus[73] ».

Aussi, se sachant livré en permanence à l'inspection populaire, le fonctionnaire s'applique-t-il à maximiser le bonheur de l'ensemble de la société. La totalité de ces dispositifs s'adresse à une instance sociale particulière, sur le rôle de laquelle Bentham insiste. Apparaît ainsi, afin de juger de l'activité des *ruling few*, la figure magnifiée du Tribunal de l'opinion publique.

B. La surveillance du Tribunal de l'opinion publique

Le Tribunal de l'opinion publique n'est pas une création des derniers écrits de Bentham. Il est déjà présent dans des réflexions anciennes. Il est une entité fictive, ainsi que l'admet clairement Bentham[74]. Mais son objet n'est pas d'être une fiction nuisible. Il n'est une fiction qu'autant qu'il est vu comme la juridiction composée de tous les membres de la société rassemblés. Ses effets sont, pour leur part, bien réels. Outre la réalisation d'économies et l'exercice du pouvoir hiérarchique, les statistiques que doivent dresser tous les fonctionnaires sont pour le Tribunal de l'opinion publique le moyen de contrôler de manière constante l'activité de la minorité dirigeante et de la destituer en cas de sacrifice de l'utilité commune. Le rôle joué par le Tribunal de l'opinion publique et par la sanction morale font, de manière permanente, de l'ensemble de la population un

---

[73] *Constitutional Code*, dans *The Works of Jeremy Bentham*, *op. cit.*, Vol. IX, p. 40.

[74] *Securities Against Misrule*, *op. cit.*, p. 28 et p.54 : « When announced it will be apt to present itself as nothing more than the offspring of imagination and language : - a purely fictitious and verbal entity ».

rouage constitutionnel essentiel[75]. Dès lors, le droit constitutionnel benthamien ne se contente pas de régir les seuls gouvernants, mais encore la société dans son entier.

Empêcher la liberté de communication et de diffusion de tracts et journaux, notamment par un système de taxation ou de licence, limiter la liberté de réunion et d'association, constituent pour Bentham une obstruction caractérisée au pouvoir constitutif[76]. Dresser des obstacles à l'action du Tribunal de l'opinion publique, par exemple par la rétention d'information ou le mensonge, est pour Bentham le plus grave des crimes[77]. Ainsi qu'il l'affirme dans le *Code*, « tout acte par lequel [...] un homme cherche à affaiblir le pouvoir effectif du Tribunal de l'Opinion Publique, [...] est une preuve d'hostilité de sa part au plus grand bonheur du plus grand nombre [...]. Il peut, sans crainte de commettre une injustice, être compté parmi les ennemis du genre humain[78] ». Il est du devoir le plus essentiel des fonctionnaires de mettre à la disposition des individus le matériau nécessaire à l'exercice du contrôle.

Bentham choisit les termes qu'il emploie avec minutie. Aussi, le *Tribunal* de l'opinion publique doit-il être regardé comme un véritable organisme juridictionnel. Il constitue une instance d'appel des décisions des autorités opératives, sur le fondement de l'intérêt du plus grand nombre. Il reçoit des plaintes, organise un débat entre défense et accusation, recherche des preuves, reçoit les arguments des parties, se

---

[75] A. Loche, « Limite e controllo della sovranità in Jeremy Bentham », *op. cit.*, pp. 340-342.

[76] *Constitutional Code*, Vol. I, F. Rosen, J.H. Burns (ed.), *op. cit.*, p. 40.

[77] « Constitutional Code Rationale », *op. cit.*, p. 292.

[78] *Constitutional Code*, Vol. I, F. Rosen, J.H. Burns (ed.), *op. cit.*, p. 41.

forme une opinion, émet enfin un jugement qu'il diffuse et exécute. Alors que les fonctionnaires disposent de la sanction juridique, le Tribunal de l'opinion publique est le dispensateur de la sanction populaire[79]. Cette exécution n'est pas purement verbale. Le Tribunal dispose en effet d'un bras armé dans les « radicaux », c'est-à-dire les volontaires, qui composent la force armée du pays. Ils fournissent notamment un contrepoids aux militaires professionnels dans l'hypothèse où ceux-ci se retourneraient contre le gouvernement.

La composition du Tribunal de l'opinion publique est plus large que celle du constitutif suprême. Il comporte non seulement les électeurs, mais encore les étrangers, les mineurs, c'est-à-dire toutes les personnes susceptibles d'avoir connaissance de l'activité gouvernementale du pays, de former une opinion à son propos et de l'exprimer[80]. « Pour toutes ces opérations, un élément unique se présente comme l'instrument efficace et le seul efficace. Cet instrument n'est autre qu'un *Journal* : une multitude d'instruments du même type employés par tant de mains, et une multitude de copies de chacun, aussi nombreuses que possible. Dans cet instrument peut être vu non seulement un organe approprié du Tribunal de l'Opinion Publique, mais le seul qui soit

---

[79] *Securities Against Misrule, op. cit.*, pp. 45-46 : « In a Representative Government, at any rate in a Representative Democracy, with the exception of the function of the Principal Minister, greater is the importance [of] the function of this unofficial functionary, than that of any official one [...]. By the Prime Minister impulse is given to the machinery of the political sanction : by the Editor of the prime popular Newspaper, to that of the social sanction ».

[80] *Ibid.*, p. 28 : « All those by whom any cognizance is taken of public affairs may be considered as constituting the Public Opinion Tribunal ».

visible et agisse constamment[81] ». Les membres du Tribunal sont hiérarchisés, selon qu'ils parlent, lisent, écrivent, impriment ou publient. Les plus influents sont les auteurs d'écrits politiques. Des comités en émanent et se divisent en subcomités thématiques qui examinent l'action du pouvoir politique. Ainsi les individus sont en mesure, à la fois par la lecture, la discussion et le vote fréquent, de s'éduquer politiquement. Par rapport à un tribunal ordinaire, le nombre de personnes concourant à l'effet de la décision est largement supérieur. Les désavantages du Tribunal de l'opinion publique tiennent d'une part à l'éloignement géographique qui peut exister entre ses membres, et d'autre part à la division du Tribunal entre une section démocratique et une section aristocratique aux intérêts opposés. Se pose également pour Bentham la question des marginaux, ultra-indigents et ultra-opulents[82].

Le dispositif du Tribunal de l'opinion publique prend dans son essence la forme d'un « contre-regard [...] si l'agent du pouvoir doit tout voir, il doit être vu totalement[83] ». Le vaste système de vecteurs de l'information qu'organise Bentham garantit l'omniscience tant des fonctionnaires que de la population et procède donc à l'universalisation du panoptisme. Seules les données fondées sur le principe d'utilité et ses corollaires (sécurités, économie, aptitude), et d'où sont ainsi répudiés les sophismes, sont présentes. Décidant du maintien en place des agents publics, le Tribunal de l'opinion publique s'assure l'intériorisation par chacun d'une certaine éthique du service

---

[81] *Ibid.*, pp. 44-45.

[82] *Ibid.*, pp. 23-73.

[83] C. Laval, *op. cit.*, p. 104.

du plus grand bonheur[84]. « Le Tribunal de l'Opinion Publique opère dans une certaine mesure comme le principe d'inspection du Panopticon. Il essaie d'agir comme l'œil qui voit tout (*all-seeing eye*), projetant son regard critique et réformateur sur l'ensemble du spectre de l'activité gouvernementale (c'est-à-dire publique)[85] ». L'analogie avec la puissance d'inspection du panopticon est encore suggérée par Bentham : « relativement à l'exercice du pouvoir du constitutif suprême, tant par la destitution que la punition de ses agents supposés malveillants, ce qui est souhaitable est que son application actuelle soit aussi rare que possible, et au même moment, dans l'esprit de ces mêmes agents, que la perspective de son application éventuelle soit aussi forte que possible[86] ». Tels les prisonniers du panoptique, les gouvernants sont frappés dans leur imagination. « Etre incessamment sous les yeux d'un inspecteur, c'est perdre en effet la puissance de faire le mal, et presque la pensée de le vouloir[87] ». Le regard du peuple, pleinement informé au moyen de données intelligibles, embrasse, sans la moindre interruption, l'ensemble de l'activité du gouvernement et est en mesure de fournir un fondement utilitariste à un jugement qui est sans appel.

Si J. Semple, au terme d'une étude détaillée de la maison d'inspection, estime que le panoptique ne saurait être vu comme le paradigme du gouvernement[88], le

---

[84] N.L. Rosenblum, *op. cit.*, Chapter 6 « Responsible Public Service ».

[85] F. Rosen, *Jeremy Bentham and Representative Democracy. A Study of the Constitutional Code*, *op. cit.*, p. 111.

[86] *Constitutional Code*, dans *The Works of Jeremy Bentham*, Vol. IX, *op. cit.*, p. 106.

[87] J. Bentham, *Panoptique*, *op. cit.*, p. 16.

[88] J. Semple, *op. cit.*, p. 314.

rapprochement des dispositifs constitutionnels et des dispositifs carcéraux de Bentham semble pourtant inévitable, tant sur le plan des principes que des détails techniques de leur mise en œuvre. Ce panoptisme en politique n'est pas sans susciter des émois semblables à ceux qu'a pu soulever sa destination initiale[89]. Il y aurait dans ces propositions tourmentées l'essence de la vision utilitariste du pouvoir, associée à une obsession du contrôle social[90] qui se serait étendue de la surveillance des délinquants, situés en marge de la discipline sociale, aux dirigeants politiques. Elle traduirait la monomanie de Bentham, au point de généraliser à l'échelle de la société entière l'enfer du panoptique, et de faire du *Constitutional Code* la charte de l'Etat totalitaire[91].

A une telle vision, il convient tout d'abord d'opposer que le panoptique a été conçu comme une réponse aux problèmes de délinquance, d'alcoolisme et de désœuvrement de l'Angleterre du XVIIIe siècle. Rejetant, comme élément du droit pénal, la politique carcérale de l'époque, et notamment le pénitentier du Hard Labour Bill et les colonies pénales du New South Wales[92], Bentham avance un moyen économique, à la fois sur le plan financier, mais surtout sur

---

[89] Gertrudis Himmelfarb, « The Haunted House of Jeremy Bentham », dans *Victorian Minds*, 1968, pp. 32-81 ; « Bentham's Utopia : The National Charity Company », dans *The Journal of British Studies,* 10, 1970, pp. 80-125.

[90] C.F. Bahmueller, *The National Charity Company. Jeremy Bentham's Silent Revolution, op. cit.*, p. ex. Chapter 6, Section 4 : « Riding Herd : The Will to control », Conclusion.

[91] Richard Posner, « Bentham and Blackstone », dans *The Journal of Law and Economics*, 19, 1976, pp. 569-606.

[92] *A View of the Hard Labour Bill*, dans *The Works of Jeremy Bentham, op. cit.*, Vol. IV, pp. 1-35; *Panopticon* versus *New South Wales*, *ibid.*, pp. 37-172.

le plan de leur souffrance, de surveiller des individus. Confiant par contrat la gestion du panoptique à un particulier, la proposition de Bentham tend, en jouant sur les intérêts de ce personnage, à assurer une maximisation de l'utilité sociale.

Le profit que le gestionnaire peut trouver à son activité repose sur les travaux qu'il impose aux détenus. La motivation de ceux-ci est fonction d'un intéressement, qui prend la forme d'une rémunération. L'intérêt du contractant est donc de veiller soigneusement à la santé et au traitement correct des individus qu'il a sous sa garde. Bentham imagine notamment un système de primes pour chaque vie humaine préservée. De plus, le propos du panoptique est également de garantir la surveillance du surveillant lui-même[93]. L'ensemble du dispositif tend alors à faire qu'il soit de son intérêt de poursuivre les fins du panoptique. L'opinion publique, dénommée alors « tribunal of the world[94] », est ainsi admise à visiter le panoptique. Il doit également rendre compte de son activité auprès des pouvoirs publics, notamment à travers un rapport annuel sur la condition morale, médicale et économique du panoptique. Enfin, une amende lui est infligée pour toute récidive de la part d'un ancien détenu.

La construction est donc ordonnée de telle manière qu'il soit de l'intérêt du responsable du panoptique de ne pas maltraiter les personnes soumises à son autorité, et de favoriser leur émancipation. Le travail, source de revenus, est en effet pour les détenus le moyen de restaurer une capacité de nourrir et de poursuivre des attentes (*expectations*), et de se projeter dans un avenir meilleur, par

---

[93] J. Semple, *op. cit.*, pp. 140-152.

[94] *Panopticon*, dans *The Works of Jeremy Bentham*, *op. cit.*, Vol. IV, p. 46.

l'effort sur soi. Ainsi que le met en évidence A. Dube[95], l'invention de Bentham est indissociable d'une volonté de restaurer chez les individus une dignité d'hommes industrieux et honnêtes trouvant naturellement leur place dans la société. Sous des propos aux accents de christianisme[96], l'idée est de les inciter à retrouver une pratique saine du calcul d'utilité.

On ne saurait donc nier l'aspect « moral », et même humain[97], du panoptisme, qui trouve justement sur le plan politique sa concrétisation dans la maximisation de l'aptitude, dite elle aussi « morale », des gouvernants.

Le dispositif panoptique de la république idéale de Bentham, au-delà de l'horreur qu'il peut susciter, a quelque chose de fascinant. « L'Etat tel que le conçoit Bentham, est une machine si bien construite que chaque individu, pris individuellement, ne peut un instant se dérober au contrôle de tous les individus, pris collectivement[98] ». La mécanique et la logique implacable qui lui insufflent sa dynamique se présentent comme des forces surnaturelles assurant la lisibilité totale de l'action des gouvernants. Pourtant, elles ne sont que le résultat mathématique du jeu du principe d'utilité chez des individus déterminés. L'agencement constitutionnel de la république benthamienne s'inscrit donc naturellement dans l'ensemble de son œuvre. Il garantit avec certitude la poursuite du plus grand bonheur, ce qu'aucun autre régime n'est en mesure d'assurer. Mais au moment même où il tire avec rigueur les conséquences pratiques de sa doctrine utilitariste et les présente dans leur moindre détail en vue de leur application concrète, Bentham n'est pas sans dresser le

---

[95] A. Dube, *op. cit.*, Chapter 8.

[96] J. Semple, *op. cit.*, p. 122.

[97] *Ibid.*, pp. 112-114.

[98] E. Halévy, *op. cit.*, t. 3, p. 150.

plan d'une utopie. Il s'expose ainsi à l'ambiguïté caractéristique de ce type de projets, oscillant entre paradis et enfer.

CONCLUSION DU CHAPITRE II

La politique constitutionnelle de Bentham s'avère un domaine où il met en œuvre l'ensemble des acquis de plus de cinquante années de réflexion incessante. La théorie des fictions et du langage élucidant la symbolique du pouvoir, les principes essentiels de la jurislation et de la théorie du droit, le principe d'utilité dans ses dimensions explicative et normative s'agencent pour livrer, tel le couronnement d'une œuvre magistrale, le dernier ouvrage de Bentham.

Avec le *Constitutional Code*, Bentham est conscient de présenter un dispositif fonctionnel. L'utopie panoptique qu'il avance est le versant positif de sa critique acerbe des régimes où ne prévaut et où ne peut prévaloir que l'intérêt du petit nombre, au détriment du plus grand bonheur. La constitution de la république idéale de Bentham revêt l'aspect magnifique de la nécessité. Comme système juridique elle est une nécessité si l'on entend promouvoir l'utilité commune. Dans son fonctionnement interne également, elle canalise de manière contraignante l'action des individus qui, bien que - ou plutôt parce que - cherchant à satisfaire leur propre intérêt, sont amenés par la matrice à l'intérieur de laquelle ils se meuvent à favoriser le plus grand bonheur du plus grand nombre.

Avec le *Constitutional Code*, Bentham est conduit à dresser le portrait de l'Etat du XXe siècle, y compris peut-être de ses pires déviances. Il n'en avance pas moins les traits fondamentaux de l'Etat constitutionnel contemporain[1], fondé sur la démocratie représentative, le suffrage universel et la responsabilité politique, des instances politiques et administratives centrales et locales actives, des droits fondamentaux garantis aux citoyens.

L'idéal de transparence du pouvoir qu'avance Bentham n'est pas seulement le produit d'une obsession du contrôle social, qui ne ferait du panoptisme « qu'une bizarre petite utopie, le rêve d'une méchanceté[2] ». Il résulte d'un véritable engagement en vue de la promotion du plus grand bonheur et de la mise en évidence des usurpations, qu'elles s'appuient sur la force physique, sur la corruption morale ou, peut être plus fondamentalement encore, sur le langage. La république de Bentham, tout en se nourrissant d'une certaine science du comportement, entend sinon réformer les hommes, pour le moins se fonder sur leur intelligence. C'est ainsi que chacun peut être vu comme un membre à part entière du Tribunal de l'opinion publique et être institué censeur de la minorité dirigeante.

---

[1] B. Pendas Garcia, *op. cit.*

[2] M. Foucault, *op. cit.*, p. 261.

CONCLUSION DE LA SECONDE PARTIE

La *censorial jurisprudence* de Bentham, si elle se nourrit de son *expository jurisprudence*, en représente plus que la simple application. La technologie de la réforme sociale qu'elle permet à Bentham de développer s'inscrit nettement, quoique non sans originalités, dans le cadre du « newtonianisme moral[1] » du XVIIIe siècle et de la philosophie des Lumières. Tant dans sa dimension critique que dans sa dimension constructive, l'approche évaluative du droit de Bentham fournit un ensemble de réflexions aussi brillantes et systématiques que le fait son approche théorique.

La méthodologie de l'évaluation des régimes politiques qu'il présente est remarquable de simplicité et d'accessibilité à l'intelligence de chacun[2]. Elle assure la

---

[1] Jean Touchard, *Histoire des idées politiques*, 13e éd, t. 2, Paris, PUF, coll. « Thémis Science politique », 1993, p. 416.

[2] Pour une défense d'une *censorial jurisprudence* de type benthamien et de ses avantages par rapport aux visions critiques et réformatrices, cf. Robin West, « The Other Utilitarians », dans Brian Bix

promotion d'une classe politique renouvelée, active et compétente, entièrement tournée vers le plus grand bonheur du plus grand nombre. Son outil essentiel est un droit profondément remodelé, d'où sont bannis les fictions, le mystère et l'incertitude. L'objectif est, d'une part, de faciliter une adaptation constante des règles de droit aux besoins de la population et, d'autre part, de guider de manière claire et sûre le comportement des individus. Le droit et l'activité de la minorité dirigeante qu'il traduit étant rendus intelligibles, la *censorial jurisprudence* assure la soumission constante des agents publics au regard omniscient du Tribunal de l'opinion publique.

Produit du volontarisme réformiste qui l'anime, la *censorial jurisprudence* de Bentham ne s'est pas contentée d'être une réflexion de cabinet. Véritable praxéologie, elle a également tenté, à de nombreuses reprises, quoique sans succès, de s'appliquer concrètement. Pourtant, la réussite posthume de Bentham en Angleterre est indéniable[3], bien qu'elle se mesure davantage sur le plan du fond du droit que sur le plan de sa forme[4]. En matière de droit électoral, le Reform Bill adopté juste après sa mort en 1832 a donné le signal d'une extension progressive du droit de suffrage, notamment aux femmes, tout en garantissant le vote par

---

(ed.), *Analyzing Law. New Essays in Legal Theory*, Oxford, Clarendon Press, 1998, pp. 197-222. Les « Legal critics » auraient avantage à utiliser les outils de l'utilitarisme classique plutôt que ceux du discours économique normatif.

[3] Sir W. Holdsworth, « Bentham's Place in English Legal Theory », dans *California Law Review*, Vol. 28 (4), 1940, pp. 568-586 ; B.B. Schaffer, *op. cit.* ; Richard C. Fitzgerald, « Bentham and Parliamentary Reform », dans G.W. Keeton, G. Schwarzenberger (ed.), *op. cit.*, pp. 123-151.

[4] D. Baranger, *op. cit.*, p. 34.

bulletin et une distribution plus équitable des sièges. En droit pénal, la procédure juridictionnelle a été l'objet de simplifications. Les persécutions religieuses se sont restreintes et des mesures ont été prises en faveur des indigents. Un service d'éducation nationale a été organisé, de même qu'une fonction publique qualifiée, recrutée par concours et structurée autour de ministères. Au niveau de l'administration locale, une autorité élue à compétence générale a été mise en place. Il est bien sûr impossible d'estimer avec précision dans quelle mesure ce sont ses écrits qui ont motivé de telles réformes, mais elles répondent quoi qu'il en soit à ses préoccupations. Sans la difficulté d'accès à certains de ses écrits, l'œuvre de Bentham serait encore une source d'innovation en de nombreux domaines.

Véritable monographie des modes d'influence des hommes les uns sur les autres, la *censorial jurisprudence* de Bentham contribue à une mise à nu de la pantomime[5] du pouvoir. Aussi est-il possible, étant donné la dynamique auto-entretenue d'augmentation de l'aptitude politique du peuple tant par la presse que par le vote ou l'appartenance au Tribunal de l'opinion publique, de se demander combien de temps encore cette pantomime peut durer.

---

[5] L'image est de Bentham, dans « Constitutional Code Rationale », *op. cit.*, p. 266 : « The political theatre, furnishes the pantomime ».

CONCLUSION GENERALE

Ainsi que l'a écrit l'une des personnes les plus proches de Jeremy Bentham, John Stuart Mill, « nous devons refermer ici cette brève et imparfaite présentation de Bentham et de ses théories, dans laquelle de nombreux aspects de son œuvre n'ont pas été traités, et sans qu'à aucun il n'ait été rendu justice[1] ».

L'œuvre de Bentham recouvre de nombreux domaines. A partir d'une réflexion sur les phénomènes juridiques, il se montre capable d'innover dans les disciplines les plus diverses et d'anticiper, dans chacune, sur les découvertes récentes. Ses écrits intéressent donc autant le champ juridique (philosophie du droit, théorie générale du droit, politique juridique, légistique) que la science politique (communication politique, sociologie des organisations, sociologie du pouvoir, théorie des élites, psychologie sociale), la linguistique et la logique, ou encore l'économie. C'est la nouveauté de la pensée de Bentham en ces différents domaines qui, guidée par le principe d'utilité, en constitue l'élément unificateur.

---

[1] J.S. Mill, « Bentham », *op. cit.*, p. 175.

L'apport de Bentham à l'étude du droit revêt une portée largement soustraite aux circonstances de son époque. Aussi, de nos jours, pour la réflexion dans le domaine juridique, présente-t-il non seulement une certaine ontologie du droit et une axiologie du droit, mais encore, à travers la théorie des fictions et les classifications qu'il développe, une méthodologie[2] pour comprendre les entités fictives que sont les droits et obligations. Critique implacable des idées reçues, Bentham n'en est pas moins le constructeur d'une philosophie remarquable. Son artificialisme en matière juridique fait du droit non une émanation des choses ou de la nature de l'Homme, mais la construction incessante et renouvelée, à la fois par les hommes et pour les hommes, d'une structure de coopération sociale qui leur permet d'atteindre le bonheur. Loin de promouvoir un droit qui, suivant une dynamique et une logique propres, contrôlerait les individus en dehors de leur volonté, l'impérativisme nuancé de Bentham en fait l'instrument d'une maîtrise intelligente et consciente de leur existence.

Tant sur le plan de l'*expository jurisprudence* que sur celui de la *censorial jurisprudence*, l'étude de son appréhension de la constitution révèle que l'apport de Bentham est précieux. Il invalide d'emblée toute tentative d'assimilation à l'œuvre d'autres auteurs, et notamment à son disciple John Austin. Elle congédie d'un même mouvement la réduction de sa pensée à un rabâchage borné et grossier. D'une part Bentham est le premier non seulement à concevoir la problématique de la théorie générale du droit

---

[2] Le *Fragment on Government* et *A Comment on the Commentaries*, peuvent être interprétés comme des critiques essentiellement méthodologiques. Bentham y préconise des classements clairs, le bannissement des fictions et des confusions, la rigueur de l'argumentation.

mais encore à en formuler une, qui demeure le meilleur exposé de l'approche analytique du droit. Celle-ci comporte pour le juriste l'immense avantage intellectuel de traiter comme droit la constitution et de regarder une collection de règles juridiques comme un système régi par une logique particulière. D'autre part, sa politique jurislatrice repose sur l'ensemble du droit et inclut donc dans sa dynamique réformatrice les agencements constitutionnels. C'est à ce niveau que Bentham développe, en raison de son concept de droit, une conception originale du mécanicisme constitutionnel.

L'unité des phénomènes juridiques se manifeste donc chez Bentham sur les deux plans, pourtant distincts, de l'exposition neutre et de l'évaluation engagée du droit. Traitée comme règle pleinement juridique, la constitution est justiciable des mêmes approches axiologiques et pratiques que l'ensemble des moyens de production du droit. Ce double aspect de la juridicité de la constitution traduit par ailleurs, et plus fondamentalement, la cohérence de l'œuvre de Bentham, appuyée sur des axiomes qui sous-tendent constamment sa réflexion. Ainsi, l'ensemble de l'œuvre de Bentham semble obéir à une trame directrice ferme. Désireux de réformer la société afin de se conformer aux requêtes du principe d'utilité, Bentham s'intéresse, dans une perspective instrumentale, au droit. L'étude de la nature de celui-ci l'amène à y voir l'expression d'une volonté, d'où une nouvelle logique. Cette volonté se fait connaître au moyen du langage, qui constitue par conséquent l'un des pans majeurs de l'œuvre de Bentham. Ce langage du droit vise à influencer la conduite des individus. Il est donc nécessaire de connaître les déterminants des comportements humains, tout en tentant de mettre en évidence puis d'éradiquer ce qui vicie le langage. Il est dès lors possible de mesurer la continuité de vues de Bentham tout au long de sa vie : théorie des fictions, propositions de codes, théorie générale du droit, science des passions humaines sont tous ensemble tendus vers la réalisation du plus grand bonheur du plus grand nombre.

Dans *A Comment on the Commentaries*[3], son premier ouvrage, qui n'a été découvert qu'en 1928 par C.W. Everett, Bentham exprimait le souhait que le chemin qui mène au Temple de la Jurisprudence soit emprunté par le plus grand nombre possible d'individus. Auparavant, il importait à ses yeux que la voie soit aménagée de façon à assurer cet accueil. Il semble légitime, au terme de cette étude de sa pensée constitutionnelle, d'estimer qu'une vie d'infatigable réflexion a permis à Jeremy Bentham d'atteindre son objectif.

A plus de cent cinquante ans d'écart, la momie a donc encore beaucoup à nous apprendre. Ses œuvres, dont on attend la publication exhaustive, quel que soit le thème qu'elles abordent, donnent une matière inépuisable pour la recherche et la réflexion. Sa présence dans les couloirs de University College symbolise l'actualité de la pensée de ce « savant irrespectueux de l'établissement intellectuel, ce juriste irrespectueux du droit[4] ». Quelque peu morbide, elle ramène immédiatement l'esprit de qui en croise le regard aux œuvres essentielles qu'elle a produites, administrant la preuve qu'une « petite discussion[5] » avec elle n'est pas sans utilité.

---

[3] *A Comment on the Commentaries*, *op. cit.*, p. 313.

[4] H.F. Jobwicz « Was Bentham a Lawyer ? », dans G.W. Keeton, G. Schwarzenberger (ed.), *op. cit.*, p.1.

[5] Edgar Allan Poe, « Petite discussion avec une momie », dans *Nouvelles histoires extraordinaires*, trad. Charles Baudelaire, Paris, Le livre de poche, 1963, p. 209.

BIBLIOGRAPHIE

I. OUVRAGES GENERAUX

A. Eléments de philosophie et de théorie du droit

Austin (John), *The Province of Jurisprudence Determined*, Wilfrid E. Rumble (ed.), Cambridge, Cambridge University Press, 1995.

Béchillon (Denys de), *Qu'est-ce qu'une règle de droit ?*, Paris, Editions Odile Jacob, 1995.

Beauté (Jean), *Un grand juriste anglais : Sir Edward Coke (1552-1634). Ses idées politiques et constitutionnelles ou aux origines de la démocratie occidentale moderne*, préf. Jean-Jacques Chevallier, Paris, PUF, coll. « Travaux et recherches de l'Université de droit, d'économie et de sciences sociales de Paris », 1975.

Binoche (Bertrand), *Critiques des droits de l'homme*, Paris, PUF, coll. « Philosophies », 1989.

Bix (Brian) (ed.), *Analyzing Law. New Essays in Legal Theory*, Oxford, Clarendon Press, 1998.

Blackstone (Sir William), *Commentaries on the Laws of England*, 4 Vol., 3rd ed., Oxford, Clarendon Press, 1768-1769.

Châtelet (François), Duhamel (Olivier), Pisier (Evelyne), *Dictionnaire des œuvres politiques*, 2e éd., Paris, PUF, 1989.

Dworkin (Ronald), *Prendre les droits au sérieux*, trad. Marie-Jeanne Rossignol, Frédéric Limare, Françoise Michaut, préf. Pierre Bouretz, Paris, PUF, coll. « Léviathan », 1995.

Eisenmann (Charles), *La justice constitutionnelle et la Haute Cour constitutionnelle d'Autriche*, préf. Hans Kelsen, Paris, Economica, coll. « droit public positif », 1986.

Engel (Salo), Metall (Rudolf A.) (ed.), *Law, State, and International Legal Order. Essays in Honor of Hans Kelsen*, Knoxville, The University of Tennessee Press, 1964.

Fassò (Guido), *Histoire de la philosophie du droit. XIXe et XXe siècles*, trad. Catherine Rouffet, Paris, L.G.D.J., coll. « Bibliothèque de philosophie du droit », Vol. XX, 1976.

Feinberg (Joel), Gross (Hyman) (ed.), *Philosophy of Law*, Belmont, California, Wadsworth Publishing Company, 1975.

Friedmann (W.), *Théorie générale du droit*, trad., Paris, L.G.D.J., coll. « Bibliothèque de philosophie du droit », Vol. VI, 1965.

Gough (John Wiedhofft), *L'idée de loi fondamentale dans l'histoire constitutionnelle anglaise*, trad. Charles Grillou, Paris, PUF, coll. « Léviathan », 1992.

Goyard-Fabre (Simone), *Les fondements de l'ordre juridique*, Paris, PUF, coll. « L'interrogation philosophique », 1992.

Green (Leslie), *The Authority of the State*, Oxford, Clarendon Press, 1988.

Harris (J.W.), *Law and Legal Science. An Inquiry into the Concepts* Legal Rule *and* Legal System, Oxford, Clarendon Press, 1979.

-, *Legal Philosophies*, London, Butterworths, 1980.

Hart (Herbert Lionel Adolphus), *Le concept de droit*, trad. Michel Van de Kerchove, Bruxelles, Publications des Facultés universitaires Saint-Louis, Vol. 6, 1976.

-, « Definition and Theory in Jurisprudence », dans *The Law Quarterly Review*, 70, 1954, pp. 37-60.

Herrera (Carlos-Miguel) (dir.), *Le droit, le politique. Autour de Max Weber, Hans Kelsen, Carl Schmitt*, Paris, L'Harmattan, 1995.

Kalinowski (Georges), *La logique des normes*, Paris, PUF, coll. « Sup », Section « Le philosophe », 1972.

Kymlicka (Will), *Contemporary Political Philosophy. An Introduction*, Oxford, Clarendon Press, 1995.

Lindhal (Lars), *Position and Change. A Study in Law and Logic*, Dordrecht, Boston, D. Reidel Publishing Company, coll. « Synthese Library », Vol. 112, 1977.

Marshall (Geoffrey), *Constitutional Theory*, Oxford, Clarendon Press, 1971.

Meyer (Michel) (dir.), *La philosophie anglo-saxonne*, Paris, PUF, 1994.

Perelman (Chaïm), *Logique juridique. Nouvelle Rhétorique*, 2e éd., Paris, Dalloz, coll. « Méthodes du droit », 1979.

Raynaud (Philippe), Rials (Stéphane) (dir.), *Dictionnaire de philosophie politique*, Paris, PUF, 1986.

Raz (Joseph), *The Authority of Law. Essays on Law and Morality*, Oxford, Clarendon Press, 1979.

-, *The Concept of A Legal System. An Introduction to the Theory of Legal System*, 2nd ed., Oxford, Clarendon Press, 1980.

Ross (Alf), *On Law and Justice*, London, Stevens & Sons Limited, 1958.

-, « Definition in Legal Language », dans *Logique et analyse*, Nouvelle série, 1e année, n. 3-4, août 1958, pp. 139-149.

Scarpelli (Uberto), « La définition en droit », trad. M. Malgaud, dans *Logique et analyse*, Nouvelle série, 1e année, n. 3-4, août 1958, pp. 127-138.

Simpson (A.W.B.) (ed.), *Oxford Essays in Jurisprudence (Second Series)*, Oxford, Clarendon Press, 1973.

Touchard (Jean), *Histoire des idées politiques*, 2 t., 13e éd., Paris, PUF, coll. « Thémis Science politique », 1993.

Troper (Michel), « La Constitution et ses représentations sous la Ve République », dans *Pouvoirs*, n°4, 1978, pp. 61-72.

-, Jaume (Lucien) (dir.), *1789 et l'invention de la constitution*, Paris, L.G.D.J. - Bruylant, coll. « La pensée juridique moderne », 1994.

-, « La máquina y la norma. Dos modelos de constitución », dans *Doxa*, Alicante, 22, 1999, pp. 331-347.

-, Grzegorczyk (Christophe), Michaut (Françoise), *Le positivisme juridique*, Paris, L.G.D.J., coll. « La pensée juridique moderne », 1992.

-, *Pour une théorie juridique de l'Etat*, Paris, PUF, coll. « Léviathan », 1994.

-, « La pyramide est toujours debout ! Réponse à Paul Amselek », dans *Revue du droit public*, 1978, pp. 1523-1536.

-, « Système juridique et Etat », dans *Archives de philosophie du droit*, t. 31, 1986, pp. 29-44.

Vanderlinden (Jacques), *Le concept de code en Europe occidentale du XIIIe au XIXe siècle. Essai de définition*, Bruxelles, Editions de l'Institut de Sociologie de l'Université libre de Bruxelles, 1967.

Van Eikema Hommes (Hendrik Jan), *Major Trends in the History of Legal Philosophy*, trad. Phil Brouwer, Amsterdam, North-Holland Publishing Company, 1979.

Von Wright (Georg Henrik), *Norm and Action. A Logical Enquiry*, London, Routledge and Kegan Paul, 1963.

-, « Norms, Truth, and Logic », dans Antonio Anselmo Martino, (ed.), *Deontic Logic, Computational Linguistics and Legal Information Systems*, Vol. II, Amsterdam, North Holland Publishing Company, 1982, pp. 3-20.

-, « Y a-t-il une logique des normes ? », dans *Cahiers de philosophie politique et juridique*, Caen, Presses universitaires de Caen, n. 27, 1995, pp. 31-53.

B. Autres ouvrages généraux et essais

Beccaria (Cesare), *Dei delitti e delle pene*, F. Venturi (ed.), Turin, Einaudi, 1965.

Belin (Jean), *La logique d'une idée-force. L'idée d'utilité sociale pendant la Révolution française (1789-1792)*, Paris, Hermann & Cie, 1939.

Boole (George), *Les lois de la pensée*, trad. Souleymane Bachir Diagne, Paris, Librairie philosophique J. Vrin, coll. « Mathesis », 1992.

Burke (Edmund), *Reflections on the Revolution in France*, London, J. Dodsley, 1790.

Carbasse (Jean-Marie), *Introduction historique au droit pénal*, Paris, PUF, coll. « Droit fondamental », 1990.

Cartwright (John), *Take Your Choice*, 1776.

Encyclopaedia Britannica, 23 Vol., London, William Benton Publisher, 1970.

Foucault (Michel), *Surveiller et punir*, Paris, Gallimard, coll. « Tel », 1975.

Hartley (David), *Observations on Man, his Frame, his Duty, and his Expectations*, London, 1749.

Helvétius (Claude-Adrien), *De l'esprit*, 1758.

Hobbes (Thomas), *Dialogue entre un philosophe et un légiste des Common laws d'Angleterre*, trad. Lucien et Paulette Carrive, Paris, J. Vrin, coll. « Bibliothèque des textes philosophiques », 1990.

Höffe (Otfried), *L'Etat et la justice. John Rawls et Robert Nozick, les problèmes éthiques et politiques de la philosophie anglo-saxonne*, Paris, Librairie philosophique Jean Vrin, 1988.

Höffe (Otfried), *Principes du droit*, trad. Jean-Christophe Merle, Paris, Les Editions du Cerf, coll. « Passages », 1993.

Hume (David), *A Treatise of Human Nature*, L.A. Selby-Bigge (ed.), Oxford, Clarendon Press, 1967.

-, *Traité de la nature humaine*, Livre III « La morale », trad. Philippe Saltel, Paris, Flammarion, 1993.

-, *The Philosophical Works*, Thomas Hill Green, Thomas Hodge Grose (ed.), Vol. III, Aalen, Scientia Verlag, 1992.

Hutcheson (Francis), *An Inquiry Concerning the Original of Our Ideas of Virtue or Moral Good*, London, 1725.

Maris (Bernard), *Des économistes au-dessus de tout soupçon ou la grande mascarade des prédictions*, Paris, Albin Michel, 1990.

Maris (Bernard), Labarde (Philippe), *Ah Dieu ! Que la guerre économique est jolie !*, préf. Serge Halimi, Paris, Albin Michel, 1998.

Merle (Roger), Vitu (André), *Traité de droit criminel*, t. 1, 7e éd., Paris, Editions Cujas, 1997.

Nozick (Robert), *Anarchie, Etat, utopie*, trad. Evelyne d'Auzac de Lamartine et Pierre-Emmanuel Dauzat, Paris, PUF, coll. « Libre échange », 1988.

Paley (William), *Principles of Moral and Political Philosophy*, 1785.

Poe (Edgar Allan), *Nouvelles histoires extraordinaires*, trad. Charles Baudelaire, Paris, Le livre de poche, 1963.

Poncela (Pierrette), *Droit de la peine*, Paris, PUF, coll. « Thémis Droit privé », 1995.

Pradel (Jean), *Droit pénal général*, t. 1, 9e éd., Paris, Editions Cujas, 1994.

Priestley (Joseph), *An Essay on the First Principles of Government ; and on the Nature of Political, Civil, and Religious Liberty*, London, 1768.

Rawls (John), *A Theory of Justice*, Oxford, Clarendon Press, 1972.

Robert (Jacques-Henri), *Droit pénal général*, 4e éd., Paris, PUF, coll. « Thémis Droit privé », 1999.

Sidgwick (Henry), *The Method of Ethics*, London, Macmillan, 1981.

Soyer (Jean-Claude), *Droit pénal et procédure pénale*, 14e éd., Paris, L.G.D.J., 1999.

Stevenson (Charles Leslie), *Ethics and Language*, N. Haven, Connec., Yale University Press, 1944.

Strauss (Leo), *La persécution et l'art d'écrire*, Paris, Presses Pocket, 1989.

Vaihinger (Hans), *Die Philosophie des Als Ob*, 5e éd., Leipzig, éd. Felix Meiner, 1920.

Van Parijs (Philippe), *Qu'est-ce qu'une société juste ? Introduction à la pratique de la philosophie politique*, Paris, Seuil, coll. « La couleur des idées », 1991.

Voltaire, *Romans*, Paris, Le Livre de Poche, 1961.

II. OUVRAGES DE JEREMY BENTHAM

A. En anglais

A Comment on the Commentaries and A Fragment on Government, J.H. Burns, H.L.A. Hart (ed.), The Althone Press, University of London, 1977.

An Introduction to the Principles of Morals and Legislation, J.H. Burns, H.L.A. Hart (ed.), London, University of London, The Althone Press, 1970.

Anti-Senatica. An Attack on the U. S. Senate, Sent by Jeremy Bentham to Andrew Jackson, President of the United States, pref. C.W. Everett, dans *Smith College Studies in History*, Northampton, July 1926, Vol. XI, No. 4, pp. 209-267.

Benthamiana : or Select Extracts From the Works of Jeremy Bentham, with an Outline of his Opinions on the Principal Subjects Discussed in his Works, John Hill Burton (ed.), Edinburg, William Tait, 1843.

Chrestomatia, M.J. Smith, W.H. Burston (ed.), Oxford, Clarendon Press, 1983.

Church of Englandism and its Catechism Examined, London, Effingham Wilson, 1818.

Codification Proposal, Adressed by Jeremy Bentham to all Nations Professing Liberal Opinions, London, Printed by J.M. Creery, 1822.

*Colonies, Commerce, and Constitutional Law : Rid Yourselves of Ultramaria and Other Writings on Spain and

Spanish America, Philip Schofield (ed.), Oxford, Clarendon Press, 1995.

Constitutional Code for the Use of all Nations and all Governments Professing Liberal Opinions, Vol. I, F. Rosen, J.H. Burns (ed.), Oxford, Clarendon Press, 1991.

Defence of Usury ; Shewing the Impolicy of the Present Legal Restraints on the Terms of Pecuniary Bargains, London, T. Payne and son, 1787.

Deontology, Together with A Table of the Springs of Action, and the Article on Utilitarianism, Amnon Goldworth (ed.), Oxford, Clarendon Press, 1983.

Economic Writings, W. Stark (ed.), 3 Vol., London, George Allen & Unwin, 1952-54.

First Principles Preparatory to Constitutional Code, P. Schofield (ed.), Oxford, Clarendon Press, 1989.

Leading Principles of a Constitutional Code, for any State, Extract from « The Pamphletter », No. 44, London, A.J. Valpy, 1823.

Official Aptitude Maximized ; Expense Minimized : as Shewn in the Several Papers Comprised in this Volume, P. Schofield (ed.), Oxford, Clarendon Press, 1993.

Of Laws in General, H.L.A. Hart (ed.), London, University of London, The Althone Press, 1970.

The Limits of Jurisprudence Defined, Being Part Two of 'An Introduction to the Principles of Morals and Legislation', Charles Warren Everett (ed.), New York, Columbia University Press, 1945.

On the Liberty of the Press and Public Discussion, London, William Hone, 1821.

Radical Reform Bill with Extracts from the Reasons, London, E. Wilson, 1819.

Securities Against Misrule and Other Constitutional Writings for Tripoli and Greece, P. Schofield (ed.), Oxford, Clarendon Press, 1990.

Theory of Fictions, C.K. Ogden (ed.), London, Kegan Paul, 1932.

The Works of Jeremy Bentham, John Bowring (ed.), 11 Vol., Edinburgh, William Tait, 1838-1843.

B. En français

A ses concitoyens de France sur les chambres de pairs et les sénats, trad. Charles Lefebvre, Paris, Hector Bossange Libraire, 1831.

Catéchisme de la réforme électorale, trad. Elias Regnault, Paris, Pagnerre éditeur, 1839.

De L'ontologie et autres textes sur les fictions, Philip Schofield, Jean-Pierre Cléro, Christian Laval (éd.), Paris, Editions du Seuil, coll. « Points Essais », 1997.

Déontologie ou science de la morale, 2 vol., trad. Benjamin Laroche, Paris, Charpentier, Libraire – Editeur, 1834.

Essais sur la situation politique de l'Espagne, sur la constitution et sur le nouveau code espagnol, sur la constitution du Portugal, etc., etc., trad. Ph. Chasles, Paris, Librairie de Brissot-Thivars et Bossange Frères, 1823.

Fragment sur le gouvernement et Manuel de sophismes politiques, préf. et trad. Jean-Pierre Cléro, Paris, L.G.D.J. – Bruylant, coll. « La pensée juridique moderne », 1996.

Œuvres de Jeremy Bentham, Etienne Dumont (éd.), Vol. I, *Traités de législation civile et pénale*, *Tactique des assemblées législatives*, Vol. II, *Théorie des peines et des récompenses, Traité des preuves judiciaires*, Vol. III, *De l'organisation judiciaire*, *Essai sur la situation politique de l'Espagne*, *Défense de l'usure*, *Essai sur la nomenclature et la classification des principales branches d'art-et-science*, Bruxelles, L. Hauman, 1829-1830.

et autres, *Opuscules législatifs, contenant divers fragments inédits extraits de « l'Utilitaire », journal de la doctrine de Bentham*, 2 t., Genève et Paris, A.B. Cherbuliez, 1831.

Panoptique. Mémoire sur un nouveau principe pour conctruire des maisons d'inspection, et nommément des maisons de force, E. Dumont (éd.), Nantes, Editions Birnam, 1997.

Tactique des assemblées législatives, suivie d'un traité des sophismes politiques, E. Dumont (éd.), 2 Vol., Genève, J.-J. Paschoud, 1816.

III. OUVRAGES SUR JEREMY BENTHAM ET L'UTILITARISME

A. Monographies

Alessandro (Lucio d'), *Utilitarismo morale e scienza della legislazione. Studio su Jeremy Bentham*, Napoli, Guida Editori, 1981.

Audard (Catherine), *Anthologie historique et critique de l'utilitarisme*, 3 Vol., Vol. I, *Bentham et ses précurseurs (1711-1832)*, Vol II, *L'utilitarisme victorien (1832-1903)*, Vol. III, *L'utilitarisme contemporain*, Paris, PUF, coll. « Philosophie morale », 1999.

Bahmueller (Charles F.), *The National Charity Company. Jeremy Bentham's Silent Revolution*, Berkeley, University of California Press, 1981.

Baumgardt (David), *Bentham and the Ethics of Today*, Princeton, New Jersey, Princeton University Press, 1952.

Caillé (Alain), *Critique de la raison utilitaire. Manifeste du M.A.U.S.S.*, Paris, La Découverte, 1989.

Campos Boralevi (Lea), *Bentham and the Oppressed*, Berlin et New York, Walter de Gruyter, 1984.

Christie (Ian R.), *The Benthams in Russia. 1780-1791*, Oxford, Providence, Berg Publishers, 1993.

Crimmins (James E.), *Secular Utilitarianism. Social Science and the Critique of Religion in the Thought of Jeremy Bentham*, Oxford, Clarendon Press, 1990.

Dube (Allison), *The Theme of Acquisitiveness in Bentham's Political Thought*, New York, London, Garland Publishing Inc., 1991.

El Shakankiri (Mohamed Abd-El Hadi), *La philosophie juridique de Jeremy Bentham*, préf. Michel Villey, Paris, L.G.D.J., coll. « Bibliothèque de philosophie du droit », Vol. XI, 1970.

Gordon (W. Terence) (ed.), *C.K. Ogden and Linguistics*, Vol. 2 « From Bentham to Basic English », London, Routledge / Thoemmes Press, 1994

Halévy (Elie), *La formation du radicalisme philosophique*, 3 Vol., t. 1, *La jeunesse de Bentham (1776-1789)*, t. 2, *L'évolution de la doctrine utilitariste de 1789 à 1815*, t. 3, *Le radicalisme philosophique*, rééd. Monique Canto-Sperber, Paris, PUF, coll. « Philosophie morale », 1995.

Hart (H.L.A.), *Essays on Bentham. Studies in Jurisprudence and Political Theory*, Oxford, Clarendon Press, 1982.

Harrison (Ross), *Bentham*, London, Routledge and Kegan Paul, 1983.

Keeton (Geroge W.), Schwarzenberger (Georg) (ed.), *Jeremy Bentham and the Law. A Symposium*, London, Stevens and Sons Limited, 1948.

Kelly (Paul J.), *Utilitarianism and Distributive Justice. Jeremy Bentham and the Civil Law*, Oxford, Clarendon Press, 1990.

Laval (Christian), *Jeremy Bentham. Le pouvoir des fictions*, Paris, PUF, coll. « Philosophies », 1994.

Leroy (Marie-Laure), Postface à J. Bentham, *Garanties contre l'abus de pouvoir et autres écrits sur la liberté politique*, Paris, Editions rue d'Ulm / Presses de l'Ecole normale supérieure, 2001.

Loche (Annamaria), *Bentham e la ricerca del buongoverno*, Milano, Franco Angeli, « Collana di filosofia », 1991.

Long (Douglas G.), *Bentham on Liberty. Jeremy Bentham's Idea of Liberty in Relation to his Utilitarianism*, Toronto, University of Toronto Press, 1977.

Lyons (David), *In the Interest of the Governed. A Study in Bentham's Philosophy of Utility and Law*, revised ed., Oxford, Clarendon Press, 1991.

Mack (Mary P.), *Jeremy Bentham. An Odyssey of Ideas (1748-1792)*, London, Heinemann, 1962.

Mill (John Stuart), *L'utilitarisme*, trad. Georges Tanesse, Paris, Flammarion, 1988.

Moreso (José Juan), *La teoría del derecho de Bentham*, Barcelona, PPU, col. « Manuales », vol. 7, 1992.

Mulligan (Kevin), Roth (Robert) (pub.), *Regards sur Bentham et l'utilitarisme*, Recherches et rencontres, Publications de la Faculté des lettres de Genève, n°4, Genève, Librairie Droz, 1993.

Parekh (Bhikhu) (ed.), *Jeremy Bentham – Critical Assessments*, 4 Vol., Vol. I, *Life, Influence and Perspectives on his Thought*, Vol. II, *Philosophy, Psychology, Religion and Ethics*, Vol. III, *Law and Politics*, Vol. IV, *Economics and Miscellaneous Topics*, London and New York, Routledge, 1993.

Pendas Garcia (Benigno), *Jeremy Bentham : Política y Derecho en los orígenes del Estado Constitucional*, Madrid, Centro de estudios constitucionales, col. « El Derecho y la justicia », 1988.

Postema (Gerald J.), *Bentham and the Common Law Tradition*, Oxford, Clarendon Press, 1986.

Pressat (Lucette), *Bentham criminaliste*, Paris, Emile Larose, 1920.

Rosen (Frederick), *Bentham, Byron and Greece. Constitutionalism, Nationalism, and Early Liberal Political Thought*, Oxford, Clarendon Press, 1992.

-, *Jeremy Bentham and Representative Democracy. A Study of the Constitutional Code*, Oxford, Clarendon Press, 1983.

Rosenblum (Nancy L.), *Bentham's Theory of the Modern State*, Cambridge, Mass., London, Harvard University Press, 1978.

Semple (Janet), *Bentham's Prison. A Study of the Panopticon Penitentiary*, Oxford, Clarendon Press, 1993.

Smart (John Jamieson Carswell), Williams (Bernard), *Utilitarianism : For and Against*, Cambridge, Cambridge University Press, 1985

Steintrager (James), *Bentham*, London, George Allen & Unwin Ltd, coll. « Political Thinkers », 1977.

Zagar (Janko), *Bentham et la France*, Thèse pour le doctorat d'Université, Paris, Faculté de Lettres, 1958.

B. Articles

Angel (Martin), « Le modèle de la maximisation de l'utilité est-il tautologique ? », dans *Revue du M.A.U.S.S.*, Paris, La Découverte / M.A.U.S.S., n°6, 1995, pp. 177-189.

Baranger (Denis), « Bentham et la codification », dans *Droits. Revue française de théorie, de philosophie et de culture juridiques*, 27, 1998, pp. 17-37.

Binoche (Bertrand), « Bentham contre les droits de l'homme », dans Bernard Bourgeois, Jacques d'Hondt (dir.), *La philosophie et la révolution française*, Paris, Librairie philosophique J. Vrin, 1993, pp. 78-79.

Burns (James Henderson), « Bentham and the French Revolution », dans *Transactions for the Royal Historical Society*, 5th Series, Vol. 16, 1966, pp. 95-114.

-, « Bentham on Sovereignty : An Exploration », dans *Northern Ireland Legal Quarterly*, Vol. 24 (3), Autumn 1973, pp. 399-416.

-, « Jeremy Bentham : From Radical Enlightenment to Philosophical Radicalism », dans *The Bentham Newsletter*, June 1984, pp. 4-14.

Burkholder (L.), « Tarlton on Bentham's Fragment on Government », dans *Political Studies*, Vol. 21 (4), 1973, pp. 523-526.

Castignone (Silvana), « I diritti degli animali : la prospettiva utilitarista », dans *Materiali per una storia della cultura giuridica*, XIII, n. 2, dicembre 1983, pp. 397-421.

Cattaneo (Mario A.), « Austin et l'utilitarisme », dans *Archives de philosophie du droit*, t. 26, 1981, pp. 121-132.

Cléro (Jean-Pierre), « La justice, les passions et les fictions. La théorie de la justice selon Hume, Bentham et Rawls », dans *Dioti* 3, « Penser la justice », Coll. « Savoir et faire », Mafpen de Toulouse et C.R.D.P. de Midi-Pyrénées, 1998, pp. 89-115.

Coing (Helmut), « Bentham's Bedentung für die Entwicklung des Interessenjurisprudenz und der allgemeinen Rechstslehre », dans *Archiv für Rechts- und Sozialphilosophie*, 1968, I.

Cranford Pratt (R.), « The Benthamite Theory of Democracy », dans *Canadian Journal of Economics and Political Science*, Vol. 21 (1), Feb. 1955, pp. 20-29.

Crimmins (J.E.), « Bentham on Religion : Atheism and the Secular Society », dans *Journal of the History of Ideas*, Vol. 47 (1), 1986, pp. 95-110.

Crook (D.P.), « The United States in Bentham's Thought », dans *Australian Journal of Politics and History*, Vol. 10, 1964, pp. 196-204.

Dalgarno (M.T.), « The Contemporary Significance of Bentham' Anarchial Fallacies : A Reply to William Twining », *Archiv für Rechts- und Sozialphilosophie*, Vol. 61 (3), 1975, pp. 357-366.

De Sousa E Brito (José), « Droits et utilité chez Jeremy Bentham », dans *Archives de philosophie du droit*, t. 26, 1981, pp. 93-119.

-, « Relire Bentham. A propos de l'édition de '*Of Laws in General*' de Bentham par Hart », dans *Archives de philosophie du droit*, t. 17, 1972, pp. 451-472.

Delvaux (Pierre), « L'utile et le juste dans les droits de l'homme révolutionnaires », dans *Archives de philosophie du droit*, t. 26, 1981, pp. 223-252.

El Shakankiri (M.), « Jeremy Bentham : critique des droits de l'homme », dans *Archives de philosophie du droit*, t. 9, 1964, pp. 129-152.

Everett (C.W.), « The Constitutional Code of Jeremy Bentham », dans *Jeremy Bentham : BicentenaryCelebration*, London, H.K. Lewis and Co. Ltd, 1948, pp. 1-29.

Finnis (J.M.), « Un ouvrage récent sur Bentham », dans *Archives de philosophie du droit*, t. 17, 1972, pp. 423-427.

Fry (G.K.), « Bentham and Public Administration », dans *Public Administration Bulletin*, Vol. 24, Aug. 1977, pp. 32-40.

Goux (Jean-Joseph), « L'utilité : équivoque et démoralisation », dans *Revue du M.A.U.S.S.*, Paris, La Découverte / M.A.U.S.S., n°6, 1995, pp. 106-124.

Guerrien (Bernard), Vergara (Francisco), « Le MAUSS est un non-sens », dans *Revue du M.A.U.S.S.*, Paris, La Découverte / M.A.U.S.S., n°6, 1995, pp. 80-90.

Harrison (R.), « The People is my Caesar », dans *The Bentham Newsletter*, May 1983, pp. 27-39.

Hart (H.L.A.), « Bentham », dans *Proceedings of the British Academy*, Vol. 48, 1962.

-, « Bentham and the Demystification of the Law », dans *Modern Law Review*, Vol. 36, Jan. 1973, pp. 2-17.

-, « Bentham on Legal Powers », dans *Yale Law Journal*, Vol 81 (5), April 1972, pp. 799-822.

-, « Bentham on Sovereignty », dans *Irish Jurist*, Vol. 2 (2), Winter 1967, pp. 327-335.

Himmelfarb (Gertrudis), « The Haunted House of Jeremy Bentham », dans *Victorian Minds*, 1968, pp. 32-81.

-, « Bentham's Utopia : The National Charity Company », dans *The Journal of British Studies,* 10, 1970, pp. 80-125.

Holdsworth (Sir W.), « Bentham's Place in English Legal History », dans *California Law Review*, Vol. 28 (4), 1940, pp. 568-586.

Hume (L.J.), « Bentham as a Social and Political Theorist », dans *Political Science*, Vol. 40 (1), July 1988, pp. 111-127.

-, « Jeremy Bentham and the Nineteenth Century Revolution in Government », dans *Historical Journal*, Vol. 10 (4), 1967, pp. 361-375.

James (M.), « Bentham's Democratic Theory at the Time of the French Revolution », dans *The Bentham Newsletter*, June 1986, pp. 5-16.

-, « Public Interest and Majority Rule in Bentham's Democratic Theory », dans *Political Theory*, Vol. 8 (1), Feb. 1981, pp. 49-64.

James (M.H.), « Bentham on the Individuation of Laws », *Northern Ireland Legal Quarterly*, Vol. 24 (3), Autumn 1973, pp. 91-116.

Kelly (P.J.), « Utilitarianism and Distributive Justice : The Civil Law and the Foundations of Bentham's Economic Thought », dans *Utilitas*, May 1989, pp. 62-81.

Lazaridis (A.), « La rétribution dans la philosophie pénale anglo-saxonne aujourd'hui », dans *Archives de philosophie du droit*, t. 28, 1983, pp. 91-107.

Lieberman (D.), « Bentham's Digest », dans *The Bentham Newsletter*, June 1985, pp. 7-20.

Loche (A.), « Limite e controllo della sovranità in Jeremy Bentham », dans *Materiali per una storia della cultura giuridica*, a. XXX, n. 2, dicembre 2000, pp. 323-348.

Long (D.G.), « Censorial Jurisprudence and Political Radicalism : A Reconsideration of the Early Bentham », dans *The Bentham Newsletter*, June 1988, pp. 4-23.

Lysaght (L.J.), « Bentham on the Aspects of a Law », dans *Northern Ireland Legal Quarterly*, Vol. 24 (3), Autumn 1973, pp. 117-132.

Lyons (David), « Logic and Coercion in Bentham's Theory of Law », dans *Cornell Law Review*, Vol. 57 (3), 1972, pp. 335-362.

Marí (Enrique), « Jeremy Bentham : du 'souffle pestilentiel de la fiction' dans le droit, à la théorie du droit comme fiction », dans *Revue interdisciplinaire d'études juridiques*, Bruxelles, n. 15, 1985, pp. 1-40.

Michéa (Jean-Claude), « Peut-on ramener la société à la raison ? », dans *Revue du M.A U.S.S.*, Paris, La Découverte / M.A.U.S.S., n°6, 1995, pp. 147-157.

Mill (J.S.), « Bentham », dans *London and Westminster Review*, Aug. 1838, revised in 1859.

Milne (A.J.), « Bentham's principle of Utility and Legal Philosophy », dans *Northern Ireland Legal Quarterly*, Vol. 24 (3), Autumn 1973, pp. 9-38.

Nodier (Luc Marie), « Définition de l'utilitarisme », dans *Revue du M.A.U.S.S.*, Paris, La Découverte / M.A.U.S.S., n°6, 1995, pp. 15-30.

Ogden (Charles Kay), « Bentham's Philosophy of As-If », dans *Psyche*, Vol. 9, 1928-1929, pp. 4-14.

Olivecrona (Karl), « The Will of the Sovereign : Some Reflections on Bentham's Conception of 'A Law' », dans *American Journal of Jurisprudence*, Vol.. 20, 1975, pp. 95-110.

Palmer (P.A.), « Benthamism in England and America », dans *American Political Science Review*, Vol. 35 (5), oct. 1941, pp. 855-871.

Pastore (Baldassare), « Comandi, diritti e utilitarismo. A proposito di un libro di Hart su Bentham », dans *Materiali per una storia della cultura giuridica*, a. XV, n. 2, dicembre 1985, pp. 535-541.

Peardon (Thomas P.), « Bentham's Ideal Republic », dans *Canadian Journal of Economics and Political Science*, Vol. 17 (2), May 1951, pp. 184-203.

Posner (Richard), « Bentham and Blackstone », dans *The Journal of Law and Economics*, 19, 1976, pp. 569-606.

Postema (G.J.), « Bentham on the Public Character of Law », dans *Utilitas*, May 1989, pp. 41-61.

-, « The Expositor, the Censor, and the Common Law », dans *Canadian Journal of Philosophy*, Vol. 9 (4), Dec. 1979, pp. 643-670.

Raphael (D.D.), « Bentham and the Varieties of Utilitarianism », dans *The Bentham Newsletter*, May 1983, pp. 3-14.

Roberts Jr. (W.), « Behavioural Factors in Bentham's Conception of Political Change », dans *Political Studies*, Vol. 10 (2), 1962, pp. 163-179.

-, « Bentham's Conception of Political Change : A Liberal Approach », dans *Political Studies*, Vol. 9 (2), 1961, pp. 254-266.

Rosen (F.), « Elie Halévy and Bentham's Authoritarian Liberalism », dans *Enlightenment and Dissent*, Vol. 6, 1987, pp. 59-76.

-, « Jeremy Bentham and Democratic Theory », dans *The Bentham Newsletter*, Dec. 1979, pp. 46-61.

-, « Jeremy Bentham : Recent Interpretations », dans *Political Studies*, Vol. 30 (4), 1982, pp. 575-581.

Schaffer (B.B.), « The Idea of the Ministerial Department : Bentham, Mill and Bagehot », dans *Australian Journal of Politics and History*, Vol. 3, 1957, pp. 60-78.

Schoeman (F.), « Bentham's Theory of Rights », dans *The Personnalist*, Vol. 56, 1975, pp. 109-128.

Schofield (P.), « Jeremy Bentham and Nineteenth-Century English Jurisprudence », dans *Journal of Legal History*, Vol. 12 (1), May 1991, pp. 58-88.

Sève (René), « La théorie du droit de John Austin. Le positivisme tel qu'il devrait être », dans *Cahiers de philosophie politique et juridique*, n. 3, « Du positivisme », Caen, Centre de publication de l'Université de Caen, 1988, pp. 69-84.

Sicker (M.), « Jeremy Bentham on Law and Jurisprudence », dans *Modern Age*, Vol. 22, Summer 1978, pp. 277-284.

Siegwart, « Bentham's Werke und ihre Publikation », dans *Politisches Jahrbuch der Schweizerischen Eidgenossenschaft*, Vol. 24, 1910, pp. 285-403.

Stearns (J.B.), « Bentham on Public and Private Ethics », dans *Canadian Journal of Philosophy*, vol. 5 (4), Dec. 1975, pp. 583-594.

Steintrager (James), « Language and Politics : Bentham on Religion », dans *The Bentham Newsletter*, May 1980, pp. 4-20.

Stone (M.), « Dickens, Bentham, and the Fictions of the Law : A Victorian Controversy and its consequences », dans *Victorian Studies*, Vol. 29, Autumn 1985, pp. 125-154.

Strowel (Alain), « Utilitarisme et approche économique dans la théorie du droit. Autour de Bentham et Posner », dans *Revue interdisciplinaire d'études juridiques*, Bruxelles, n. 18, 1987, pp. 1-45.

Tarlton (D.), « The Overlooked Strategy of Bentham's Fragment on Government », dans *Political Studies*, Vol. 20 (4), 1972, pp. 397-406.

Twining (William), « The Contemporary Significance of Bentham's Anarchial Fallacies », dans *Archiv für Rechts- und Sozialphilosophie*, Vol. 61 (3), 1975, pp. 325-355.

Williamson (C.), « Bentham Looks at America », dans *Political Science Quarterly*, Vol. 70 (4), Dec 1955, pp. 543-551.

INDEX RERUM

INDEX NOMINUM

TABLE DES MATIERES

623924 - Octobre 2015
Achevé d'imprimer par

1livre.com
du rêve à la réalité !

Made in United States
Orlando, FL
04 November 2026

90201015R10177